Sepp Schnürer

Zu 68 Dreitausendern westlich der Etsch

Hohe Routen
Ortler Adamello Brenta

BLV Verlagsgesellschaft
München Wien Zürich

CIP-Kurztitelaufnahme der Deutschen Bibliothek

Schnürer, Sepp:
Hohe Routen Ortler, Adamello, Brenta :
zu 68 Dreitausendern westl. d. Etsch /
Sepp Schnürer. – München, Wien, Zürich:
BLV Verlagsgesellschaft, 1980.
  ISBN 3-405-12208-2

Titelbild
Das erste Licht des Tages – im Augenblick
weckt es die Königspitze – begrüßt auch die
Bergsteiger, die über den Hintergrat dem Ortler-
gipfel zustreben.

Seite 2/3
Die Bergsteigergruppe befindet sich im Abstieg
von der Hinteren Eggenspitze zum Weißbrunn-
ferner. Im Hintergrund das Ortlerpanorama vom
Cevedale (links) bis zum Ortler (am rechten
Bildrand).

Alle Abbildungen sind Aufnahmen des Verfassers.

© BLV Verlagsgesellschaft mbH, München, 1980
Satz und Druck: Georg Appl, Wemding
Buchbinder: Großbuchbinderei Monheim

Printed in Germany · ISBN 3-405-12208-2

Julius Payer – ein Selbstbekenntnis

Der Augenblick des Glücks

Der Mensch ist ein Käfer, ein ganz elender, kleiner Käfer; und wenn er mächtig ist, sehr mächtig, dann ist er ein Käfer mit lackierten Flügeln.

1859 verließ ich die Wiener-Neustädter Militär-Akademie und wurde mit 17 Jahren Leutnant, eine Charge, die für mich den Vorteil hatte, daß ich sie 15 Jahre lang, also nie mehr, zu verlassen brauchte. 36 Gulden Monatsgage – ein ganz kleiner Käfer! Mehr zu erzielen, gab es nur zwei Wege: das Wagnis und das Glück. Ans Wagnis ging ich selbst, das Glück kam zu mir. Ich begann zu sparen, um die Berge zu durchforschen: die Monti Lessini, den Glockner, dann den Adamello. Die Karten waren falsch, bessere zu machen, das war ein schönes Ziel für einen so geringen Käfer. 1864 hatte ich sogar 120 Gulden gespart, sie reichten für eine beschwerdenreiche Durchwanderung und Neuaufnahme des Adamello. In Tione stieß ich auf Major M., der früher bei meinem Regiment gedient hatte. Jetzt hier in Garnison, lud er mich ein, sein Gast zu sein. Ich sagte dem Major adieu, früh wollte ich mit dem biederen Stellwagen nach Trient zur Bahn. Neben Bauern saß ich schon im Wagen, da kam der Major nochmals eilig herbei und reichte mir ein Fäßchen hinauf: »Mit Forellen für S. Exzellenz den General v. Kuhn in Trient.« Ich möge die Güte haben, sie abzugeben. Als ich nun das Fäßchen ergriff, da hatte ich, freilich ohne es zu wissen, das Glück in der Hand! Nachmittags stand ich in Trient vor Kuhn, den ich vorher nie gesehen. Ich stellte ihm die Fische vor und mich selbst.

    Was machen Sie hier?   Ich reise nach Venedig und komme vom Adamello-Gebirge.
    Was haben Sie dort gemacht?   Eine neue Karte.
    Waaas? Eine neue Karte? Wo ist sie?
Ich eilte ins Hotel zurück, und eine Stunde darauf stand ich wieder vor Kuhn, mit der Karte.
    Das haben Sie gemacht? Aus eigenen Mitteln?   Ja, Exzellenz.
    Sind Sie so reich?   Oh nein, ich lebe von meiner Gage.
    Wie ist das möglich?   Ich spare, ich esse nur Brot.
    Da bewundere ich Sie und bemitleide Sie.
Kurz darauf war Kuhn Kriegsminister! Er rief mich vom Regimente fort, gab mir drei Tyrolerjäger, 1000 Gulden und einen Theodolit. Ich ging nach dem Ortler und nach dem Adamello zurück und machte eine neue Karte, eine bessere als früher.

(Gekürzter Auszug aus »Julius Payers Bergfahrten« von W. Lehner, Wien 1909)

Jetzt aber hat jeder Sessel meiner Wohnung drei große, silbergestickte Forellen. Sie erinnern mich täglich an den General Kuhn und an den Augenblick des Glücks.

Julius von Payer

Einführung

Mit diesem dritten Buch meiner »Hohe Routen«-Reihe führe ich den Leser wiederum in die Ostalpen südlich der Zentralalpen-Kammlinie; diesmal auf 68 Dreitausender in den Gebirgen westlich der Etsch. Im Ostalpenraum verteilen sich die Berggipfel über 3000 Meter Meereshöhe auf die Zentralalpen und die Dolomiten; die Nördlichen Kalkalpen weisen nur einen Dreitausender auf. So ist auch dieses Werk, wie seine beiden Vorgänger (»Hohe Route Ostalpen« und »Hohe Routen Dolomiten«), ein »Dreitausender-Buch«.

Für den geübten, in Fels und Eis erfahrenen Bergsteiger schildere ich die Normalrouten zu den interessantesten und höchsten Gipfeln der Ortler- und der Adamello-Presanella-Gruppe; die Brenta steht dazu mit ihrem festen, waagrecht geschichteten Dolomitfels in starkem Gegensatz. Hier zeige ich nicht nur die großartige Wegekette des »Sentiero delle Bocchette« touristisch vorteilhaft auf, ich schließe auch die hervorragendsten Gipfel mit ein.

Alle »Hohen Routen« dieses dritten Buches waren in den Sommern 1977 und 1978 das Tourenziel der Seilschaft Sepp und Gretl Schnürer. Wie bei den beiden anderen Büchern war meine Frau Gretl meine ständige Begleiterin und Mitarbeiterin. Die genaue, aktuelle Information in Wort und Bild soll dem Normalbergsteiger wieder zur Anregung und als Leitfaden dienen. Ich glaube, mit diesem Buch eine Lücke im deutschsprachigen alpinen Schrifttum zu schließen.

Die Königspitze gilt als die »vornehmste Adresse« der Ortler-Gruppe. Das Bild zeigt den Normalanstieg vom Absatz der »Unteren Schulter« über die firnglänzende steile Ostflanke zum Gipfel. Im Anstieg von der Schaubach-Hütte muß zu Füßen des Gipfelaufbaues der spaltenreiche Suldenferner hinauf zum Königsjoch (linker Bildrand) überschritten werden.

Inhalt

Die »Ortler-Alpen«

Das höchste Gebirge der Ostalpen

Den Ortler – als »höchsten Spitz im Land Tirol« – erkannte in grauer alpiner Vorzeit, im Jahre 1765, schon der Tiroler Peter Anich. Sein mit Blasius Hueber gestalteter »Atlas Tyrolensis« vom Jahre 1774 verzeichnet den »Orteles-Spitz« und gibt erstmals weiteren Kreisen die Existenz dieses Berges bekannt.

Die Ortler-Gruppe – besser mit »Ortler-Alpen« bezeichnet – ist östlich der Schweizer Grenze die höchste und mächtigste Gebirgsgruppe der Ostalpen. Sie zählt nicht nur 15 Gipfel über 3500 Meter, der Ortler und die Königspitze stoßen nahe an die Viertausender-Marke. Klare Linien ziehen die Grenzen des Gebirges. Im Norden bildet die langgestreckte Achse des Vinschgaues die Trennung von den Ötztaler Alpen, im Osten, aus dem gewaltigen Trog der Etsch, schließt das Ultener Seitental zu den östlichen Bergkämmen der Ortler-Gruppe auf. Im Süden trennt die Tonalestraße durch das Val di Sole die Ortler-Gruppe von dem Gebirge des Adamello und der Presanella. Das Tal der Adda über Bormio bis zum Schweizerischen Ofenpaß übernimmt die Westabgrenzung. Das Münstertal nach Santa Maria und der weitere Talverlauf über Taufers zur mittelalterlichen Stadt Glurns schließt die Westgrenze zum Vinschgau und damit den Rahmen der »Ortler-Alpen«.

Die Einteilung: Laaser Gruppe, Sulden und der Ortler, Trafoi und das Stilfser Joch, Ortler-Hauptkette, Marteller Hauptkamm und Südliche Ortler-Gruppe bestimmt den Tourenverlauf der »Hohen Routen« dieses Buches. Die allgemein bevorzugte Vinschgauer Eingangspforte weist uns nach Sulden und damit in den Nahbereich des Ortlers. Zum Auftakt besuchen wir aus dem Suldental zuerst die Laaser Gruppe. Wir besteigen die Tschengelser Hochwand und würdigen die höchsten Gipfel am Laaser Ferner, die Vertainspitze und den Hohen Angelus. Das nächste Kapitel gilt dem Suldener Gipfelkranz und König Ortler, ehe wir nach Trafoi weitergehen und von den Grenzbergen am Stilfser Joch die Aussicht zur Ortler-Hauptkette bewundern. Die Gipfelgestalten dieser Kette, Königspitze, Zebrù, Thurwieserspitze, sind in der hochalpinen Traverse zum Stilfser Joch unser großes Ziel. Der Marteller Hauptkamm trennt das Martell vom Ultental; diesen Kamm von den Veneziaspitzen über die beherrschende Zufrittspitze bis zum weit nach Nordosten vorgeschobenen Hasenöhrl nicht zu kennen, würde eine Lücke im Ortlerbild bedeuten. Großes Eis erwartet uns in der Südlichen Ortler-Gruppe. Die »Tour der 13 Gipfel« vom Cevedale zum Pizzo Tresero steigert unser Ortler-Erlebnis nochmals zu einem Höhepunkt. Vom hohen, eisigen Kranz dieser Berge blicken wir zurück zu König Ortler – er ist und bleibt in seinem Reich der souveräne Herrscher.

Die Tour von der Schaubach-Hütte über die Vordere zur Hinteren Schöntaufspitze begleitet das großartige Bild des Ortler-Dreigestirns.
Im Bild links der Monte Zebrù, das Ortlermassiv und der Suldenferner.

Laaser Gruppe

Gipfel am Laaser Ferner

TOURISTISCHE ANGABEN

Erster Tag:
Sulden 1848 m – Düsseldorfer
Hütte 2721 m – Tschengelser
Hochwand 3375 m – Düsseldorfer
Hütte.

Zweiter Tag:
Düsseldorfer Hütte 2721 m – Hoher
Angelus 3520 m – Vertainspitze
3545 m – Sulden 1848 m.

Gesamtleistung:
Drei Dreitausender, eine Hütte.

Karten, Führer:
Kompaß-Wanderkarte Nr. 72 Ort-
ler/Cevedale, 1:50000; Touring
Club Italiano Touristenkarte
»Gruppo Ortles-Cevedale«,
1:50000; Freytag/Berndt Wanderkarte Nr. 46 Ortler, 1:100000;
»Führer durch die Ortler-Gruppe«
von Köll/Kössler; »Schutzhütten in
Südtirol«, Landesfremdenverkehrsamt für Südtirol, Bozen.

Ausrüstung:
Hochtourenausrüstung mit Seil,
Pickel und Steigeisen.

Talort:
Sulden 1848 m.

Schutzhütten:
Düsseldorfer Hütte 2721 m.

*Die Tschengelser Hochwand ist im
Bereich der Düsseldorfer Hütte
eine beliebte Tour. Die Begehung
der interessanten Route über den
Otto-Erich-Steig unterstützen
Drahtseile und einige Holzleitern.*

Diese Berggruppe konnte lange Zeit keine einheitlich gültige Benennung aufweisen; es fehlte für diesen nordöstlichen Abschnitt der Ortler-Gruppe der passende, allgemein anerkannte Name. Erst in unserem Jahrhundert kam es zur Anrede: Laaser Gruppe. Der »Führer durch die Ortler-Gruppe« greift diese Bezeichnung auf, ohne aber die Laaser Gruppe erkennbar einzuordnen. Die nachfolgende Übersicht beschreibt dieses Gebiet so, wie es sich im übergeordneten Verbund der Ortler-Gruppe zeigt.

Die Freytag/Berndt-Wanderkarte »Ortler« vermittelt übersichtlich ein Gesamtbild der Ortler-Gruppe. Deutlich ziehen vom Vinschgau im Westen das Sulden- und im Osten das Martelltal in das Herz der Ortlerwelt. Die Abschlüsse dieser Täler liegen sich bei der Schaubach-Hütte und der Zufall-Hütte in Luftlinie nur 6 Kilometer entfernt gegenüber. Zwischen beiden Hütten gilt das Madritschjoch (3123 m) als ausgezeichnete Verbindung. Schon die Geschichte kennt die Bedeutung dieses Joches als leichten, eisfreien Übergang zwischen Sulden und Martell. Diesen vom Vinschgau bis zum Madritschjoch knapp umrissenen Raum nimmt die Laaser Gruppe ein. Der lange Kamm von der Hinteren Schöntaufspitze (3324 m) bis hinaus zur Laaser Spitze (3304 m) bildet die Grenze gegen das Martell.

Das Laaser Tal verdient eine gesonderte Erwähnung. Zwischen den beiden Haupttälern Sulden und Martell zieht vom Vinschgauer Talort Laas das Laaser Tal in einem nur kurzen Lauf in den Mittelpunkt seiner Gruppe, zum Laaser Ferner. Die im Jahre 1895 von der Sektion Silesia eröffnete, aber jetzt zerstörte Troppauer Hütte (2181 m) erleichterte diesen früher vom Vinschgau her häufig benützten Zugang. Als Ersatz stellte 1972 der Südtiroler Alpenverein die unbewirtschaftete Obere Laaser Alm-Hütte (2047 m) bereit. Der einzige vollwertige Stützpunkt der Laaser Gruppe bleibt die Düsseldorfer oder Zaytal-Hütte (2721 m); naturgemäß kommt der Zulauf zu diesem beliebten Haus fast ausschließlich von Sulden.

Demzufolge sind die markanten Bergziele im sichtbaren Umkreis der Düsseldorfer Hütte die erste Wahl: Tschengelser Hochwand (3375 m), Hoher Angelus (3520 m), Vertainspitze (3545 m). Eine beliebte Verbindung führt über die Angelusscharte und das Rosimjoch hinüber in das Rosimtal und schließt in Sulden den Wanderbogen; diesem Fingerzeig folgt unsere »Hohe Route«. Nach dem Besuch der drei genannten wichtigen Gipfel verabschieden wir uns vom Rosimjoch, von den Bergen am Laaser Ferner, und steigen nach Sulden ab.

13

Tschengelser Hochwand, 3375 m

Große Aussicht zur Malser Haide und zum Reschenpaß

Erster Tag: Düsseldorfer Hütte 2721 m – Tschengelser Hochwand 3375 m – Düsseldorfer Hütte.

Über Sulden und seine Berge gibt es Beschreibungen, die das damalige Naturverständnis festhalten, mit Bildern, die langberockte Damen mit Alpenstange am Seil eines kernigen Führers auf dem Feldzug zum Berg zeigen. Sie widerspiegeln ein romantisch-heroisches Bergerleben, für das unsere schnellebige Zeit vielleicht noch ein Auge, aber keinen Sinn mehr hat.

Damals, in der »guten alten Zeit«, als im Jahre 1893 Sulden durch den Bau der Straße und des »fashionablen« Sulden-Hotels an die große Welt angeschlossen wurde, reisten die Herrschaften mit Vierspännern aus Meran oder Landeck an, blieben nicht unter vier Wochen, oft den ganzen Sommer über. Sie beschäftigten eine große Schar von Bergführern, nahmen ihre ehrerbietigen Dienste zu »Excoursionen« wahr; wer nicht gehen wollte, schwang sich aufs Pferd und ritt hinauf zu den Hütten. Es liest sich ergötzlich, wenn der Alpenchronist Theodor Christomannos im Jahre 1895 schreibt: »Für die ›Bummler‹ am leichtesten zugänglich sind die Schaubachhütte am grossen Suldenferner und die Düsseldorferhütte im Zaytale; trotz ihrer verhältnismäßig hohen Lage kann man sie auf bequemen Reitsteigen in 2 bis längstens 2½ Stunden von den Hotels erreichen, und an manchen Tagen wimmelt es auf den Wegen zu denselben von fröhlichen Schaaren von Fussgängern und Reitern, die alle demselben Ziele zustreben; aufsteigende Partien kreuzen bereits am Rückwege befindliche, frohe Zurufe werden gewechselt und mit Bekannten eine kleine Rast verplaudert. Je höher man steigt, desto mehr wachsen die Bergriesen, denen man sich nähert, und während des ›Verschnaufens‹ erzählt der Führer von Abenteuern, die er auf denselben bestanden und zeigt die dem Laien unmöglich erscheinenden Wege der Bergfexe.«

Diese Welt hat sich verlaufen. Nach jahrzehntelanger Stille zwischen den beiden Weltkriegen gilt Sulden wieder als ein gern besuchtes ostalpines Bergsteigerzentrum. Theodor Christomannos schon lobt die Düsseldorfer Hütte, ihre Aussicht vor allem hinüber zum Ortler, und er empfiehlt als leichtes und lohnendes Bergziel: »Den bequemen Touristen, den Feind größerer Beschwerden, dem dieses Kapitel geweiht und der die Hütte vielleicht sogar zu Pferde erreicht hat, interessiert jedoch unter den Spitzen nur die Tschengelser Hochwand, welche die leichteste und zugleich auch eine der aussichtsreichsten dieser bevorzugten Gipfel ist.«

TOURISTISCHE ANGABEN

Erster Tag:
Sulden 1848 m – Düsseldorfer Hütte 2721 m – Tschengelser Hochwand 3375 m – Düsseldorfer Hütte.

Zeitangaben:
Sulden 1848 m – Düsseldorfer Hütte 2721 m: 2 Stunden; Düsseldorfer Hütte – Tschengelser Hochwand 3375 m: 2½ Stunden; Rückweg auf der Anstiegsroute: 2 Stunden. Gesamtgehzeit: 6½ Stunden.

Besondere Hinweise:
Von Sulden zur Düsseldorfer Hütte entweder auf markiertem Steig Nr. 5 (2 Std.) oder ab Bergstation Kanzellift, 2350 m, auf markiertem Steig (1 Std.). Die Tschengelser Hochwand als leicht ersteigbarer Aussichtsberg ist bei normalen sommerlichen Verhältnissen auch ohne Eisausrüstung zu begehen.
Der gesicherte Otto-Erich-Kroll-Steig über den Südgrat ist der bevorzugte und lohnendste Anstieg. Von der Düsseldorfer Hütte auf Steig zum Auslauf einer Schuttrinne, die bis zur Scharte im Südwestgrat hochzieht. Im unteren Teil

Der Zayferner trennt die Vertainspitze (im Bild) von der Tschengelser Hochwand. Im Abstieg von der Tschengelser Hochwand gilt der »Königin der Laaser Gruppe« mit ihrem mächtigen nordseitigen Hängegletscher immer wieder ein bewundernder Blick.

14

Betrachtet man vom Suldener Talgrund aus das Gebirge, konkurrieren rundum starke Eindrücke. Aber nicht nur die Berge, auch die für das normale Auge gut sichtbaren Hütten erregen sofort das Interesse. Zur Schaubach-Hütte führt die Seilbahn, Hintergrat-, Payer- und Tabaretta-Hütte dienen dem Ortler, die Düsseldorfer Hütte, auch Zaytal-Hütte genannt, hilft, die Laaser Gruppe zu erschließen. Wohin soll man sich zuerst wenden? Ich komme zurück zu meinem Chronisten und empfehle: Beginnen wir unsere große Ortlerfahrt an der Düsseldorfer Hütte mit der Besteigung der Tschengelser Hochwand.

Als wir zur Julimitte nach Sulden kommen, hoffen wir, daß der Bergsommer schon gute Arbeit geleistet hat. Tatsächlich schmückt er die Stufen des Zaytales bis zur Düsseldorfer Hütte mit den farbigen Kleidern seiner Jahreszeit, aus dem weiten Bekken zwischen der Tschengelser Hochwand, dem Schafberg, dem Kleinen und dem Hohen Angelus und der Vertainspitze konnte er aber den Winter noch nicht vertreiben.

Im Rund der Gipfel fällt die Tschengelser Hochwand sofort auf. Ihr hohes, blinkendes Kreuz grüßt von Nordosten aus noch schneebedeckter Höhe herab, darunter aber sehen wir gut ausgeaperten südseitigen Fels. Es ist schon Mittag, doch lockt uns der klare tiefblaue Himmel, das erste Bergziel sofort anzugehen; vorteilhaft bietet sich dazu der Südgrat an. Drahtseile und Holzleitern »erheben« die Route zu einem Klettersteig, der in den Felsen rechts der großen Schuttrinne beginnt. »Sentiero nuovo – der Neue Weg«: Er weist die Otto-Erich-Route und damit den lohnendsten Anstieg zum Gipfel. Der tiefe, weiche Schnee hat uns viel Zeit gekostet; nun aber turnen wir unbeschwert an den Drahtseilen und kleinen Leitern, mit kurzen, schmalen Steiglein dazwischen, den Markierungen nach zügig höher – mühsam gestaltet sich wieder der Schlußanstieg knietiefen Schnee des Gipfeldaches. So sind von der Düsseldorfer Hütte aus doch fast 3½ Stunden vergangen, bis wir endlich tief aufatmend und recht froh am höchsten Punkt unseres »Lockvogels« verhalten. Das »Gott zum Gruß« am Gipfelkreuz gilt uns ganz allein.

Die Bergwelt steht rundum noch hoch im Licht – schaue ich mich um, so freue ich mich, meinem Chronisten sogleich gefolgt zu sein. Gut 2000 Meter überragt der mächtige Nordabsturz unseres Berges seinen Namenspatron im Vinschgau, das Dorf Tschengels. Das Tal hinauf zum Reschenpaß liegt offen vor uns; fährt man von ihm herab in den Vinschgau, erscheint die Tschengelser Hochwand als ein Wahrzeichen dieser Landschaft.

Abzweigung nach rechts zum Hinweisschild »Otto-Erich-Steig«. Steig teilweise ausgesetzt, Drahtseilsicherungen, zwei kurze Holzleitern, markiert, unschwierig, Trittsicherheit erforderlich. Der Steig endet am Südwestgrat, am Grat unschwierig zum Gipfel. Abstieg: entweder wie Anstieg oder am Südwestgrat bis zur Scharte und die Schuttrinne steil abwärts zum Hüttensteig.

Hütten:
Düsseldorfer Hütte (Zaytal-Hütte, Rifugio A. Serristori) 2721 m, CAI-Sektion Mailand, 50 Betten und Matratzenlager, bewirtschaftet von Anfang Juli bis Ende September.

Das nahe Panorma der Düsseldorfer Hütte beherrscht die Firnhaube des Hohen Angelus. Über einen Seitenarm des Zayferners (unter dem Gipfel) zieht die Normalroute in die Nähe der rechts außen nicht mehr sichtbaren Angelusscharte und von ihr über den Firn und Fels des Südwest-Grates zum Gipfel.

Hoher Angelus, 3520 m - Vertainspitze, 3545 m

Die höchsten Gipfel am Laaser Ferner

Zweiter Tag: Düsseldorfer Hütte 2721 m – Hoher Angelus 3520 m – Angelusscharte 3338 m – Rosimjoch 3288 m – Vertainspitze 3545 m – Rosimjoch – Sulden 1848 m.

Im Hüttenreigen auf den Suldener Höhen kann die Düsseldorfer Hütte nicht übersehen werden. Als beliebtes Ausflugsziel Suldener Sommergäste ist sie bei »Bergwetter« immer im Programm, um so mehr, als der Kanzellift den Zugang wesentlich verkürzt. Im Jahre 1892 erstellte die Düsseldorfer Alpenvereinssektion das Haus, an dem die Zeit kaum etwas änderte, nur der italienische Name »Rifugio Alfredo Serristori« kam hinzu. Der neue Besitzer, der Club Alpino Italiano (CAI) nahm bisher auch keine personellen Veränderungen vor; seit Einweihung der Hütte blieb die Bewirtschaftung bei der Familie Reinstadler, einer angesehenen Suldener Bergführerdynastie.

Die Lage der Düsseldorfer Hütte könnte nicht besser ausgesucht sein. Das Haus steht an der Südwestrampe eines großartigen Bergkessels, dem oberen Zaytal, nordseitig begrenzt vom Schöneckkamm, der von Sulden heraufzieht. Im Verlauf dieser Formation setzen die Felsen der Tschengelser Hochwand den ersten bergsteigerisch interessanten Akzent. Der Hintergrund mit Schafberg (3302 m) und Kleinem Angelus (3314 m) ist für Bergsteiger weniger wichtig, doch zwischen den genannten Höhen ermöglicht das Zayjoch (3250 m) einen touristischen Übergang in das Laaser Tal. Der Südostrahmen des Zaykessels aber bietet Besonderes. Die Hochofenwand (3429 m) zeigt steilen, massiven Fels, der Hohe Angelus dagegen Eis, das vom Kessel bis zum Gipfel reicht. Die tiefe Senke der Angelusscharte (3338 m) setzt im Kammverlauf den Eckpfeiler der Vertainspitze (3545 m) wirkungsvoll ab; ausgezeichnet kann sich dieser kombinierte Fels-Eis-Gipfel der Düsseldorfer Hütte zu profilieren. Vertainspitze und Hoher Angelus lassen sich von der Düsseldorfer Hütte aus gut zu einer Tagestour zusammenschließen – diese Zwei-Gipfel-Tour ist für den Normalbergsteiger das »Topangebot« der Laaser Gruppe und selbstverständlich in unserem Programm.

Ortler und Königspitze waren auch bei mir lange Zeit die einzigen bergsteigerisch bedeutenden Begriffe der Ortler-Gruppe, doch irgendwann schlich sich noch vor anderen Bergen der Hohe Angelus in meinen Gesichtskreis. Zuerst war es wohl der klangvolle Name, dazu kamen bei näherem Studium seine Höhe und sein Gletscher. Ich war neugierig auf ihn, als ich mich von der Düsseldorfer Hütte aus umschaute. Sein weißes, gewölbtes Firnschild fällt sofort auf, der Zayferner hat dort seinen höchsten Ursprung. Zu Sommerzeiten aper, trennt ein mächtiger, nach Nordwest gestreckter Felsrücken den Gletscher in einen hinteren und vorderen Abschnitt. Sein noch tief verschneiter Anblick regt uns an, die »Eisroute« über den vorderen Glet-

TOURISTISCHE ANGABEN

Zweiter Tag:
Düsseldorfer Hütte 2721 m – Hoher Angelus 3520 m – Vertainspitze 3545 m – Sulden 1848 m.

Zeitangaben:
Düsseldorfer Hütte 2721 m – Hoher Angelus 3520 m: 3 Stunden; Hoher Angelus – Angelusscharte 3338 m – Rosimjoch 3288 m: 1 Stunde; Rosimjoch – Vertainspitze 3545 m: 1 Stunde.
Abstieg: Vertainspitze–Rosimjoch –Bergstation Kanzellift 2350 m: 2½ Stunden, oder Sulden 1848 m: 3½ Stunden.
Gesamtgehzeit: 7½–8½ Stunden je nach Abstiegsroute.

Besondere Hinweise:
Im Anstieg zum Hohen Angelus wird der Gletscherweg dem felsigen Nordwestgrat meist vorgezogen. Die Gletscherroute über den vorderen Abfluß des Zayferners schließt hoch, oberhalb der Angelusscharte, an den Angelus-Südwestgrat an; am Grat unschwierig zum Gipfel. Abstieg: Auf dem Südwestgrat zur Angelusscharte mit einfachem Übergang auf den Laaser Ferner (meist Trasse) zum Rosimjoch. Anstieg zur Vertainspitze aus dem Rosimjoch entweder auf

An der Angelusscharte, die den Hohen Angelus von der Vertainspitze trennt, reicht der Blick bis zu weit entfernte westliche Bergketten; im Nahblick darunter der noch fast schneebedeckte Boden, in dem die Düsseldorfer Hütte steht.

18

scherabfluß nahe der Angelusscharte zu wählen und auf dem Südwestgrat die Tour zum Hohen Angelus zu vollenden.

Schon bei Tagesgrauen bin ich draußen vor der Hütte; ich friere, aber unentwegt beobachte ich das Bergpanorama der »königlichen Drei« im Südwesten: Jeden Moment muß die Sonne an Ortler, Zebrù und Königspitze den Tag verkünden! Zuerst erreicht ihr Weckruf den Ortler, der Schattenstrich der Nacht liegt noch handbreit über dem Zebrù, gibt aber Sekunden später den Eisbalkon der Königspitze frei – hoch über dem Dreigestirn verblaßt der abnehmende Mond.

In dem Seeboden hinter der Hütte weist eine Tafel den Weg zu unserem Gipfel; über hart gefrorenen Schnee können wir dem nur teilweise sichtbaren Steig zügig folgen. Noch im Dunkeln ist ein Suldener Bergführer mit einem holländischen Ehepaar zum Angelus aufgebrochen, wir sehen die Dreierseilschaft hoch oben am Gletscherhang, der vom Südwestgrat des Angelus herab zu den Moränenhügeln reicht. Bei etwa 3000 Meter betreten wir das Zehrbecken des Zayferners, seilen uns an und gewinnen in meist gerader, steiler Linie den schmalen, von Felsblöcken durchsetzten Firngrat, der die Angelusscharte mit dem Gipfel verbindet. An der Trennlinie von Licht und Schatten, aber immer auf der Zayseite, steigen wir hinauf zur Felsbastion des Vorgipfels und stehen wenig später am Gipfelzeichen.

Eine futuristische, übermannshohe Stahlrohrkonstruktion überrascht uns am Hohen Angelus, in einer Höhe von 3520 Metern! Der Bergführer mit seinen Schützlingen, eine Dreiergruppe aus dem Rheinland und meine Frau und ich bilden die kleine Versammlung unter dem »Kreuz«; in ausgesprochener Hochstimmung preisen wir diesen Sonntagmorgen auf dem »Hohen Engel«. Die Aussicht ist blendend, eine Klarheit ohnegleichen malt rundum tausend Gipfel, dort licht und schneeweiß glänzend, dort schattenschwer und dunkel, in einen Himmelsdom, den kein Wölkchen trübt. Aber nicht nur die fast unendlich sich dehnende Weite mit ihrer Freiheit, noch mehr bewegt mich der Nahblick nach Süden. Unberührt wie am ersten Schöpfungstag, gleichsam nur zum Anschauen bestimmt, leuchtet die Firnschüssel des Laaser Ferners zu uns herauf. Die Pederspitzen (3462 m und 3406 m) erheben sich als markante, aber einsame Wachtposten am Laas-Marteller-Kamm, die Schildspitze (3459 m) führt diesen Kamm weiter über mehrere Gipfel hinweg nach Süden zur Hinteren Schöntaufspitze (3324 m).

Julius Payer kam am 8. August 1868 von der Schildspitze über den Laaser Ferner zur Angelusscharte und auf dem Südwestgrat als erster zum Hohen Angelus. Sein Weg zeigt die Richtung von der Angelusscharte hinüber zum nahen, der Schildspitze

dem unschwierigen Südostgrat oder in der Südflanke, meist Firn. (Der »Klettersteig« über den Nordwestgrat kann nur klettergewandten Bergsteigern empfohlen werden, Route markiert, aber wenig gesichert, Schwierigkeitsgrad II–III, Seil notwendig! Der »Walter-Weg« von der Angelusscharte über den Nordostgrat ist nicht empfehlenswert.)

Abstieg: Zurück zum Rosimjoch, am Rosimferner meist Trasse (Spalten!), anschließend gut markierter Steig zum Rosimboden, dort Abzweigung zum Kanzellift oder Abstieg zu den Gampenhöfen – Sulden. Ab Angelusscharte die Tour nur bei sicherem Wetter fortsetzen, sicherster Rückweg zur Düsseldorfer Hütte (siehe Anstieg).

Hütten:
Düsseldorfer Hütte 2721 m, siehe Seite 14.

vorgelagerten Rosimjoch (3288 m); dort beginnt im Zuge unserer »Hohen Route« der Anstieg zur Vertainspitze. Der Blockrücken des Südostgrates bietet einen unschwierigen Weg, den man, weiter oben meist im Firn, bis zum Gipfel einhalten kann, oder aber man quert zur Südflanke, in die aus dem unteren Gratverlauf häufig Trittspuren leiten, und strebt in steiler Linie dem gleichen Ziel zu. Julius Payer war auch Erststeiger der Vertainspitze. Mit Johann Pinggera erreichte er, aufgestiegen aus dem Rosimtal, am 28. August 1865 schon um 7.45 Uhr den bis dahin jungfräulichen Gipfel. Früh wollte er oben sein, um genügend Zeit für seine topographischen Arbeiten zu haben!

Leider schmückt diesen Gipfel, dem der Zusatz »Königin der Laaser Gruppe« wohl ansteht, bisher nur eine magere Stange, aber ein »Libro« in einem gelben Kasten nimmt die Eintragungen der Besucher an. Wir stehen in einer milden Sonne allein dort oben, ganz versunken in die über Erwarten großartige Rundschau. Die Fernsicht reicht von den Zentralalpen in die Schweizer Berge, der nähere Blick verweilt bei den Bergzielen der Ortler-Gruppe, die alle auf unserem Tourenprogramm stehen. Im direkten Gegenüber betrachten wir den Ortler, der aus dem Suldental eine mächtige, von Eisrinnen gezeichnete Ostflanke aufbaut. Die Düsseldorfer Hütte zeigt ihr rotes Dach, Sulden grüßt mit seinen beiden Kirchen, die noch immer Mittelpunkt des Ortes sind, zur Seite den erfreulichen Freiraum grüner, gepflegter Bauernwiesen.

Wir wählten den einfachsten Weg zum Gipfel, aber der Berg bietet auch eine anspruchsvolle, teilweise schwierige Kletterei über den Nordwestgrat, der von der Düsseldorfer Hütte einen direkten Zugang eröffnet. Die Nordwand der Vertainspitze ziert ein fast 500 Meter hoher Hängegletscher, dem ausladende Eisbalkone eine besondere Note verleihen. Das freundliche Bild von Sulden fordert uns schließlich zum Abstieg auf, der am Rosimjoch die Obergrenze des Rosimferners trifft und spaltengefährdet an der Vertainseite das Zehrbecken des Gletschers quert. Ein markierter Steig (etwa 2900 m) beginnt am Rande des Eises und braucht viele, sehr steile Kehren, bis er an der grünen Terrasse des Rosimbodens (etwa 2500 m) geruhsam ausläuft. Ein Schild zeigt die Richtung zum nahen Kanzellift, ein zweites den direkten Weg hinab durch das Rosimtal zu den Gampenhöfen im Suldener Talgrund.

Sulden und der Ortler

Wo König Ortler seine Stirn...

TOURISTISCHE ANGABEN

Erster Tag:
Sulden 1848 m – Schaubach-Hütte 2581 m – Suldenspitze 3376 m – Rifugio Casati 3266 m – Eissee-Spitze 3230 m – Schaubach-Hütte.

Zweiter Tag:
Schaubach-Hütte 2581 m – Vordere Schöntaufspitze 3216 m – Hintere Schöntaufspitze 3324 m – Madritschspitze 3265 m – Schaubach-Hütte.

Dritter Tag:
Hintergrat-Hütte 2661 m – Ortler 3905 m – Payer-Hütte 3029 m.

Vierter Tag:
Payer-Hütte 3029 m – Tabaretta-Hütte 2555 m – Sulden 1848 m.

Gesamtleistung:
Sechs Dreitausender, vier Hütten.

Karten, Führer:
Kompaß-Wanderkarte Nr. 72 Ortler/Cevedale, 1 : 50 000; Touring Club Italiano Touristenkarte »Gruppo Ortles-Cevedale«, 1 : 50 000; Freytag/Berndt Wanderkarte Nr. 46 Ortler, 1 : 100 000; »Führer durch die Ortler-Gruppe«, von Köll/Kössler; »Schutzhütten in Südtirol«, Landesfremdenverkehrsamt für Südtirol, Bozen.

Ausrüstung:
Hochtourenausrüstung mit Seil, Pickel und Steigeisen.

Talort:
Sulden 1848 m.

Schutzhütten:
Schaubach-Hütte 2581 m
Hintergrat-Hütte 2661 m
Payer-Hütte 3029 m
Tabaretta-Hütte 2555 m.

Den Begriff »Sulden und der Ortler« unterstützt optisch wirkungsvoll dieses Bild. Aus einer Höhe von 2000 m über St. Gertraud schaut der Gipfel des Ortler hinab zu den beiden Dorfkirchen im grünen Suldener Talgrund.

Theodor Christomannos, der zu seiner Zeit weitgereiste Tourist und Bergsteiger, schrieb 1895: »Vor wenigen Jahrzehnten noch war Sulden eine terra incognita.« Im Innsbrucker Wochenblatt vom 4. Jänner 1802 wird Sulden als ein »Sibirien Tirols, allwo die Bauern mit den Bären aus einer Schüssel essen und die Kinder auf Wölfen daherreiten«, bezeichnet!

Als Erzherzog Johann von Österreich seine erste Reise nach Tirol unternahm, besuchte er den Vinschgau und die Quellen der Etsch. Von Reschen-Scheideck aus bewunderte er den Ortler und meinte, daß dieser Berg den höchsten Gipfeln von Savojen und der Schweiz nur wenig nachgeben dürfte. Unbetreten lag tausendjähriges Eis auf dem Ortlerfels, in den Tälern zu seinen Füßen hausten Hirten, die vom Ertrag ihrer Herden, von Milch, Butter und Käse kümmerlich lebten und Brot nur an den Festtagen kannten. Erzherzog Johann schickte den Bergoffizier Dr. Gebhard aus, den Vinschgau bis an Graubündens Grenze zu erkunden: als wichtigste Aufgabe übertrug er ihm die Messung und Besteigung des Ortlers.

Am 28. August 1804 kam Dr. Gebhard auf beschwerlichem Saumpfad nach Innersulden und traf dort eine kleine Gemeinde an, die kaum 20 Familien, auf Einzelhöfe verstreut, umfaßte. Mittelpunkt war der Vierkantturm des Kirchleins St. Gertraud und das Widum des Kuraten, dem einzigen gastlichen Ort in Sulden. Nach vergeblichen Versuchen mit ungeeigneten Leuten erschien am 26. September Josef Pichler – ein Gemsjäger aus St. Leonhard im Passeier Tal, genannt Passeirer Josele – beim Bergoffizier und bot seine guten Dienste an. Fünf Tage darauf, am 1. Oktober 1804, konnte Gebhard an seinen Auftraggeber Erzherzog Johann melden: »Königliche Hoheit! Es ist vollendet, das große Werk! Der Stand der Barometer auf der Ortlerspitze war am 27. September 1804 zwischen 10 und 11 Uhr mittags 194, die korrespondierende Beobachtung zu Mals zeigte 300. Wie unaussprechlich glücklich fühle ich mich, im Stande zu sein, Eurer königlichen Hoheit diese Nachricht in Unterthänigkeit ertheilen zu können!«

Der Passeirer hatte den Ortler von Trafoi aus über die »Hinteren Wandeln« gepackt, damit war er einen abseitigen, sehr beschwerlichen und gefährlichen Weg gegangen. Erzherzog Johann beschloß, im nächsten Jahr Gebhard wieder nach Sulden zu entsenden, um einen besseren Weg ausfindig zu machen. Dies gelang, wieder unter Führung von Josele, im Sommer 1805 über den »Hinteren Grat«. Der »Ortlerspitz« und mit ihm das Suldental zeigten mit dieser Tat endgültig ihren Eintritt in die alpine Geschichte an.

23

Die Wendung der politischen Verhältnisse brachte noch im Herbst 1805 Krieg, für die nächsten 20 Jahre verzeichnet die Chronik keinen Ortlerbesuch. Sulden galt weiterhin als »End' der Welt«, vom Haupt des Ortlers floß der »End'-der-Welt-Ferner« dem Tal zu. Zur damaligen Zeit waren die Gletscher eine große Gefahr für den kleinen Ort: Im Jahre 1818 schob sich der Suldenferner bis auf gezählte 346 Schritt an den obersten Gampenhof heran!

Der Bergoffizier Gebhard (1804 und 1805), seine Nachfolger, der k. u. k. Genieoffizier Schebelka (1826) und der Salzburger Professor Thurwieser (1834) schrieben in der ersten Hälfte des 19. Jahrhunderts die Ersteigungsgeschichte des Ortlers. Nach den fünfziger Jahren besorgten neue Männer die Fortschreibung: allen voran der Geologe Edmund v. Mojsisovics, der Pionier Julius Payer und der Engländer Francis Fox Tuckett. Diese Alpinisten wandten sich erstmals auch den anderen Hochgipfeln zu und gelten als die eigentlichen Erschließer der Ortler-Gruppe. Mit Beginn der siebziger Jahre löste der sportliche Alpinismus die Aufgaben der Erschließer ab. Harpprecht, Minnigerode, Schück und andere waren Vorläufer des Extremalpinismus, der in den Münchnern Brehm, Ertl und Schmid in den Jahren 1930 und 1931 mit der Durchsteigung der Direkten Königsspitze-Nordwand und der Direkten Ortler-Nordwand seine ersten Exponenten fand.

Der Aufschwung des Alpinismus änderte nach 1870 auch die Verhältnisse im weltentrückten Sulden. Der Deutsch-Österreichische Alpenverein wurde in der Ortler-Gruppe tätig, errichtete Hütten und übernahm die Ausbildung der Suldener Bergführer. Aber immer fühlbarer machte sich der Mangel einer guten Straßenverbindung bemerkbar. Großherzige Spender und die Initiative vieler Sektionen des Alpenvereins ermöglichten endlich den Bau des 11 Kilometer langen Straßenzweiges von Gomagoi an der Stilfser-Joch-Straße nach Innersulden bis zu den Gampenhöfen. Am 23. Juni 1892 traf der erste Vierspännerzug in Sulden ein, der Bau des »fashionablen Suldenhotels« entlastete das bisher einzige Gasthaus, das »Hotel Eller«. Nicht lange währte es, und Sulden hatte seine »Table d'hôte«, zu Saisonzeiten mit 100 und mehr »notablen« Personen. Bis zu 50 autorisierte Führer warteten im »Führerkasino« auf Damen und Herren für Exkursionen zu den Hochgipfeln.

Unsere Zeit hat Sulden wieder geändert. Die Führer alten Zuschnitts sind rar geworden, der Ort wirbt mit seiner Bergbahn, die Gondel befördert Bergsteiger wie Schaulustige zum Rande des ewigen Eises. König Ortler schaut zu – er bleibt der Alte.

Schaubach-Hütte, 2581 m - Suldenspitze, 3376 m - Eissee-Spitze, 3230 m

Einführungstour in das Eis der Ortler-Gruppe

TOURISTISCHE ANGABEN

Erster Tag:
Sulden 1848 m – Schaubach-Hütte 2581 m – Suldenspitze 3376 m – Rifugio Casati 3266 m – Eissee-spitze 3230 m – Schaubach-Hütte.

Zeitgaben:
Sulden 1848 m – Schaubach-Hütte 2581 m: 1½ Stunden (oder Seilbahn!); Schaubach-Hütte – Eissee-Paß 3141 m – Suldenspitze 3376 m: 2½ Stunden; Suldenspitze – Rifugio Casati 3266 m: ½ Stunde; Rifugio Casati – Eissee-Spitze 3230 m: 1 Stunde; Eissee-Spitze – Eissee-Paß – Schaubach-Hütte: 2 Stunden.
Gesamtgehzeit: 6 Stunden ab Schaubach-Hütte.

Besondere Hinweise:
Diese leichte Gletschertour gibt einen landschaftlich und touristisch großartigen Einblick in das Zentrum der Ortler-Gruppe, darf aber wegen der Gletschergefahren nicht unterschätzt werden! Nur mit Eisausrüstung und bei sicherem Wetter unternehmen. Auf der gesamten Route meist Trasse, vielbegangen.

Hütten:
Schaubach-Hütte (Rifugio Citta di Milano) 2581 m, CAI-Sektion Mailand, 60 Betten und Matratzenlager, ganzjährig bewirtschaftet. Rifugio Gianni Casati 3266 m, CAI-Sektion Mailand, 200 Betten und Matratzenlager, bewirtschaftet von Mitte Juni bis Ende September.

Erster Tag: Sulden 1848 m – Schaubach-Hütte 2581 m – Eissee-Paß 3141 m – Suldenspitze 3376 m – Rifugio Casati 3266 m – Eissee-Spitze 3230 m – Eissee-Paß – Schaubach-Hütte.

Aus dem freundlich grünen Wiesengrund von Sulden überwindet eine Gondelbahn 600 Höhenmeter zum Rande des »Ewigen Eises«, zur Schaubach-Hütte (2581 m). Alt und bescheiden, aber dennoch von stattlichem Ansehen, steht die Hütte wenig unter der Bergstation und erwartet gerne Gäste. Bergsteiger kommen vor oder nach der Tour zur Einkehr, oder sie bleiben zur Nacht, um früh am Morgen ein neues Dreitausender-Ziel anzugehen. Die Auswahl reicht von den unschwierigen Gipfeln im Madritschkamm und Suldenferner-Kamm bis zur beherrschenden Königspitze.

Trotz der Seilbahn blieb die Schaubach-Hütte ein wichtiger Bergsteiger-Stützpunkt, den man sich nicht wegdenken kann. Im Jahre 1876 erstellte die Alpine Gesellschaft »Wilde Bande«, Wien, den kleinen Erstbau, veräußerte die Hütte aber 1888 an die Alpenvereinssektion Hamburg, die sie erweiterte und nach dem Alpenreisenden und Schriftsteller Schaubach benannte. Ein Bild aus der Vorkriegszeit zeigt die Hütte in den heutigen Umrissen, der Club Alpino Italiano beseitigte die Kriegsschäden, die ein italienisches Gebirgsgeschütz anrichtete; die Sektion Mailand als neuer Besitzer benannte das Haus »Rifugio Citta di Milano«.

Eine der beliebtesten Routen im Suldener Berggebiet, die Tour über den Eissee-Paß (3141 m) zum Rifugio Casati, nimmt an der Schaubach-Hütte ihren Anfang. Zwei »leichte« Dreitausender flankieren die Route: links des Passes die Eissee-Spitze mit 3230 m, rechts die Suldenspitze, 3376 m. Aus der Suldener Talschaft gesehen lockt besonders die prächtige Firngestalt der Suldenspitze. Je nach den Gegebenheiten bietet sich zu ihr ein günstiger Anstieg aus dem Eissee-Paß an, oder man bevorzugt den »Gipfel-Spaziergang« von Süden, von der Casati-Hütte. Die Suldenspitze gilt als »kleiner« Hausberg des Rifugio Casati, das Prädikat »groß« steht dem Cevedale zu. Ihren Firnschmuck verdankt sie gleicherweise dem Sulden- wie dem Langenferner, während ihr Gegenüber, die Eissee-Spitze, nur südseitig vom Langenferner eine Eisdecke erhält und nach Sulden eine Felswand zeigt. Die Gletschertrasse vom Eissee-Paß zur gleichnamigen Spitze kann wie die Tour zur Suldenspitze jedem Bergsteiger empfohlen werden, der neben der notwendigen Ausrüstung auch einige Eiserfahrung für seinen Sulden-Aufenthalt mitbringt. Den Anspruch auf höhere und schwierigere Ziele kann die Ortler-Bergwelt leicht befriedigen, das Suldener Angebot ist eines der besten in den Ostalpen!

Vordere Schöntaufspitze, 3216 m - Hintere Schöntaufspitze, 3324 m - Madritschspitze, 3265 m

Lohnende, leichte Suldener Drei-Gipfel-Tour

Zweiter Tag: Schaubach-Hütte 2581 m – Vordere Schöntaufspitze 3216 m – Hintere Schöntaufspitze 3324 m – Madritschjoch 3123 m – Madritschspitze 3265 m – Butzenjoch 3162 m – Schaubach-Hütte.

Die Hintere Schöntaufspitze erhielt ihren ersten Besuch im August 1865 durch den Geologen Edmund v. Mojsisovics. Diese überaus informative und leichte Bergfahrt kam nach der Eröffnung der Schaubach-Hütte bei den Suldener Sommergästen sehr schnell in Mode. Bald war die Hintere Schöntaufspitze das beliebteste Suldener Ausflugsziel; wer es bequem haben wollte, ritt zu Pferd zur Schaubach-Hütte hinauf und vertraute sich dort einem der zahlreichen Führer an. Heute trägt eine Gondelbahn die Gäste zur Höhe – noch immer gilt die Hintere Schöntaufspitze als lohnende und dazu leichte Bergfahrt! In Verbindung mit dem Schlepplift zum Madritschjoch wurde sie ein Ganzjahresziel: Bei guter Witterung versammeln sich am Gipfel Skifahrer und Fußgänger, um das ungewöhnlich reiche Ortler-Panorama zu bewundern.

Auch Bergsteiger, die anspruchsvollere Touren gewohnt sind, sollten bei einem Aufenthalt in Sulden die Hintere Schöntaufspitze nicht gering schätzen. Die Umrahmung des Ebenwandferners in der Drei-Gipfel-Tour Vordere Schöntaufspitze 3216 m–Hintere Schöntaufspitze 3324 m–Madritschspitze 3265 m lohnt einen Zugabe-Tag! Man kann mit der Vorderen Schöntaufspitze beginnen, die schon von Sulden durch ein hohes, weithin sichtbares Holzkreuz aus naturbelassenen Rundlingen auffällt. Aber erst das Gipfeldach der über einen reizvollen Grat erreichbaren Hinteren Schöntaufspitze bringt den vollen Wert dieser Tour: Das Panorama stellt den Marteller Hauptkamm vor, die Südliche Ortler-Gruppe glänzt mit ihrer Gletscherkrone, die Dolomiten säumen den Osthorizont, und die Zentralalpen zeigen die Silvretta und die Ötztaler Alpen.

Nach dem Abstieg zum Madritschjoch (3123 m) wertet die mäßig schwierige Kletterei auf blockigem, festem Fels hinauf zur Madritschspitze die bisher leichte Genußtour alpinistisch auf. Hier läßt sich – meist allein – das dritte Gipfelglück des Tages auf warmem Fels bis zur Neige auskosten, ehe der Trampelpfad auf dem Ebenwandferner an die Rückkehr erinnert. Der nahe Eissattel des Butzenjoches (3162 m) bestimmt die Abstiegsrichtung zum Ferner; gutgelaunt tragen wir die leichte »Dreitausender-Beute« hinab zur Schaubach-Hütte!

TOURISTISCHE ANGABEN

Zweiter Tag:
Schaubach-Hütte 2581 m – Vordere Schöntaufspitze 3216 m – Hintere Schöntaufspitze 3324 m – Madritschspitze 3265 m – Schaubach-Hütte.

Zeitangaben:
Schaubach-Hütte 2581 m – Vordere Schöntaufspitze 3216 m: 2 Stunden; – Hintere Schöntaufspitze 3324 m: ½ Stunde; Hintere Schöntaufspitze – Madritschjoch 3123 m – Madritschspitze 3265 m: 1½ Stunden; Madritschspitze – Butzenjoch 3162 m – Schaubach-Hütte: 2 Stunden.
Gesamtgehzeit: 6 Stunden.

Besondere Hinweise:
Diese Rundtour ist immer übersichtlich und kann als gute Eingehtour für größere Unternehmungen gelten. Sie gibt vor allem wegen ihrer Aussicht hervorragende Hinweise über den Verlauf weiterer Tourenmöglichkeiten.
Von der Schaubach-Hütte Anstieg zur Vorderen Schöntaufspitze und weiter zur Hinteren Schöntaufspitze mit Abstieg zum Madritschjoch (und Rückweg zur Schaubach-Hütte) markiert, unschwierig, viel begangen. Anstieg auf dem blockigen Nordgrat zur Madritschspitze mäßig schwierig, Abstieg über das Butzenjoch zum Ebenwandferner und Rückweg zur Schaubach-Hütte unschwierige Gletscherroute, meist gespurt, aber Eisausrüstung nötig.

Hütten:
Schaubach-Hütte 2581 m, siehe Seite 25.

Nur wenig unterhalb der modernen Bergstation der Suldener Seilbahn behauptet sich die Schaubach-Hütte als ein auch heute noch wichtiger Stützpunkt für Bergsteiger. Die nahe Königspitze verleiht mit ihrer Nordwand der Hütte ein vielbewundertes Aushängeschild.

Ortler, 3905 m

»Der höchste Spitz' im Land Tirol«

Dritter Tag: Hintergrat-Hütte 2661 m – Ortler 3905 m – Payer-Hütte 3029 m.

Von welchem Stützpunkt unsere Ortlerfahrt beginnt, sagt schlicht der Name: Hinter-grat-Hütte, im Italienischen »Rifugio del Coston«. Nachdem Sulden fast an die 2000 Meter über Meereshöhe liegt, der Ortler noch einmal 2000 Meter darüber aufragt, erwartet man von der Hintergrat-Hütte zwangsläufig einen hohen Standort über dem Suldener Talgrund. Den idealen Platz fand man für sie am Auslauf des Hintergrates auf begrüntem Gelände, mit Sicht hinab nach Sulden, hinüber zur Laaser Gruppe und hinein in die große Gletscher-Arena zwischen Eisseepaß, Königspitze und Zebrù.

Den Erstbau erstellte im Jahre 1892 am unteren Gratsee (2611 m) der russische Staatsrat Carl Bäckmann aus St. Petersburg. Bäckmann war Sulden, seinen Bergen und den Führern sehr gewogen; er schenkte die neue Berghütte dem Suldener Berg-führerverein. Dieser bedankte sich mit einem kleinen Denkmal nahe den Gampenhö-fen, das noch heute an den Staatsrat erinnert. Der erste Weltkrieg zerstörte die »Bäckmann-Hütte«, die Ruine lohnte den Wiederaufbau nicht; die Suldener Bergfüh-rer eröffneten am oberen Gratsee (2662 m) im Jahre 1922 einen Neubau, der treffend nach der Örtlichkeit »Hintergrat-Hütte« benannt wurde. Das Haus blieb seither im Besitz des Vereins, und es wird von den Verantwortlichen viel getan, diesen gut ausgestatteten Stützpunkt zu erhalten. Dazu sorgt Fritz, der Hüttenwirt, mit seiner Schwester unermüdlich um Hütte und Gäste und hütet das Haus wie seinen Augapfel.

Hat man auf einer der alten Hausbänke an der Eingangsseite nach Südwesten genie-ßerisch späte Nachmittagsstunden vertrödelt, in das vom oberen Gratsee entgegen-gehaltene Spiegelbild der Ortlerberge bis zu seinem Verlöschen hineinsinniert, darf man beruhigt schlafengehen – der Hüttenwirt weckt bei »Bergwetter« alle Hintergrat-Anwärter um 3.30 Uhr Sommerzeit!

Etwas lustlos – Normalzeit 2.30 Uhr! – sitzt zur Augustmitte eine kleine Gesellschaft im warmen, holzgetäfelten Gastraum und erwartet vom heißen Tee die erste Aufmun-terung: eine italienische Dreiergruppe, drei heimatliche Bergfreunde, meine Gretl und ich. Eine halbe Stunde später treten wir hinaus in eine Vollmondnacht; nur ihrem Schein verdanken wir es, daß wir nach dem Moränensteiglein am Gratausläufer des Unteren Knott die Rinne finden, die in den steilen, weitläufigen Schutthang unter dem Oberen Knott mündet. Auch dort finden wir nicht gleich den richtigen »Dreh«, mühsam, zwei Schritt vor, einen zurück, überwinden wir endlich den groben Schotter hinauf zu einer verschwommenen Helle, die ein Firnfeld anzeigt. Gewonnen – eine Stapfenspur zeigt den Weiterweg, der Tag beginnt sich aus der Nacht zu schälen; die Route, eine Firnrinne hindurch bis zum Ansatz der Oberen Knott-Felsen, können wir

TOURISTISCHE ANGABEN

Dritter Tag:
Hintergrat-Hütte 2661 m – Ortler 3905 m – Payer-Hütte 3029 m.

Zeitangaben:
Hintergrat-Hütte 2661 m – Ortler 3905 m: 5–6 Stunden; Abstieg: Ortler – Lombardi-Biwak 3316 m – Payer-Hütte 3029 m: 3 Stunden. Gesamtgehzeit: 8–9 Stunden.

Besondere Hinweise:
Der Hintergrat (Südostgrat) ist für geübte Normalbergsteiger ein prächtiger Ortleranstieg, aber we-gen seiner Länge und den Anforde-rungen im kombinierten Fels-Eis-Gelände, teilweise sehr ausgesetzt, nur erfahrenen Hochtouristen zu empfehlen (Schwierigkeiten sehr unterschiedlich, je nach den Ver-hältnissen!).
Früher Aufbruch von der Hinter-grat-Hütte notwendig, daher am Vortag Hüttenanstieg: von Sulden entweder mit Lift zum Langenstein (2330 m), von dort markierter Steig zur Hütte 1½ Std., ab Sulden 2½ Std., **oder** mit Seilbahn zur Mit-telstation Legerwand (2175 m) und auf markiertem Steig zur Hütte, 1½ Std., **oder** Übergang von der Schaubach-Hütte (2581 m) mar-kiert, 1½ Std. Hintergrat nicht mar-kiert, nach Steigspuren und Stein-männern zum Oberen Knott. Bei Wetterverschlechterung Umkehr

am Oberen Knott (3480 m) oder spätestens am Signalkopf (3723 m), wegen des relativ geringen Höhenunterschiedes zum Gipfel die Tour nicht fortsetzen, die Schwierigkeiten des Hintergrat-Anstieges beginnen erst am Signalkopf (Stangenmarkierung) mit ausgesetzten Fels- und Eispassagen! Am Signalkopf führt die Route nicht am Grat weiter, kurzer Abstieg in die Südseite, einige kurze Seilsicherungen in den Felspassagen bis zum Gipfel.
Abstieg: Ortler-Payer–Hütte (Nordroute) über den Oberen Ortler Ferner meist Trasse, vielbegangen, Spaltengefahr! Lombardi-Biwak (3316 m) verfallen; zuletzt ausgesetzte, brüchige Felspartien am »Wandl«, teilweise gesichert.

Hütten:
Hintergrat-Hütte (Rifugio del Coston) 2661 m, Suldener Bergführerverein, 53 Betten und Matratzenlager, bewirtschaftet von Mitte Juli bis Ende September.

nun gut einsehen. Weiter oben lohnt ein Stehenbleiben – der Beginn eines herrlich klaren Tages mit einem ersten schwachen Rot an der Königspitze-Nordwand weckt in mir endgültig all die Freude und Erwartung, die ich in diese Tour gesetzt habe. Die Italiener verfolgen weiterhin Trittspuren nach links in eine Firnrinne und geraten damit ins Hintertreffen; wir erkennen nach rechts unschwierige, »abgekletterte« Felsen, die uns direkt gegen den Oberen Knott leiten. Sein felsiger Grat läuft unschwierig einem weiten Firnsattel zu – 7 Uhr früh – wo kann die Welt schöner sein?

Dem felsigen Gratkopf »Oberer Knott« (3480 m) kommt eine zweifache Wichtigkeit zu: Einmal stellt er in etwa die Halbzeit des Hintergrat-Anstieges, zum anderen gewährt seine Höhe einen ersten Einblick in die Weiterführung der Route bis zum Gipfel und – in die Wetteraussichten. Für uns wagen wir die Prognose: Dieser Tag hält aus! Erst ab Oberem Knott verläuft die Hintergrat-Führe auf dem Grat selbst, von hier schwenkt die weite, von Sulden so schön anzuschauende Firnschulter hinauf zur nächsten markanten Höhe, dem Signalkopf (3723 m). Die behäbige Ausbildung der Schulter erlaubt anfangs ein unbeschwertes, von keiner drängenden Tiefe gestörtes Gehen bis zu ihrem Steilaufschwung gegen die ersten Felsen des Signalkopfes (Stangenbezeichnung). Dieser Platz wird gern zu Rast und Umschau benützt, die in einem östlichen Halbkreis überaus eindrucksvoll die Bergwelt von der Vertainspitze bis zur nahen Königspitze zeigt. Ein unsicherer Wettergang erfordert an dieser Stelle ein letztes, genaues Abwägen – Weiterweg oder Umkehr. Bis jetzt war der Anstieg wohl lang und mühsam, aber unschwierig, man glaubt sich schon nahe am Ziel; doch die Schwierigkeiten des Hintergrates beginnen am Signalkopf!

Ein schmales, etwas verstecktes Felsband, mit Fixseil gesichert, öffnet sich nach links, zur Suldenferner-Seite; es schließt wieder an die Gratschneide an. Nach einem kurzen, drahtseilgesicherten Wandl zieht der Grat fast horizontal, hinweg über schwarzen, brüchigen Kalkschiefer, heikel und ausgesetzt, zur Linken den Absturz der Minnigerode-Rinne, gegen ein kirchturmhohes Firndach. Sein gotisch-spitzer Neigungswinkel zur Nordseite hinab zum End'-der-Welt-Ferner erfordert größte Aufmerksamkeit; und doch ist mir dort wohler – Steigeisen und Pickel »liegen« meiner Zweierseilschaft. Ohne Halt und ohne das »End' der Welt« auch nur mit einem Blick zu würdigen, steigen wir über den weißen Dom hinauf zu den nächsten Felsen. Mit Steigeisen bewältigen wir die häufig wechselnden Fels- und Eispassagen und schaffen auch noch ein hinausdrängendes, glattes Wandl zu einem Felsköpfl, ehe wir das nächste Eisdach angehen. Wer so weit gekommen ist, darf aufatmen – der Schlußweg über feste helle Kalkfelsen und Blöcke zum kaum mannshohen eisernen Gipfelkreuz des Ortler regt noch an, aber nicht mehr auf.

Auf dem fast ebenen Schneefirst des Ortler sitzen drei junge Steiermärker und halten uns zur Begrüßung ein »wärmendes Flascherl« entgegen. Salute! Wir grüßen König Ortler, den höchsten Ostalpengipfel östlich der Schweizer Grenze. Der »Orteles-Spitz«, von dem Passeirer Josef Pichler mit zwei Begleitern am 27. September 1804 erstmals bestiegen, erhielt ein Jahr darauf, im Sommer 1805, seinen Hintergrat-Anstieg. Die Männer, wieder unter Führung des Passeirer Josele, hißten damals auf Befehl des Bergoffiziers Dr. Gebhard auf dem Gipfel eine Fahne aus acht Ellen roter und vier Ellen schwarzer Leinwand, denn immer noch zweifelte man im Vinschgau den ersten Erfolg von 1804 an. Die Westroute von Trafoi über die »Hinteren Wandln« und die Hintergrat-Führe waren bis zu den sechziger Jahren des vorigen Jahrhunderts die einzigen Ortlerwege. Um Neues aufzuspüren und zu vollenden, kamen zuerst einmal die Engländer unter Tuckett mit ihren tüchtigen Schweizer Führern. Das Verdienst aber, von Sulden über die Tabaretta-Wände die heutige Normalroute eröffnet zu haben, gebührt Julius Payer: Ihm und seinem Leibführer Johann Pinggera gelang am 4. September 1864 der große Wurf. Heute erleichtert die Payer-Hütte diesen Anstieg, und an schönen Sommertagen glauben auf diesem Weg viele »Alpensteiger« an das große Gipfelglück. Aber König Ortler »geht nicht so leicht her«, auch auf diesem sogenannten »leichten Weg« muß man ihn hart verdienen!

Julius Payer blieb drei Stunden am Ortlergipfel; er schreibt darüber: »Von dem erhabenen Asyl eines Berggipfels erinnert man sich kaum des Treibens und Drängens der Menschen da unten – zu uns herauf dringt kein Ton, wir sehen nur die Schauplätze ihrer Handlungen und lächeln, für wenige Augenblicke der profanen Alltäglichkeit entrückt, philosophisch über das Mikrokosmische ihres Daseins.«

Diese vier Bergsteiger sind auf dem Hintergrat unterwegs zum Ortler. Der steile Felsanstieg zum »Oberen Knott« liegt hinter ihnen, eine weitgeschwungene Firnschulter übernimmt bis hinauf zum Signalkopf (Firnspitze rechts des Gipfels) den mittleren und leichteren Abschnitt auf der Route zum Gipfel.

Payer-Hütte, 3029 m

Andenken an Julius Payer

Vierter Tag: Payer-Hütte 3029 m – Tabaretta-Hütte 2555 m – Sulden 1848 m.

Die Gletschertrasse über das großräumige, nach Nordwest geneigte Eisdach des »Ortlerplatts« (Oberer Ortler Ferner) hinab zum Lombardi-Biwak (3316 m) kann bei normalen Verhältnissen nicht verfehlt werden. Wie ein fest eingenähter Reißverschluß zieht eine breite Stapfenreihe durch das weiße Firntuch des Ferners und markiert die Richtung, vorbei an gewaltigen Spaltenzonen, zum Biwak. Leider verfällt dieser kleine, gemauerte Steinbau, den ein hochherziger Mann, Dr. Vittorio Lombardi aus Mailand, im Jahre 1948 stiftete. Bei dem Biwak darf man die Wegehälfte zur Payer-Hütte annehmen, aber der Gletscher läuft noch spaltenreich weiter, Steigeisen und Pickel sind dringend notwendig bis zu den ersten Tabarettafelsen. Dort beginnt der »Felsenweg« mit seinem schwierigsten Teilstück, dem »Wandl« (etwa 3150 m), das neuerdings (Sommer 78) mit Ketten gesichert ist. Verblüfft, aber dankbar für die gute Sicherung, greifen wir die Kettenglieder, turnen die unangenehme, brüchige graue Steinflanke abwärts und fädeln nach mehrmaligem Auf und Ab unter der Tabarettaspitze in den Durchschlupf ein, der den Blick auf die nahe Payer-Hütte freigibt. Wir sehen ein hohes, aus dem grauen Kalkstein der Umgebung aufgeführtes Gebäude, das zwei quergestellte Häuser aus verschiedenen Bauabschnitten miteinander vereinigt.

Für Julius Payer muß es eine große Freude gewesen sein, als die erste Hütte im Ortlergebiet seinen Namen erhielt. Zur Zeit der Einweihung im September 1875 war Payer erst 33 Jahre alt: Die Erforschung des Adamello- und Ortler-Gebirges war seine erste große Tat. Julius von Payer, geadelt vom Österreichischen Kaiserhaus wegen seiner späteren Verdienste als Polarforscher, starb 1915. Zu dieser Zeit war der bescheidene Erstbau schon zu einer sehr stattlichen Hütte gewachsen, so, wie sich noch heute die Payer-Hütte im wesentlichen zeigt. Die Sektion Prag des Deutschen und Österreichischen Alpenvereins hat damals Außerordentliches geleistet und mit großer Opferbereitschaft für dieses Haus 120000 Kronen aufgewendet.

Als wir, vorbei am stabilen hölzernen Hüttengeländer, das Haus betreten, sind die meisten Ortler-Besteiger von heute schon talwärts unterwegs. Willi Ortler, der Hüttenwirt aus Trafoi, teilt den neuen Anwärtern die Betten zu, ruhig und gleichmütig wie nun schon seit Jahrzehnten. Der Ortler ist im Sommer tagtäglich sein Leben – morgen kommen die nächsten zu ihm und zu König Ortler.

TOURISTISCHE ANGABEN

Vierter Tag:
Payer-Hütte 3029 m – Tabaretta-Hütte 2555 m – Sulden 1848 m.

Zeitangaben:
Payer-Hütte 3029 m – Bärenkopfscharte 2877 m – Tabaretta-Hütte 2555 m – Sulden 1848 m: 2½ Stunden. Abstieg: Payer-Hütte – Trafoi 1543 m: 3 Stunden. Gesamtgehzeit: 2½–3 Stunden.

Besondere Hinweise:
Die Route Payer-Hütte – Bärenkopfscharte – Tabaretta-Hütte-Sulden ist als Hauptweg gut markiert. Tabaretta-Hütte bewirtschaftet, Übernachtung möglich. Im großen Moränenkar unterhalb der Tabaretta-Hütte viele Wegteilungen, Weg Nr. 4 nicht verlieren, der direkt nach Sulden führt.
Abstieg: Payer-Hütte-Trafoi, Abzweigung an der Bärenkopfscharte, bezeichnet.
Anstieg Sulden – Payer-Hütte 3½ Std., Anstieg Trafoi – Payer-Hütte 4½ Std.

Hütten:
Payer-Hütte (Rifugio Giulio Payer) 3029 m, CAI-Sektion Mailand, 90 Betten und Matratzenlager, bewirtschaftet von Anfang Juli bis Ende September.
Tabaretta-Hütte (Rifugio Tabaretta) 2555 m, privat, 19 Betten, bewirtschaftet von Mitte Juni bis Ende September.

Im Normalanstieg von Sulden oder von Trafoi zum Ortler ist die Payer-Hütte ein unentbehrlicher Stützpunkt. Die hohe Lage des geräumigen Hauses lohnt allein schon einen Aufstieg – die Aussicht von dieser höchsten Hütte im Umkreis von Sulden kann überwältigend sein!

Trafoi - das Stilfser Joch

und seine Straße

TOURISTISCHE ANGABEN

Erster Tag:
Stilfser Joch 2758 m – Rötlspitze
3026 m – Furkelspitze 3004 m –
Furkel-Hütte 2153 m – Trafoi
1543 m.

Gesamtleistung:
Zwei Dreitausender, drei Zweitausender, eine Hütte.

Karten, Führer:
Kompaß-Wanderkarte Nr. 72 Ortler-Cevedale, 1:50000; Touring
Club Italiano Touristenkarte
»Gruppo Ortles-Cevedale«,
1:50000; Freytag/Berndt Wanderkarte Nr. 46 Ortler, 1:100000;
»Führer durch die Ortler-Gruppe«,
von Köll/Kössler; »Schutzhütten in
Südtirol«, Landesfremdenverkehrsamt für Südtirol, Bozen.

Ausrüstung:
Normale Bergausrüstung.

Talort:
Trafoi 1543 m.

Schutzhütten:
Furkel-Hütte 2153 m.

*Im Herbst, wenn der große Reise-
tourismus längst zuhause und das
Stilfser Joch noch schneefrei ist,
kann eine Fahrt auf seiner Straße
ein besonderes Erlebnis sein.
Der Ortler, der wildzerklüftete
Untere Ortler Ferner, die Eiskögel
und die Thurwieserspitze sind im
Blickfeld der Straßentrasse oberhalb Trafoi.*

In Trafoi bestimmt, gleich Sulden, in erster Linie der Ortler das Landschaftsbild, doch wirbt es zusätzlich noch mit dem einmaligen Aushängeschild der Stilfser-Joch-Straße. Als Sulden nur beschwerlich auf einem Saumpfad zu erreichen war, nahm Trafoi durch diese Straße schon an den Freuden, aber auch Leiden der damaligen großen politischen Welt Anteil. Christomannos schreibt 1895: »Trafoi selbst ist ein überaus idyllisches Dörfchen; kleine weiße Häuser und rotbraune Holzhütten mit grauen, steinbeschwerten Dächern, malerisch um ein Kirchlein gruppiert, bilden auf einem lichtgrauen, von dunklen Wäldern umsäumten Wiesenplan am Fuße eines hochaufragenden Halbkreises von blendend weißen, gewaltigen Eisbergen, von denen wild zerklüftete Gletscher in das Tal hineinhängen, ein gar liebliches Bild.«

Aber nicht Trafoi gab der Hochalpenstraße den Namen, der kleine Ort Stilfs, an der Auffahrt vor Gomagoi rechts oben an steilem, kargem Sonnenhang gelegen, war Namenspate des Stilfser Joches und seiner Straße. Unsere Zeit hat das Ortsbild von Trafoi, das uns Christomannos so romantisch beschreibt, verändert, konnte es aber nicht verschönern. Doch die außerordentliche, landschaftliche Großartigkeit der Hochgebirgsnatur rundum hat nichts von ihrem Rang eingebüßt und erhebt Trafoi weiterhin zu einer reizvollen Sommer- und Winterfrische. Die Bergwelt schaut hochalpin, verbrämt vom Weiß der Gletscher, zum Dorf herunter, sie fordert den Bergsteiger und Eisgeher auf, über den Unteren Ortler Ferner zur Thurwieserspitze, zur Trafoier Eiswand oder auch zum Ortler anzusteigen. Alle ihre Geheimnisse offenbart sie aber auch den Tausenden von Autotouristen, die in jeder Sommersaison von Trafoi hinauf zum Stilfser Joch fahren.

Schon immer, wenn militärische Notwendigkeiten es erforderten, war der Mensch zu höchsten Leistungen fähig. Für die Österreichisch-Ungarische Donaumonarchie entstand zu Beginn des 19. Jahrhunderts die Dringlichkeit, den Besitz der Lombardei durch eine Straßenverbindung über die Alpen eng an sich zu binden. Auch zunehmender europäischer Handel und Zivilverkehr benötigten statt der alten, gefährlichen Karrenwege gute Straßen, die großzügigeren Gütertransport zuließen. Das schweizerische Wormser Joch, die heutige Umbrail-Paßhöhe, verhieß dazu aus dem Tal der Adda, von Bormio aus (Worms war der alte deutsche Name für Bormio), die kürzeste und leichteste Verbindung in das Münstertal und über Taufers in den Vinschgau. Die Verhandlungen Österreichs mit der Eidgenossenschaft über eine Gebietsabtretung für das Straßenprojekt scheiterten; deshalb erließ Kaiser Franz I. im Jahre 1818 ein Dekret, das den Bau der Straße über das Stilfser Joch festlegte.

Anno 1820 begannen von Bormio aus die Arbeiten an der Südrampe durch die wilde Braulio-Schlucht. Die Jahre 1822–1824 sahen die Vollendung der Nordverbindung von Spondinig über Trafoi zum Stilfser Joch. 1825 überwanden auf 44 Haarnadelkurven die ersten Kutschen die 1200-Meter-Differenz von Trafoi zum Joch: Mailand, die Hauptstadt der Lombardei, hatte eine äußerst großzügige, damals auch im Winter (!) geöffnete Verbindung mit Tirol. Die österreichische Monarchie wendete dafür 2 901 000 Gulden auf und unterhielt sieben Cantonieren (damals auch Unterkunftshäuser für die Reisenden) und zahlreiche Arbeiterhäuser für die sogenannte Rotterie, die für die Freihaltung der Straße sorgen mußte. Carlo Donegani, der geniale Chefingenieur für Planung und Ausführung, wurde in den Adelsstand erhoben: »Carlo Donegani, Nobili di Monte Stelfio, der Edle vom Stilfser Joch.« Fahren wir heutigen, von der Technik verwöhnten Menschen die 50 Kilometer Gesamtstrecke: Spondinig– Trafoi–Stilfser Joch (27,5 km), Stilfser Joch–Bormio (22,5 km), kommen wir aus dem Staunen nicht heraus – vor dem »Nobili di Monte Stelfio« und seinen 2000 Arbeitern sollten wir den Hut ziehen!

Der Kriegslärm am »Stelfio«, wie die Italiener den Paß damals schon nannten, blieb jedoch nicht aus. 1859 ging die Lombardei an Italien verloren, Scharmützel wogten südseits und nordseits hin und her. Ein Chronist berichtet aus dieser Zeit: »Neben den Schlanderser und Silzer Schützen nahmen auch wieder die braven Prader am Gefechte theil; ebenso die Obermaiser und Meraner Studenten, die freudig die Gefahren und Abenteuer eines Feldzuges dem Sitzen auf den verhaßten Schulbänken und der dunstigen Seminarluft vorzogen.« Erst nach 1866 gehörte die Straße ganz dem friedlichen Handel und Wandel, bis im Juni 1915 der Krieg mit Italien ausbrach. Die Österreicher besetzten sofort das Stilfser Joch und hielten es, allem italienischen Ansturm zum Trotz, bis zum Ende des Weltkrieges. Die Verteidiger von damals würden ihr Joch nicht mehr erkennen. Die Straßentrasse blieb unverändert, aber am Scheitel des Passes treffen sich heute die Ski-Enthusiasten von Süd und Nord: auf dem zahmen Gletscherrücken des Ebenferners spielt fast ganzjährig der Lift-Zirkus! Der Bergsteiger braucht aber deshalb das Stilfser Joch nicht zu meiden; von den Häusern am Monte Livrio oder von den Seilbahnstationen aus kann er abseits der Pisten herrliche Eistouren angehen oder gegenüber die einsamen Grenzgipfel am Fallaschkamm aufsuchen.

Fallaschkamm

Die Gipfel im italienisch-schweizerischen Grenzkamm

TOURISTISCHE ANGABEN

Erster Tag:
Stilfser Joch 2758 m – Rötlspitze 3026 m – Furkelspitze 3004 m – Furkel-Hütte 2153 m – Trafoi 1543 m.

Zeitangaben:
Stilfser Joch 2758 m – Dreisprachenspitze 2838 m – Rötlspitze 3026 m – Furkelspitze 3004 m – Korspitze 2932 m – Tartscher Kopf 2952 m – Furkeljoch 2805 m: 2½ Stunden; Furkeljoch – Furkelspitze 3004 m – Joch: 1 Stunde; Furkeljoch – Furkel-Hütte 2153 m: 1½ Stunden. (Furkel-Hütte – Trafoi: Sessellift oder 1 Stunde.) Gesamtgehzeit: 6–7 Stunden.

Besondere Hinweise:
Die Überschreitung des Fallaschkammes vom Stilfser Joch zur Furkelspitze ist vor allem ein Aussichtserlebnis zur Ortler-Hauptkette und auch für ausdauernde Bergwanderer geeignet. Sie kann entweder von Trafoi nach Auffahrt mit dem Furkellift von der Furkel-Hütte oder vom Stilfser Joch aus angetreten werden. Günstig ist es, nach einer frühen Auffahrt zum Stilfser Joch (Bus) die Tour mit der Besteigung der Rötlspitze zu beginnen, die Kammüberschreitung bis zur Furkelspitze auszudehnen und vom Furkeljoch zur Furkel-Hütte abzusteigen; unschwierig, teilweise markiert und Steig.

Hütten:
Furkel-Hütte 2153 m, privat, 10 Betten, bewirtschaftet von Mitte Juni bis Anfang Oktober.

Erster Tag: Stilfser Joch 2578 m – Dreisprachen-Spitze 2838 m – Rötlspitze 3026 m – Korspitze 2932 m – Tartscher Kopf 2952 m – Furkelspitze 3004 m – Furkel-Hütte 2153 m – Trafoi 1543 m.

Von den vielen Urlaubern, die Sommer für Sommer hinauf zum Stilfser Joch fahren, unternehmen nur wenige eine Wanderung zu den Höhen im nahen Fallaschkamm; lediglich die Dreisprachen-Spitze (2838 m) knapp über der Paßhöhe erhält des kurzen Anstieges und der Aussicht wegen immer Besuch. Der Grenzstein mit der Jahreszahl 1865 markierte bis zur neuen Grenzziehung nach dem ersten Weltkrieg den Treffpunkt der Länder Österreich, Italien und Schweiz, die Berührung von deutscher, italienischer und ladinischer Mundart gab der Spitze den Namen. Der Fallaschkamm beginnt seine Ausbildung an der Dreisprachen-Spitze. Bis zum Piz Chavalatsch (2765 m) dient er den Ländern Italien und der Schweiz als Grenzkamm, weit draußen im Norden, am Glurnser Köpfl (2373 m) läuft seine Gipfelkette aus. Aber so unscheinbar der Fallaschkamm auch seine Höhen aneinanderreiht, zum Ausgleich dafür gewährt er in die nach Norden offene, vergletscherte Front des Ortler und seiner Hauptkette einen hervorragenden Einblick! Davon profitiert auch der Furkel-Lift, der von Trafoi hinauf zum Kleinboden schaukelt und von dort das Ortler-Panorama aufzeigt.

Zwischen dem Stilfser Joch (2758 m) und der Furkel-Hütte (2190 m) dehnt sich ein beliebter Wanderweg, der die Höhe des Fallaschkammes unterläuft und auf dem Almgelände über der Waldgrenze die Verbindung herstellt. Der Kamm selbst bietet eine »Hohe Route« an, die im Auf- und Abstieg zu den einzelnen Gipfeln auch bergsteigerisch reizvoll ist. Am günstigsten beginnen wir die Überschreitung bei der Dreisprachen-Spitze am Stilfser Joch mit dem Steig über den fast ebenen Breitkamm zu den roten Schieferhängen der Rötlspitze. Dort schneidet der markierte Anstieg aus einer Scharte heraus den Osthang der Spitze zum Kammrücken; Steigspuren zweigen zum Gipfelsteinmann ab. Wer einmal von der Rötlspitze (3026 m) Umschau hält, wird Gefallen am Fallaschkamm finden und sich auf die Route Korspitze 2932 m – Tartscher Kopf 2952 m – Furkelspitze 3004 m freuen.

Du kannst selbst »Pfadfinder« sein in dem weiten, sanftgeschwungenen Gelände, kannst unbesorgt wandern, schauen und die Einsamkeit dieser Berglandschaft genießen. Die Furkel-Hütte als Ziel deines ausgedehnten Weges bietet dir eine gute Einkehr, die wohlverdiente Stärkung und auf Wunsch auch ein Nachtquartier!

Große Ost-West-Traverse

TOURISTISCHE ANGABEN

Erster Tag:
Rifugio Pizzini 2706 m – Königspitze 3859 m – Rifugio Pizzini.

Zweiter Tag:
Rifugio Pizzini 2706 m – Rifugio V° Alpini 2877 m.

Dritter Tag:
Rifugio V° Alpini 2877 m – Monte Zebrù 3740 m – Großer Eiskogel 3759 m – Thurwieserspitze 3652 m – Rifugio V° Alpini.

Vierter Tag:
Rifugio V° Alpini 2877 m – Tuckettspitze 3466 m – Hintere Madatschspitze 3432 m – Rifugio Livrio 3174 m.

Fünfter Tag:
Rifugio Livrio 3174 m – Hohe Schneide 3431 m – Geisterspitze 3467 m – Payerspitze 3446 m – Rifugio Livrio – Stilfser Joch 2758 m.

Gesamtleistung:
Neun Dreitausender, drei Hütten.

Karten, Führer:
Kompaß-Wanderkarte Nr. 72 Ortler-Cevedale, 1:50000; Touring Club Italiano Touristenkarte »Gruppo Ortles-Cevedale«, 1:50000; Freytag-Berndt Wanderkarte Nr. 46 Ortler, 1:100000; »Führer durch die Ortler-Gruppe«, von Köll/Kössler; »Schutzhütten in Südtirol«, Landesfremdenverkehrsamt für Südtirol, Bozen.

Ausrüstung:
Hochtourenausrüstung mit Seil, Pickel und Steigeisen.

Talort:
Santa Catarina im Valfurva 1737 m, Sulden 1848 m.

Schützhütten:
Rifugio Pizzini 2706 m
Rifugio V° Alpini 2877 m
Rifugio Monte Livrio 3147 m.

Biwakschachteln:
Bivacco Citta di Cantù 3531 m
Bivacco Ninotta ca. 3360 m.

Nordseitig der Ortler-Hauptkette konzentriert sich an den Eiskögel (Bildmitte), an der Thurwieserspitze (rechts) und an der Trafoier Eiswand hohes, steiles Eis. Die Thurwieserspitze in der Mitte der Hauptkette ist ein begehrtes, glänzendes Bergsteigerziel. Am Horizont von links nach rechts der Monte Zebrù, die Königspitze, der Cevedale und Monte Pasquale.

In der Geographie der Ortler-Gruppe kommt der Ortler-Hauptkette besondere Bedeutung zu, sie beansprucht erstes alpinistisches Interesse! Im Betrachten einer Ortler-Karte, beim Studium von Gipfelnamen und dem Fluß der Gletscher, kann dies nicht verwundern. Das Kartenbild zeigt, daß in diesem vom Langenferner Joch an der Casati-Hütte bis zu seinem Auslauf über dem Stilfser Joch gerichteten Ost-West-Kamm die ausgeprägtesten und höchsten Gipfelformen und die wildesten Gletscher zuhause sind. Der Ortler selbst fungiert in doppeltem Sinn als Vorgesetzter dieser Gipfelkette: am Hochjoch und am Ortlerpaß setzt er sich mit Felsfundamenten von seiner Trabantenreihe ab und beherrscht sie aus seiner nur wenig entfernten Nordposition.

Die Ortler-Hauptkette beginnt an der Suldenspitze mit dem Suldenferner-Kamm, der sich bis zum Königsjoch (3295 m) ausdehnt. Ungemein selbständig erhebt sich westlich des Jochs als höchster Gipfel der Kette die Pyramidengestalt der Königspitze (3851 m). Sie schickt den Suldengrat hinab zum Suldenjoch (3434 m), aus dem der Monte Zebrù (3740 m) eine schmale Gipfelschneide aufbaut und die Weiterführung dem Hochjoch (3531 m), Ortlerpaß (3353 m), Großen Eiskogel (3579 m) und der Thurwieserspitze (3652 m) abgibt. Am Gipfel dieser exponierten Spitze beginnt der Trafoier Kamm, der mit dem Bäckmanngrat das steile Eis der Trafoier Eiswand (3563 m) berührt, in Fortsetzung die Große Schneeglocke (3410 m) ausbildet und am Trafoier Joch (3304 m) an der Abzweigung des Madatschkammes anläuft. Nun schon im Bereich des Stilfser Joches, gibt die Tuckettspitze (3466 m) aus dem Tuckettpaß (3354 m) heraus die Linie der Gletscherberge über die Cime di Campo (3480 m) und die Geisterspitze (3467 m) zur Hohen Schneide (3431 m), der letzten markanten Höhe, weiter.

Liegt an anderen Stellen der Ortler-Gruppe, vor allem im Süden, größeres Eis, so erreicht doch kein Gletscher die Wildheit, Zerrissenheit und Steile von Unterem Ortler Ferner und Trafoier Ferner: Sie formen aus der Sicht von Trafoi und der Stilfser-Joch-Straße im Verein mit dem Ortler ein hochalpines Landschaftsbild.

In unserer hohen Ost-West-Traverse vom Rifugio Pizzini mit Einschluß des Mittelstützpunktes Rifugio V° Alpini bis zum Stilfser Joch bleibt uns kein Winkel der Ortler-Hauptkette unbekannt. Die Besteigung von zehn Dreitausendern in ihrem Verlauf wird ein Höhepunkt unserer großen Ortlerfahrt sein.

Königspitze, 3859 m

Traumberg der Ortler-Gruppe

Erster Tag: Rifugio Pizzini 2706 m – Königspitze 3859 m – Rifugio Pizzini.

Die Königspitze (ital. Gran Zebrù) ist fraglos die »vornehmste Adresse« der Ortler-Gruppe. Ihre berühmte Seite zeigt sie nach Sulden, dorthin wendet sie die »Königswand«. Diese über 1000 m hohe Nordwand schickt steilstes, immer von einer riesigen Gipfelwächte gekröntes Eis hinab in den Suldenferner. Nach Osten, gegen das Martell, stellt sich der Berg gleich einer königlichen Pyramide zur Schau. Die Marteller gaben ihm daher den Namen »Königspitze«; schlicht und einfach sagt der Volksmund »der Kinig«.

Im Zuge der Ortler-Hauptkette von der Hohen Schneide (Monte Cristallo) am Stilfser Joch bis zur Suldenspitze gebührt der Königspitze das Primat – ihr gilt nach dem Ortler die größte bergsteigerische Aufmerksamkeit! Zugänge zu ihrem Gipfel sind sowohl nord- als auch südseitig gegeben. Sulden ist das Zentrum für alle von Norden anreisenden Bewerber, mit der Schaubach-Hütte als mühelos erreichbaren Ausgangsort plädiert es dafür, den Anstieg über das Königsjoch (3295 m) zu versuchen. Einfacher und gefahrloser bietet sich jedoch der Südzugang vom Rifugio Pizzini an. Den Tag, den man für den Übergang zur Pizzini-Hütte aufwenden muß, sollte man nicht voreilig als überflüssig ansehen. Die Route Schaubach-Hütte (2581 m)–Eissee-Paß (3141 m)–Rifugio Casati (3266 m)–Rifugio Pizzini (2706 m) schneidet in Nord-Süd-Richtung das Herz der Ortler-Gruppe und gibt auch Wanderern – sofern sie erfahren und gut ausgerüstet sind – das Erlebnis des Bergsteigens im »großen Eis« eines gewaltigen Hochgebirges. Der »Gipfelstürmer« sieht seine Ziele greifbar nah, am Langenferner Joch (Passo d. Cevedale) bei der Casati-Hütte erhält er einen informativen Einblick in die Normalroute zur Königspitze.

Als wir vom Rifugio Pizzini zur Königspitze aufbrechen, funkelt noch der Sternenhimmel, aber spürbar bereitet die Dämmerung hinter den hohen Bergen einen neuen, glanzvollen Tag vor. Die klare, kalte Nacht hat Firn und Stein fest zusammengefroren, spielerisch steigen wir die Gletscherhänge hinauf; am Steilhang zur »Unteren Schulter« können wir eine Höhe von 3200 m feststellen. Wir beobachten ein Tageserwachen, das den Gipfelkranz des Fornobeckens der Südlichen Ortler-Gruppe augenblicklich zur Gänze ausleuchtet. Der Ausstieg bei der »Unteren Schulter« bringt uns in eine Helligkeit, die den ganzen Gipfelaufbau der Königspitze überflutet! 30 bis 50 Grad steil und 400 Meter hoch formt der Südosthang die Pyramidenseite unseres Berges. Drüben an den Zufall- und Cevedale-Spitzen streift eine flache Sonne den Gletscher, weit unten, noch im Schatten verborgen, schläft unser Ausgangsort, die Pizzini-Hütte.

TOURISTISCHE ANGABEN

Erster Tag:
Rifugio Pizzini 2706 m – Königspitze 3859 m – Rifugio Pizzini.

Zeitangaben:
Rifugio Pizzini 2706 m–Königspitze 3859 m: 4½ Stunden; Abstieg: wie Anstieg: 3 Stunden. Gesamtgehzeit: 7½ Stunden.

Besondere Hinweise:
Die Tour zur Königspitze ist nach der Ortler-Besteigung die begehrteste hochalpine Bergfahrt, jedoch nur für sichere, im Eis erfahrene Bergsteiger.
Der Normalanstieg von Norden (Sulden) führt ab Schaubach-Hütte über den Suldenferner zum Königsjoch (3295 m) und von dort südseitig, in Vereinigung mit dem Anstieg vom Rifugio Pizzini, über die »Untere Schulter« (3482 m) in einem sehr steilen, ostseitigen Eisanstieg zum Gipfel. Der Zugang auf dem Suldenferner zum Königsjoch ist durch Steinschlag und Spalten objektiv sehr gefährdet. Den sichersten Anstieg zur Königspitze bietet die Südroute vom Rifugio Pizzini über das Vedretta del Gran Zebrù zur »Unteren Schulter«. »Untere Schulter« auch von der Casati-Hütte mit Abstieg über das Langenferner Joch gut erreichbar.
Südzugang zum Rifugio Pizzini von Santa Catarina (bei Bormio)

Diese Dreiergruppe befindet sich von der »Unteren Schulter« im Anstieg zur Königspitze. Ein blendender Morgen hebt das Cevedale-Plateau in eine strahlende Helligkeit, darüber lastet ein hoher Eisfirst, der die beiden Zufallspitzen (links) mit dem Cevedale (rechts) verbindet.

Die Normalanstiege von Nord und Süd treffen sich an der »Unteren Schulter« (3482 m); ihr Eiswulst unterbricht in der Hauptkammlinie die Felsausbildungen zum im Osten eingeschnittenen Königsjoch. Je nach den Firnverhältnissen zieht fast immer eine Trasse mehr oder weniger steil und direkt hinauf zur nur schwach ausgeprägten »Oberen Schulter« und erklimmt von ihr die Gipfelregion. Vor uns stapfen drei Schwaben, hinter uns drei Rheinländer – alle schickte heute das Rifugio Pizzini zur Königspitze – von der Nordseite kam keiner. Zügig und ohne Halt überwinden die geübten Schwaben die Steilheit. Sie benützen eine feste Firnleiter, passieren die sehr steile Eisrinne zwischen den Gipfelfelsen und steigen in einer Linkstraverse, nur eine Armlänge von der Nordwandkante entfernt, zum Gipfeldach. Auch wir setzen sicher Steigeisen und Pickel, kommandieren den Seillauf und grüßen wenig später unsere Vorgänger.

Fröhlich und freudig erregt zu sein, haben wir allen Grund: Die Königspitze schenkt uns eine Gipfelstunde, wie wir sie schöner nicht erträumen könnten! Überglücklich lachen die zwei jungen Rheinländer, die unter der Führung ihres erfahrenen Freundes erstmals eine solche Stunde erleben dürfen. Eine Klarheit ohnegleichen malt die schneebedeckten Ötztaler Alpen, die weiße Bernina und ferne Westalpenberge hell an den blauen Himmel, dunkel zeichnet die Dolomitenwelt den Osthorizont, im Süden glänzt die Krone der Fornoberge vom Palon de la Mare bis zum Pizzo Tresero. Der Nahblick blättert Seite um Seite im großen Buch von König Ortler auf, wir werden nicht müde, immer wieder Neues zu entdecken.

Die Königspitze, 3859 m, sieht auf eine bewegte Geschichte zurück. Als der Bann ihrer Jungfräulichkeit gebrochen war, erregte sie sehr bald die allgemeine Aufmerksamkeit der prominenten Alpenreisenden. Wem allerdings der Ruhm, Erstbesteiger zu sein, wirklich zusteht, weiß die alpine Chronik nicht zuverlässig zu beantworten. Bis heute teilt die Überlieferung die Ehre zwischen dem damals zwanzigjährigen Kandidaten der Theologie Stefan Steinberger (24. August 1854) und den Engländern Tuckett und Buxton mit den Schweizer Führern Michel und Biener (3. August 1864). Die »Mammut-Bergfahrt« des Alleingängers Steinberger von Trafoi über das Stilfser Joch mit der anschließenden langen, beschwerlichen Traverse über mehrere Jöcher zur Königspitze und wieder zurück an einem Tag (!) ist seither Legende. Zuerst 1892, gewiß aber später nochmals, gingen hervorragende geländekundige Bergsteiger die Steinbergsche Route ab, nur um festzustellen, daß sie zeitmäßig fast unmöglich ist.

Tuckett und Buxton kamen auf dem Südanstieg, aus dem Cedec-Tal, zum Gipfel, der seitdem als bester Normalzugang gilt. Der ehrgeizige Wiener Berggeher Specht wagte als Nachfolger im selben Jahr den ersten erfolgreichen Angriff von Sulden

mit eigener Auffahrt nach Forni (2176 m, Parkplatz), ab hier 1½ Std. Gehzeit oder Jeep ab S. Catarina bis zur Hütte möglich. Von Sulden ist das Rifugio Pizzini auf der Route Schaubach-Hütte – Rifugio Casati – Langenferner Joch gut erreichbar (4 Std. ab Schaubach-Hütte). Mit fortschreitendem Sommer wird wegen Vereisung der Ostflanke die Tour zur Königspitze gefährlicher, beste Verhältnisse meist am Sommeranfang.

Hütten:
Rifugio Luigi Emilio Pizzini 2706 m, CAI-Sektion Mailand, 85 Betten und Matratzenlager, bewirtschaftet von Ende Juni bis Mitte September. Rifugio Casati 3266 m, siehe Seite 25.

Die Königspitze zeigt viele, hochalpin immer anspruchsvolle, reizvolle Ansichten. Im Anstieg auf dem Ortler-Hintergrat weckt die Beobachtung des ersten Tageslichtes eine erneute Bewunderung für diesen königlichen Gipfel.

über die kombinierte Ostseite. Julius Payer erreichte ebenfalls von Sulden aus im September 1865 mit Johann Pinggera in einer dramatischen Unternehmung den Gipfel. Sein zweiter Führer Reinstadler, mit dem er ebenfalls durch das Seil verbunden war, glitt aus und beide fuhren zur Tiefe; nur der starke, sichere Pinggera bewahrte sie vor dem Todessturz. Reinstadler mußte zurückbleiben, denn auf die Frage Payers, ob er es bestimmt versprechen könne, nicht wieder auszurutschen, entgegnete er: »Na, sell woass i nit g'wiss.« Bei dieser Septembertour und bei zahlreichen späteren Fahrten bis in unsere Zeit herüber ergab sich folgerichtig, daß mit fortschreitendem Sommer in den Herbst hinein der Anstieg wegen Vereisung schwieriger und gefährlicher wird!

An der Königspitze hatten Leute von Rang und Namen, unter ihnen Markgraf Pallavicini und der Berchtesgadener Bergführer Johann Grill, genannt Kederbacher, großen Erfolg – die Grate, vor allem der nordwestliche Suldengrat, stellten in der damaligen Zeit außerordentliche Unternehmungen dar. Den ersten Schritt in das Eis und den Fels der Nordostwand wagte im Jahre 1881 Professor Minnigerode aus Greifswald mit Johann und Alois Pinggera und Peter Reinstadler als Führer. Diese geglückte Unternehmung setzte einen neuen Maßstab, der nur noch durch die Bezwingung der »Direkten« übertroffen werden konnte. Dieses letzte und größte Problem lösten am 5. 9. 1930 die jungen Münchner Hans Ertl und Hans Brehm. Einen dramatischen Eintrag in die Chronik erzwang der Erste Weltkrieg. Am 25. Mai 1917 gelang den Österreichern im Wettlauf mit den Alpini die Besetzung des Gipfels. Die Italiener kamen einen Tag zu spät und besetzten – nur 150 Schritt entfernt – eine Stellung am Suldengrat. Beide Parteien standen sich bis zum Kriegsende 1918 am Gipfel der Königspitze gegenüber!

Der Abstieg führt unsere kleine Gruppe geschlossen zur »Unteren Schulter« zurück. Ganz nah lenke ich die Schritte an den Kantensaum der Nordwandflucht – ich kann es mir nicht versagen, die Tiefe auszuloten: Mein Blick gleitet die von Lawinen und Eisschlag geschrammten Rinnen hinab, nichts hält ihn über Hunderte von Metern, erst das Chaos von Eis und Fels unendlich tiefer, zu Füßen der Nordwand, läßt mich wieder aufschauen. Beruhigt konzentriere ich mich auf die firnige Trittleiter vor mir ...

Auch von Süden, aus der Aussichtswarte des Confinalekammes, dominiert die Königspitze im Gipfelzug der Ortler-Hauptkette. Aber die Gletscher sind weniger mächtig, ihr Eis fließt hinab in das Valle dello Zebrù. Im Bild das Vedretta d. Miniera.

Rifugio Pizzini, 2706 m - Rifugio V° Alpini, 2877m

Die Hütten am Südsaum der Ortler-Hauptkette

Zweiter Tag: Rifugio Pizzini 2706 m – Passo del Zebrù 3001 m – Rifugio V° Alpini 2877 m.

In Santa Catarina im Valfurva (1737 m), bekannter Wintersportplatz und beliebte Sommerfrische der Italiener, bieten Geländewagen ihre Dienste zur Auffahrt zum Rifugio Pizzini an. Der eigene Wagen schafft das Gebirgssträßchen nur bis zu dem geräumigen Parkplatz beim Albergo Ghiacciaio dei Forni (2176 m). Langgezogen überwindet ab Parkplatz ein schmaler Fahrweg den weiteren Höhenunterschied von 600 Metern bis zu dem soliden grauen Steinbau des Rifugio Pizzini (2706 m). »Capanna Luigi Emilio Pizzini« verkündet eine große Schrift unter dem Südgiebel der Hütte. Im Jahre 1926 in seiner heutigen Gestalt erbaut, gibt sie dem Talschluß des Val de Cedec den notwendigen südseitigen Stützpunkt für so hervorragende Exponenten der Ortlerwelt wie Königspitze, Cevedale und Monte Pasquale, zudem hält sie die wichtige Funktion, ein Bindeglied zur Casati-Hütte unter dem Cevedale und zur Branca-Hütte am Fornobecken zu sein, aufrecht. Ihr gegenüber im Osten fließt in gebrochenen, steilen Wellen der starke Eisstrom des Vedretta di Cedec vom Cevedalegipfel zu Tal, daneben lockt das hohe, glatte Firnschild des Monte Pasquale. Gewaltiges Eis zeigt der Bergraum im Süden; dort glänzen die Hauptgipfel der Südlichen Ortler-Gruppe, die Punta San Matteo und der Pizzo Tresero!

Nach der Tour zur Königspitze schließt unsere »Hohe Route« entlang der Ortler-Hauptkette zur Alpini-Hütte auf; zur Wahl steht ein »oberer« und ein »unterer« Weg. Die obere Verbindung hat den Charakter einer hochalpinen Gletschertraverse, auf der drei Gletscherfelder und zwei Pässe überschritten werden; zudem ermöglicht sie die unschwierige Besteigung von zwei Dreitausendern, der Cima d. Pale Rosse (3453 m) und der Cima d. Miniera (3408 m). Tüchtige Geher können bei guten Verhältnissen nach dem Abstieg von der Königspitze, ohne zur Pizzini-Hütte zurückzukehren, sofort nach Westen über das Vedretta Gran Zebrù zum Col delle Pale Rosse (3388 m) ansteigen und die Route über das Vedretta d. Miniera zum Col delle Miniera (3352 m) und zur Alpini-Hütte fortsetzen. Die Wetterentwicklung des Tages spielt dabei eine entscheidende Rolle. Uns droht am Miniera-Paß von Westen her eine massive Wetterverschlechterung; so stapfen wir eiligst in unseren sicheren Spuren zur Pizzini-Hütte zurück. Erst einige Zeit später schlossen wir von der Alpini-Hütte aus der Vollständigkeit halber und der Kenntnisse wegen unsere Lücke im »Eisweg«.

Am anderen Tag haben wir bei Regen nur eine Wahl: Wir folgen am Rifugio Pizzini dem Holzschild »Passo Zebrù«. Der »untere« Weg stellt über den Nördlichen Zebrù-Paß (3001 m) auf markiertem Steig eine eisfreie Verbindung zur Alpini-Hütte dar. Weithin auf dem Kamm sichtbar weist eine Holzhütte die erste Station, den Paß; ein

TOURISTISCHE ANGABEN

Zweiter Tag:
Rifugio Pizzini 2706 m – Rifugio V° Alpini 2877 m.

Zeitangaben:
Rifugio Pizzini 2706 m–Passo Zebrù (Nord) 3001 m–Rifugio V° Alpini 2877 m: 4 Stunden.

Besondere Hinweise:
Der normale Übergang zum Rifugio Alpini führt eisfrei über den Nördlichen Zebrù-Paß. Vom Paß Abstieg und entlang südseitiger Hänge, hoch über dem Valle dello Zebrù, auf markiertem Steig bis unter die Hütte, steiler Schlußanstieg. Bei guten Verhältnissen, sicherem Wetter und Eiserfahrung bietet die Gletscherroute über die Pässe Col d. Pale Rosse (3388 m) und Col d. Miniera (3352 m) einen interessanten hochalpinen Übergang. Vom Col d. Miniera am besten zur Cima d. Miniera (3408 m) ansteigen, von dort sicherster Abstieg zum Zebrùferner, Spalten! Route wenig begangen, nur bei Sicht unternehmen!

Hütten:
Rifugio V° Alpini 2877 m, CAI-Sektion Mailand, 60 Betten und Matratzenlager, bewirtschaftet von Ende Juni bis Ende September. Capanna Guido Bertarelli 2870 m (siehe Rif. V° Alpini).

Das hochgelegene Rifugio Pizzini im Süden der Königspitze ist ein guter, leicht erreichbarer Ausgangsort für Touren zu Königspitze, Cevedale und Monte Pasquale.
Von letzteren Gipfeln fließt das Vedretta di Cedec herab in das Valle di Cedec und bildet einen prächtigen Blickfang für die Hüttenbesucher.

großer, wichtiger Steinmann unterstreicht die Bedeutung dieses Überganges. Vor uns nimmt das weite Valle dello Zebrù seinen Lauf nach Westen; es trennt die Höhen des Confinalekammes von der Ortler-Hauptkette. Meist behindert Schnee den Abstieg vom Paß und verbirgt den Steig, aber Stangen zeigen den Weiterweg, bald schon übernimmt ein guter Pfad die Führung zu einem offenen Platz; zwei Bänke und ein natürlicher steinerner Tisch laden uns dort zur Rast (etwa 2670 m). Im Sitzen betrachten wir die Gegend, zählen am Confinalekamm die Gipfel, staunen über den nahen Abfluß des Miniera-Gletschers und die Riesenhalde tauben Gesteins, die von der »Miniera di Ferro«, einem alten Eisenbergwerk, übrigblieb.

Das nächste Wegziel erkennen wir an einer markanten grünen Schulter unter dem graugelben Gratsporn, der von der Cima Miniera abzieht. An diesem auffallenden Felsabsatz angelangt, stellt sich 300 Meter höher das Rifugio Alpini vor, unter uns im Valle dello Zebrù sehen wir die Almhütten der Baita d. Pastore und eine schmale Fahrstraße, die das Hochtal erschließt. Unser Pfad mündet in den Zugang aus dem Zebrù-Tal, gemeinsam mit italienischen Bergfreunden steigen wir zur Hütte hinauf.

Das Rifugio V° Alpini, 2877 m, besitzt eine hervorragende hohe Position südlich der Ortler-Hauptkette. Als Erstbau diente die 1884 erstellte kleine Capanna Milano (Mailänder Hütte), die in Vorkriegszeiten der Aufgabe nachkam, die Südanstiege zu unterstützen. Nach dem »Großen Krieg« entstand 1929 daraus der geräumige Steinbau des Rifugio V° Alpini. Eine Gedenktafel am Haus hält den Namen des Capitano »Guido Bertarelli« fest und berichtet von ihm, daß er hier im »Grande Guerra« 1915–1918 das Kommando über das Ski-Battaglione des V. Regiments führte. Die Schwere dieser Aufgabe kann nur ein im Eis erfahrener Alpinist ermessen, der zudem die Kriegsgeschichte im Ortlerabschnitt, die Gipfel und Anstiege kennt. Damals war die kleine Capanna Milano, verstärkt durch sechs Holzbaracken, der Stützpunkt für die Alpini. Den Capitano ehrt schließlich auch die letzte der aus Kriegszeiten übriggebliebenen Holzbaracken, die im Jahre 1972 tadellos als zusätzliche Unterkunft ausgebaute Capanna »Guido Bertarelli«, wenige Meter unterhalb der Alpini-Hütte.

Für die Überschreitung der ausgedehnten Gletschertraverse von der Königspitze zum Stilfser Joch und für die Südanstiege in der Ortler-Hauptkette ist das Rifugio V° Alpini unentbehrlich. Entweder aus dem Valle Zebrù oder auf dem Verbindungsweg herüber vom Rifugio Pizzini kann das auf 2877 m erbaute Haus gut erreicht werden.

Monte Zebrù, 3740 m - Großer Eiskogel, 3579 m - Thurwieserspitze, 3652 m

Die Supertour über dem Rifugio V° Alpini

Dritter Tag: Rifugio V° Alpini 2877 m – Ortler-Hochjoch 3531 m – Monte Zebrù 3740 m – Ortler-Hochjoch – Ortlerpaß 3353 m – Großer Eiskogel 3579 m – Thurwieserspitze 3652 m – Rifugio V° Alpini.

Die Ortler-Gruppe glänzt durch ihr berühmtes Dreigestirn Ortler 3905 m – Monte Zebrù 3740 m – Königspitze 3851 m. Nirgendwo in den Ostalpen östlich der Schweizer Grenze gestaltet die Bergwelt ein ähnlich hochalpines Gipfeltrio! Dem Ortler und der Königspitze haben wir unsere Aufwartung gemacht, dem Monte Zebrù, dem mittleren Gipfel der »großen Drei«, sind wir den Besuch noch schuldig; diese Verpflichtung läßt sich von der Alpini-Hütte aus unschwierig einlösen. Ein Bergtag »nach Maß« gestattet aber, dieses Unternehmen ungleich attraktiver zu gestalten. Bei guten Verhältnissen kann ein leistungsfähiger, sicherer Bergsteiger nach dem Zebrù noch den Großen Eiskogel und von ihm aus die Thurwieserspitze besteigen! Diese ungewöhnliche Drei-Gipfel-Tour stand fest geschrieben auf unserem alpinen Wunschzettel.

Das Wetter sieht nicht aus, als möchte es uns den Wunsch erfüllen. In ungewissem Streiflicht folgen wir dem Wegweiser, der das Bivacco Cantù anzeigt und uns zuerst zum »Hütten-Colle« und seiner heftig wehenden Fahne hinaufschickt. Von diesem Felskofel (2943 m) aus gewinnen wir Einblick in die Gegend, die uns interessiert. Wir sehen den Hauptfluß des Vedretta dello Zebrù, der in mehreren Wellen aus dem Hochbecken zwischen dem Ortlerpaß und dem Ortler-Hochjoch auf uns zukommt. Schwarz ragt der südseitige, fast apere Fels der Thurwieserspitze in den Himmel, der zierliche, gewölbte Firngrat des Großen Eiskogels sucht vom Thurwieserjoch die Verbindung zum Ortlerpaß. Fast eben queren wir zu Beginn des Anstieges den mächtigen Seitenarm des Zebrù-Ferners, der vom Col d. Miniera herab in das Zehrbecken des Gletschers drückt. Vorschriftsmäßig angeseilt ziehen wir zu viert über die erste Firnterrasse gegen den zweiten Aufschwung, folgen dem Eis in einem Rechtsbogen nochmals steil aufwärts, lassen aber den sichtbaren Ortlerpaß zur Linken zurück. Von weit oben, aus östlicher Richtung, schimmert schwach rot auf dunkler Steininsel das Bivacco Cantù. Dünner, zunehmender Nebel fällt ein und rückt es als einzigen Fixpunkt noch ferner; aber unseren gleichmäßigen Schritt kann die nur mehr flache Steigung nicht aufhalten – beim ersten Graupelschauer öffnen wir die schwere Verriegelung der Biwakschachtel.

»Bivacco fisso Città di Cantù, Giogo Alto mt. 3552« sagt eine Bronzetafel über das Biwak aus. Es ersetzt die alte, im Jahre 1901 von der Sektion Berlin erbaute und im Krieg zerstörte Hochjoch-Hütte. Lois Köll bezeichnet in seinem Ortler-Führer das Hochjoch als den vornehmsten, höchsten und neben dem Suldenjoch an der König-

TOURISTISCHE ANGABEN

Dritter Tag:
Rifugio V° Alpini 2877 m – Monte Zebrù 3740 m – Großer Eiskogel 3579 m – Thurwieserspitze 3652 m – Rifugio V° Alpini.

Zeitangaben:
Rifugio V° Alpini 2877 m – Ortler-Hochjoch (Bivacco Cantù) 3531 m: 2 Stunden; Bivacco Cantù – Monte Zebrù 3740 m: 1 Stunde; Monte Zebrù – Bivacco Cantù – Ortlerpaß 3353 m: 1 Stunde; Ortlerpaß – Großer Eiskogel 3579 m: 1 Stunde; Großer Eiskogel – Thurwieserjoch 3530 m – Thurwieserspitze 3652 m: 1½ Stunden.
Abstieg: Thurwieserspitze – Rifugio V° Alpini 2877 m: 3 Stunden.
Gesamtgehzeit: 9½ Stunden.

Besondere Hinweise:
Diese hervorragende Drei-Gipfel-Tour ist bei guten Verhältnissen und sicherem Wetter für ausdauernde, in Fels und Eis erfahrene Normalbergsteiger eine der schönsten Hochtouren der Ortler-Gruppe. Ab Alpini-Hütte bis zum Bivacco Cantù mäßig steile Gletscherroute, meist Trasse, Spaltengefahr! Anstieg zum Monte Zebrù über die

Diese Seilschaft nützte die vorteilhafte Position des Rifugio V° Alpini – sie befindet sich auf dem Zebrù-Ferner im Anstieg zum Monte Zebrù. Im Hintergrund der Zug des Confinalekammes mit den Cime dei Forni.

50

Nordwestflanke steil, Randkluft! Übergang zum Ortlerpaß übersichtlich, Gletscherhochbecken. Ostgratanstieg zum Großen Eiskogel unschwierig, Fels/Eis. Anstieg aus dem Thurwieserjoch über den Ostgrat (Eis) zur Thurwieserspitze Schwierigkeit je nach den Firnverhältnissen, sehr steil und ausgesetzt. Ab Thurwieserjoch bei guter Firnauflage schneller Abstieg, sehr steil, zum Zebrùferner mit direkter Rückkehr zur Alpini-Hütte.

Hütten:
Rifugio V° Alpini 2877 m, siehe Seite 46.

Biwakschachteln:
Bivacco Citta di Cantù 3531 m, am Ortler-Hochjoch, 9 Schlafplätze, ständig geöffnete Notunterkunft.

Zurück vom Monte Zebrù, verhält diese Gruppe noch auf dem Zebrù-Ferner oberhalb der Alpini-Hütte und schaut zurück zur Thurwieserspitze (links) und zum Großen Eiskogel.

spitze auch als den schwierigsten aller Übergänge im Ortlergebiet. Damit bezieht er sich auf den An- und Abstieg von und zum Suldenferner. Julius Payer gelang am 29. September 1866 vom Hochjoch aus über die Nordwestflanke die Erstbesteigung des Monte Zebrù. Vor ihm (Juni 1865) war schon eine englische Partie unter Freshfield am Joch, die über den Hochjochgrat einen neuen Anstieg zum Ortler erkunden wollte. Dieser Gratweg, der zu den sehr schwierigen Ortler-Unternehmungen zählt, glückte jedoch erst 1875 dem Wiener Otto Schück. Payers Weg ist noch heute der Normalanstieg zum Zebrù – wir warten im Bivacco auf Wetterbesserung, um ihm folgen zu können. Diese Hoffnung müssen wir aufgeben. Beim Rückweg zur Alpini-Hütte kommen uns noch zwei schwerbepackte junge Bergsteiger entgegen; sie sind Mitglieder der CAI Sektion Cantù, die ihr Bivacco inspizieren und mit Nachschub versorgen wollen. Die Alpini-Hütte hat sich inzwischen durch eine Gruppe Italiener fast gefüllt – alle wollen mit Unterstützung des Hüttenwirts den Zebrù stürmen!

Am Morgen verspricht die aufgelockerte Bewölkung eine vielleicht erfolgreiche Bergfahrt. Wir sind die ersten am Biwak und – warten, bis der geländekundige Hüttenwirt mit seinen Schützlingen aus dem dichten Nebel auftaucht. Wieder scheint der Erfolg in Frage gestellt, aber der Hüttenwirt, zugleich Bergführer, erhofft eine Aufhellung. Schließlich beginnt er den Anstieg mit der ersten Seilschaft; Augenblicke später hören wir nur mehr ihre Stimmen. Niemand folgt, die anderen zögern; so treten wir in die Spurenreihe, die zuerst zahm, dann in rasch zunehmender Steilheit die 200-Meter-Differenz zum Gipfel überwindet. Eine Querspalte verursacht kurzen Aufenthalt, sorgfältig sichert der Führer seine Leute hinüber, und, als sollte er belohnt werden, öffnen sich über ihm plötzlich die Nebel: Nur wenig höher verheißt die kaum sichtbare Spitze eines hölzernen Zeichens den Gipfel!

Der Monte Zebrù, 3740 m, hält der Höhe nach die vierte Position in der Rangordnung der Ortler-Gruppe. Rang drei, der ihm eigentlich als Mittler zwischen Ortler und Königspitze zukäme, hat ihm der Cevedale knapp abgelaufen. Der Zebrù beeindruckt vor allem aus der Sicht von der Suldener Seite. Dorthin zeigt er eine langgezackte Firnschneide, darunter eine steile, gestreckte Eis-Fels-Wand, die nur sehr schwierige, kombinierte Durchstiege zuläßt. Den Namen Zebrù verdankt er dem Valle dello Zebrù; gemeinsam mit dem Gran Zebrù (ital. Bezeichnung für Königspitze) schließt er in der Ortler-Hauptkette, aus der Richtung des Zebrù-Tales, die schon immer vorhandene Sprachengrenze zwischen deutscher und italienischer Mundart. Zurück am Bivacco Cantù beschwingt das Bergab zum westlich gelegenen Ortlerpaß und die Aussicht auf weitere Gipfelsiege zunächst unseren Schritt. Doch am Paß angelangt, streift ein letzter Sonnenstrahl die hölzernen Überreste einer alten Kriegsstellung – Schauerwolken besiegen den Eiskogel, die Thurwieserspitze – und uns.

Ein Jahr später stehen wir wieder am Ortlerpaß, aber ein gnadenloser Höhensturm gibt uns nur knapp den Großen Eiskogel, 3579 m, zur Eroberung frei. Erst etliche Wochen später gelingt uns endlich die große Bergfahrt zum »Thurwieser«: unschwierig überschreiten wir diesmal den Firn- und Felsgrat des Großen Eiskogels – bewundernd betrachten wir die elegante Firnschneide der Thurwieserspitze, die in einem kühnen Schwung mit ihrem Ostgrat zu den Gipfelfelsen aufschließt. Wir steigen die wenigen Höhenmeter zum Thurwieserjoch (3530 m) ab; die Verhältnisse sind günstig, die 50 Grad steile Kante haben Vorgänger mit einer Stapfenreihe markiert, mit deren Hilfe wir schnell an Höhe gewinnen. Sicher setzen wir Steigeisen und Pickel ein, erst am noch überwächteten Gipfel machen wir halt. Wenn uns auch heute kein glanzvoller Tag begleitet – eine geschlossene Hochbewölkung verwehrt der Bergwelt jegliches Leuchten – großartig wird der Gang über den Firngrat immer sein. Der Thurwieserspitze gebührt der Ruhm, eine der stolzesten Gipfeltouren im Ortlergebirge zu sein!

Der um die Erschließung der Ortler-Gruppe verdiente Geologe Edmund von Mojsisovics gab der eleganten Hochzinne Professor Peter Karl Thurwieser zu Ehren den Namen. Die Erstbesteigung gelang am 20. August 1869 Theodor Harpprecht mit dem Kalser Führer Josef Schnell. Harpprechts Eintragung in das Suldener Fremdenbuch über dieses erfolgreiche Unternehmen bezeichnete ein mißgünstiger Mitbewerber in einer Randbemerkung als »unverschämte Lüge«. Harpprecht beschloß, die Besteigung zu wiederholen und stand am 24. August 1874 als sein eigener Nachfolger zum zweiten Mal am Gipfel!

Als Bergab wählen wir vom Thurwieserjoch die breite Firnrinne, die zwischen unserem Gipfel und dem Großen Eiskogel hinab in den Zebrù-Ferner zieht. Froh und glücklich über unseren endlich erfüllten Wunsch betreten wir eine Stunde später die Alpini-Hütte.

In einem sanften Fall drängt das vom Schnee entblößte untere Eis des Zebrù-Gletschers hinab nach Süden in Richtung des Rifugio V° Alpini, von dem aus, über dieses Eis, der Anstieg zum Monte Zebrù erfolgt.
Das sichere Gehen im blanken Eis sollten Bergsteiger, die Gletschertouren unternehmen, beherrschen, und selbstverständlich die dazu notwendige Ausrüstung wie Pickel, Steigeisen und Seil, mitnehmen.

Tuckettspitze, 3466 m - Hintere Madatschspitze, 3432 m

Vom Rifugio V° Alpini zum Stilfser Joch

Vierter Tag: Rifugio V° Alpini 2877 m – Passo d. Camosci alto 3198 m – Tuckettjoch 3354 m – Tuckettspitze 3466 m – Tuckettjoch – Hintere Madatschspitze 3432 m – Rifugio Livrio 3174 m – Stilfser Joch 2758 m.

Nach erfolgreichem Abschluß unserer Bergfahrten im Tourenbereich der Alpini-Hütte stand der Übergang zum Stilfser Joch auf dem Programm. Diese hohe Traverse legt einem gletschererfahrenen, ausdauernden Bergsteiger keine besonderen Schwierigkeiten in den Weg, aber sie verlangt wegen ihrer Länge, Einsamkeit und den immer lauernden Gefahren auf der fast durchgehenden Gletscherstrecke, hinweg über zwei Pässe, eine respektvolle Einschätzung.

Vom fahnengeschmückten Felsköpfl über der Alpini-Hütte betrachten wir früh am nächsten Morgen den Abfluß des Zebrù-Gletschers, den wir zum südlichen Gratsporn der Thurwieserspitze, nach Westen, queren müssen. Die Karte zeigt im Gratsporn den Passo d. Volontari, den »Paß der Freiwilligen« (3040 m), an, der einen Übertritt zum jenseitigen Camosci-Ferner ermöglicht; einfacher und schneller scheint uns aber die Umrundung des Felssporns an seinem Fuße (etwa 2900 m) zu sein. Wir müssen auf dem aperen, abschüssigen Eis die Steigeisen einsetzen, um gefahrlos in das Becken des Camosci-Gletschers zu gelangen. Diesen versteckten, mit Lawinenstau, Eisresten und Felstrümmern übersäten Winkel bedroht ständig die brüchige schwarze Südflanke der Trafoier Eiswand. Im Nordwesten schmal eingeschnitten, sehen wir den Passo d. Camosci, den »Paß der Gemsen«. Gestern unternahm am Nachmittag vom Rifugio Alpini aus eine Gruppe Italiener einen »Ausflug« zu diesem Paß – ihre tiefen, nun gefrorenen Stapfen erleichtern es uns, den unangenehm steilen, schmalen Eisanstieg sicher und zügig zur höchsten Übergangsstelle, dem Passo alto (3198 m), zu überwinden.

Das Becken des stark ausgezehrten Camosci-Ferners wird vom Südgrat der Thurwieserspitze und dem Südgrat der Trafoier Eiswand stark eingeengt. Dieser letztere Grat begrenzt aber auch noch das nächste Gletscherbecken, welches das ungemein eindrucksvolle Vedretta di Campo bis hinauf zu den Cime di Campo (3480 m) auffüllt. Um dieses überraschende, großartige Landschaftsbild voll aufzunehmen, steigen wir aus dem Paßeinschnitt nach links über einen Schneegupf hinauf und bewundern den geschlossenen Eisstrom mit seiner glänzenden Firndecke, die sich ohne den Makel einer Trittspur vor uns ausbreitet. Nach einer Gehzeit von 2½ Stunden ab Hütte steigen wir vom Camosci-Paß 100 Höhenmeter in den Campo-Ferner ab und legen eine weite Spur hinauf zu einem Firnstreifen, mit dem der Campo-Gletscher über das Tuckettjoch die Verbindung zum nordseitigen Madatschferner sucht. Zügig, doch ohne Hast passieren wir die Felsabbrüche der Schneeglocke im Hauptkamm über

TOURISTISCHE ANGABEN

Vierter Tag:
Rifugio V° Alpini 2877 m – Tuckettspitze 3466 m – Hintere Madatschspitze 3432 m – Rifugio Livrio 3174 m.

Zeitangaben:
Rifugio V° Alpini 2877 m – Passo d. Camosci alto 3198 m: 2½ Stunden; Passo d. Camosci – Tuckettjoch 3354 m: 1½ Stunden; Tuckettjoch – Tuckettspitze 3466 m – Joch: 1 Stunde; Tuckettjoch – Hintere Madatschspitze 3432 m: 1 Stunde; Hintere Madatschspitze –Rifugio Livrio 3174 m: 2½ Stunden. Gesamtgehzeit: 8½ Stunden.

Besondere Hinweise:
Der Übergang vom Rifugio Alpini zum Rifugio Livrio gilt auch ohne Gipfelbesteigung als eine hochalpine, anspruchsvolle Verbindungstour, meist einsam, nur bei sicherem Wetter antreten! Die Trasse verläuft fast nur auf Gletschern, überschreitet zwei Pässe, wobei der Anstieg aus dem Vedretta d. Camosci unter den Südabstürzen der Trafoier Eiswand zum Passo d. Camosci alto gefährlich sein kann. Das Hochbecken des Campo-Ferners ist geschlossen, das Tuckettjoch kann überwächtet sein. Anstieg zur Tuckettspitze unschwierig, aber mühsam. (Die Tuckettspitze kann, wenn man nicht mehr zum Joch zurück möchte, unschwierig nach Norden, hinab zum Madatschferner, über-

Die Verbindung vom Rifugio V° Alpini zum Stilfser Joch südseits der Ortler-Hauptkette ist eine anspruchsvolle, über mehrere vergletscherte Pässe führende Tour, die nur ein erfahrener, geübter Hochalpinist unternehmen sollte. Im Bild befinden wir uns auf dieser Route und schauen vom Passo d. Camosci über das Vedretta di Campo nach Westen zur Tuckettspitze und zum Tuckettjoch (rechts).

uns, schwenken schräg nach rechts in den kurzen, steilen Firnarm hinein und steigen nach einigen Serpentinen bei der Ruine des längst aufgelassenen »Rifugio Carlo Locatelli« am Tuckettjoch (3354 m) aus. Die Mauern und das Dach dieser 1935 erbauten Hütte trotzen unverzagt den Unbilden des Wetters, so, als könnte sich ihr Dasein noch lohnen. Aber die Schutz-Aufgabe erfüllt, wenig höher, das »Bivacco Ninotta« am südseitigen Felsanstieg zur Hinteren Madatschspitze.

Julius Payer belegte zu Ehren des um die Erschließung der Ortler-Gruppe verdienten Francis Fox Tuckett das Joch und die westlich darüber aufragende Spitze mit dem Namen dieses unermüdlichen englischen Alpinisten. Die Tuckettspitze, 3466 m, stellt nur eine unschwierige »Fleißaufgabe« dar, der man noch vor dem Anstieg zur lockenden Hinteren Madatschspitze gerne nachkommt. Aber wir verschmähen den aperen, südseitigen Blockgrat der Hinteren Madatschspitze, es reizt uns der nordseitige, elegant geschwungene Firngrat! Wir queren über den Ferner zu ihm hinüber und steigen steil, auf einer schmalen, von keiner Spur gezeichneten hohen Schneide in das Blau des Himmels hinein. Die Aussichtskanzel der Hinteren Madatschspitze, 3432 m, sehe ich als landschaftlichen Höhepunkt im Übergang vom Rifugio V° Alpini zum Stilfser Joch. Die Weite des Blickes stelle ich zurück – auch die Tuckettspitze bietet solche Sicht – vielmehr rühme ich den bestürzenden Nahblick in den wild zerklüfteten Eiszirkus der nordseitigen Ortler Ferner!

Die Zeit auf unserer einsamen, windstillen Höhe verrinnt, geborgen in einem klaren, sicheren Tag sind wir versucht, den Weiterweg hinüber zum nordwestlich sichtbaren Rifugio Livrio noch lange hinauszuzögern. Den Donner einer Eislawine drüben am Ortler nehmen wir endlich als Aufforderung, zum Madatschferner abzusteigen, seinen Ostarm – auch Tuckettferner genannt – zu queren, um das tiefere, aber von Spaltenzonen durchfurchte Gletscherhochbecken zu erreichen. 3000 Höhenmeter zeigt der »Thommen« an, als ich die Hangquerung hinauf zum Monte Livrio angehe – der bunte Skibetrieb um das moderne Rifugio Livrio (3174 m) verwirrt uns nach der Stille unserer einsamen »Hohen Route«.

schritten werden.) Anstieg Hintere Madatschspitze entweder über das Bivacco Ninotta auf dem festen, blockigen Südgrat oder auf der Firnschneide des Nordgrates. Überschreitung des Madatschferners zum Rifugio Livrio nur bei Sicht unternehmen, Höhenlinie 3000 nicht unterschreiten, teilweise starke Spaltenbildung.

Hütten:
Rifugio Monte Livrio 3174 m, CAI-Sektion Bergamo, 250 Betten und Matratzenlager, ganzjährig bewirtschaftet.

Biwakschachteln:
Bivacco Ninotta ca. 3360 m am Tuckettjoch, 6 Schlafplätze, ständig geöffnete Notunterkunft.

Die Tour Rifugio V° Alpini – Stilfser Joch beginnt an einer Aussichtshöhe wenig über dem Rifugio. Der Blick nach Westen hinweg über den Abfluß des Zebrù-Ferners zeigt rechts oben am Bildrand die Firnschulter des Passo d. Camosci, links die Gipfel der Cime di Campo.

Hohe Schneide, 3431 m - Geisterspitze, 3467 m Payerspitze, 3446 m

Im Eis des Kristallkammes

Fünfter Tag: Rifugio Livrio 3174 m – Hohe Schneide 3431 m – Geisterspitze 3467 m – Payerspitze 3446 m – Rifugio Livrio – Stilfser Joch 2758 m.

Die Zeiten, als vom Felskopf des Monte Livrio die Bergsteiger Ausschau zu ihren Tourenzielen hielten, sind längst vorbei. Die »Scuola nazionale estiva di Ski« hat das Rifugio Livrio fest in der Hand und verdrängt leider die Bergsteiger von diesem hervorragenden Ausgangsort. Wer jedoch einmal von der Rötlspitze drüben im Fallaschkamm über den Skizirkus auf dem Ebenferner hinweg die Eisgipfel des Kristallkammes bewundert hat, wird sich daran begeistern – eines Morgens, mit Pickel und Steigeisen ausgerüstet, wird er an der Livrio-Bergstation aus der Gondel steigen und über die sanfte Firnfläche des Ebenferners mit der Besteigung der Hohen Schneide seinen Tag im Kristallkamm beginnen.

Die hohe Firnlinie des Kristallkammes von der Hohen Schneide bis zur Geisterspitze und Payerspitze war im Ersten Weltkrieg der westlichste Abschnitt in der österreichischen Gebirgsfront gegen Italien. Als wir entlang der Spur einer Pistenraupe nach Süden zum Passo di Sasso Rotondo (3336 m) wandern – bestaunt wie »Fremdlinge« von den fröhlichen Skifahrern –, beeindrucken mich die gewaltigen Eiswülste der Hohen Schneide, die damals nach Meinung des österreichischen Abschnittskommandos ein Vordringen der italienischen Alpini unmöglich machten. Im Oktober 1916 besetzten jedoch die Italiener den Gipfel der Hohen Schneide und bedrohten die österreichischen Stellungen. Im Anstieg vom Passo auf dem schrägen, gewellten Eisgrat denke ich daran, daß die Österreicher in den Wintermonaten 1916/17 in unserer Anstiegsrichtung einen 2 Kilometer langen Eisstollen anlegten, um durch einen überraschenden Vorstoß die Italiener vom Gipfel zu vertreiben und die Front wieder zu verriegeln.

Die Ereignisse des 17. März 1917 schildert Gunther Langes in seinem Buch »Die Front in Fels und Eis«: »Die Arbeitsmannschaft, welche in den letzten Tagen der Bohrarbeiten ihre Gewehre und Handgranaten immer in Bereitschaft hatte, ruhte eben in der Mittagspause aus. Die in der Stellung oberhalb befindlichen Italiener arbeiteten ahnungslos an ihrer Stellung, was deutlich zu hören war. Während dieser Arbeit brach plötzlich ein Alpinisoldat durch das Eis und stürzte durch den Tunnel hinunter. Er wurde sofort von den österreichischen Handgranaten zerrissen. Durch den entstandenen Gefechtslärm war die italienische Besatzung alarmiert worden. Daher faßte der Kommandant sofort den Entschluß, zum rücksichtslosen Angriff überzugehen, und führte diesen mit seinen braven Leuten schneidig durch. Die durch das geheimnisvolle Verschwinden im Eis eines ihrer Leute beim Feinde eingetretene Verwirrung kam der ausbrechenden österreichischen Patrouille sehr zustat-

TOURISTISCHE ANGABEN

Füner Tag:
Rifugio Livrio 3174 m – Hohe Schneide 3431 m – Geisterspitze 3467 m – Payerspitze 3446 m – Rifugio Livrio – Stilfser Joch 2758 m.

Zeitangaben:
Rifugio Livrio 3174 m – Passo di Sasso Rotondo 3336 m: 1 Stunde; Passo Rotondo – Hohe Schneide 3431 m und zurück: 1 Stunde; Passo Rotondo – Geisterspitze 3467 m – Payerspitze 3446 m: 1 Stunde; Abstieg Livrio-Hütte: 1 Stunde. Gesamtgehzeit: 4 Stunden.

Besondere Hinweise:
Diese übersichtliche und unschwierige Tour sollte man wegen der Nähe der Liftanlagen nicht geringschätzen. Vor allem die Hohe Schneide gilt als hervorragender Aussichtsberg und ist wegen ihrer nordseitigen dicken Eisdecke auch touristisch interessant. Pickel und Steigeisen jedoch vorteilhaft. Livrio-Hütte – Stilfser Joch Seilbahnverbindung.

Hütten:
Rifugio Livrio 3174 m, siehe Seite 58.

Die Hohe Schneide kann wegen ihrer günstigen Eisformation aus dem Passo di Sasso Rotondo meist ohne Steigeisen erstiegen werden; weniger geübte Bergsteiger sollten aber das Seil nicht verschmähen, damit die Tour zu diesem Gipfel, der ein herrliches Aussichtserlebnis bereithält, gut gelingt.

ten, und nach kurzem, heftigem Gewehr- und Handgranatenkampf floh die italienische Besatzung teils durch ihren Zugangstunnel, teils über die freie Gipfelfläche.«

Der Eisgipfel der Hohen Schneide, 3431 m, (ital. Bezeichnung M. Cristallo) trägt keine Erinnerung an dieses Kriegsgeschehen, ein kleines Alu-Kreuz dient dem Gedenken an einen verunglückten Bergsteiger. Die Fernsicht ist von überwältigender Schönheit – auch dies hält die Kriegschronik fest. Zum Bergerlebnis »Ortler-Guppe« gehört die Schau von diesem Gipfel: nach Süden und Westen in das grüne Valle del Zebrù, in das Valfurva und zu immer ferneren Bergketten der Lombardei, bis zur Bernina und weit darüber hinaus! Wir schauen aber auch hinunter auf die Skifahrer, die sich auf den herrlich weiten Pisten des Ebenferners ihres Sportes erfreuen.

Im Abstieg zurück zum Passo di Sasso Rotondo baut sich die Eisschulter der Geisterspitze, 3467 m, unmittelbar vor uns so einladend auf, daß wir sie sogleich – mit Steigeisen an den Bergschuhen – »erstürmen«. Was stört es uns schon, daß von der Nordseite ein paar mutige Skifahrer mittels eines einfachen Seil-Schleppliftes heraufkommen, um den Nervenkitzel der sehr steilen Abfahrt zu verspüren? Wir überschreiten den harmlosen Firnrücken zur fast angelehnten, wenig auffallenden Payerspitze, 3446 m. Wie in der Adamello-Presanella-Gruppe, so erfuhr der Erschließer Julius Payer auch in der Ortler-Gruppe durch die Benennung einer wenig bedeutenden Höhe nur eine unzureichende Ehrung!

Wir freuen uns an der Weite der Gletscherströme, des klaren Himmels über uns, der Unbeschwertheit und Sorglosigkeit dieses Drei-Gipfel-Tages, der unsere Touren in der Ortler-Gruppe noch vervollständigt und uns dieses einmalige Gebirge wieder von einer neuen Seite zeigt.

Im Abstieg von der Hohen Schneide, entlang des von Wind und der südseitigen Sonne ziselierten Wächtengrates möchte man immer wieder stehenbleiben und die Bergwelt im Osten, Ortler, Königspitze und Cevedale, bewundern.

Marteller Hauptkamm

Auf »Hoher Route« zwischen Martell und Ulten

TOURISTISCHE ANGABEN

Erster Tag:
Zufall-Hütte 2264 m – Fürkele-scharte 3032 m – Rifugio Cevedale 2608 m.

Zweiter Tag:
Rifugio Cevedale 2608 m – Cima Venezia I 3386 m – II 3368 m – III 3356 m – Hintere Schranspitze 3355 m – Hintere Rotspitze 3347 m – Rifugio Dorigoni 2436 m.

Dritter Tag:
Rifugio Dorigoni 2436 m – Hintere Eggenspitze 3442 m – Grünsee-Hütte 2561 m.

Vierter Tag:
Grünsee-Hütte 2561 m – Zufritt-spitze 3438 m – Zufritt-Stausee 1850 m.

Fünfter Tag:
St. Walburg in Ulten 1192 m – Hasenöhrl 3257 m – St. Walburg.

Sechster Tag:
Gand im Martell 1267 m – Laaser Spitze 3304 m – Gand im Martell.

Gesamtleistung:
Zehn Dreitausender, fünf Hütten.

Karten, Führer:
Kompaß-Wanderkarte Nr. 72 Ortler/Cevedale, 1:50000; Touring Club Italiano Touristenkarte »Gruppo Ortles-Cevedale«, 1:50000; Freytag/Berndt Wanderkarte Nr. 46 Ortler, 1:100000;

Der Marteller Hauptkamm trennt als Scheidelinie das Martell von der Talschaft Ulten. Ein Blick vom Hohen Angelus zeigt im Südosten die im Kammverlauf dominierende Zufrittspitze (links) und die beiden Eggenspitzen (rechts) – die höchsten Gipfel der Marteller Alpen.

Von den Tälern, die aus dem Vinschgau zur Ortler-Gruppe stoßen, kommt dem Martelltal eine Jahrhunderte zurückreichende Bedeutung zu. Die Besiedelung dieses engen, in Stufen steil ansteigenden Waldtales war schwierig, der Ertrag der Äcker gering und der Mensch gepeinigt von Furcht und Ängsten gegenüber der allmächtigen Bergnatur. Lawinen, Murgänge und vor allem Wasser, das von den hohen Gletschern unter Cevedale und Zufallspitzen abfloß, verwüsteten immer wieder die Talsohle, vernichteten die Siedlungen und wuschen die dünne Krume von Äckern und Wiesen. Die Plima, der Bach, in dem sich oberhalb der Zufall-Hütte die Wasser von Fürkeleferner, Zufallferner und Langenferner sammeln, brachte Jahrhunderte hindurch in seinem 27 Kilometer langen Lauf dem Tal Tod und Verderben. Ein hartes »Zubrot« für die Marteller war über lange Zeitläufe hinweg der Bergbau. Die kleine Kapelle »St. Maria in der Schmelz« erinnert daran, und die spätere Boromeo-Hütte nimmt genau den Platz der einstigen »Goldgrueb« ein.

Martell, arm und unbekannt, kam mit Beginn des Skitourismus in den dreißiger Jahren bei den Skiläufern »ins Gerede«, die von Zufall aus die schönsten Routen zu Cevedale, Zufallspitze und zum Veneziakamm sahen. Damals entstand an der Einmündung des Pedertales die hölzerne Boromeo-Hütte (2005 m), um die Touristik hinauf zum Laas-Marteller Kamm zu unterstützen. In unserer Zeit zeigt das Tal ein anderes, ein vom guten Auskommen bestimmtes, freundliches Bild. Der Reise- und Urlaubstourismus hat das Martelltal entdeckt, und wenn Lois Köll, der verdienstvolle Verfasser des »Führer durch die Ortler-Gruppe«, noch 1958 schreibt: »In der Zeit der Kraftfahrzeuge, deren Insassen von der Landschaft nur noch wenig und dies nur flüchtig sehen, ist es wohl erwünscht, dieses Tal dem Besucher durch einige Erklärungen etwas lebendiger zu machen«, so würde er heute verwundert den pulsierenden Fremdenstrom registrieren. Das Martell fand vollen Anschluß an den Vinschgau; eine gute Straße erschließt es, vorbei am Zufritt-Stausee (1850 m), bis zu einem geräumigen Parkplatz in 2000 m Höhe. Die Gäste brachten Geld in das Tal, Gasthöfe und Pensionen entstanden, die Zeiten, in denen man das Martell noch ein »düsteres, unfreundliches Tal« nennen konnte, sind vorbei.

Das Martelltal verlockt zum Verweilen und an den zugänglichen Ufern der Plima zum Verfaulenzen eines Sommertages. Wege hinein in die engen steilen Seitentäler gibt es nicht viele, nur einige markierte Routen überschreiten auf uralten, traditionellen Steigen den Marteller Hauptkamm zum östlichen Ultental, oder sie führen auf einsame Höhen im Laas-Marteller Kamm. Bergsteiger und Wanderer sind deshalb in den unteren Talstufen nicht zu halten; im »Paradies am Cevedale« beginnt ihre Welt. Die gemäßigten steigen zur Zufall-Hütte und vielleicht bis unter die Ferner, für den Bergsteiger aber öffnet sich eine glänzende Gipfelwelt in hohen Dreitausenderregionen.

»Führer durch die Ortler-Gruppe« von Köll/Kössler; »Schutzhütten in Südtirol«, Landesfremdenverkehrsamt für Südtirol, Bozen.

Ausrüstung:
Hochtourenausrüstung mit Seil, Pickel und Steigeisen, für Hasen-öhrl und Laaser Spitze genügt einfache Bergausrüstung.

Talorte:
Ortschaften im Martelltal, St. Walburg im Ultental 1192 m.

Schutzhütten:
Zufall-Hütte 2264 m
Marteller Hütte 2610 m
Rifugio Cevedale 2608 m
Rifugio Dorigoni 2436 m
Grünsee-Hütte (Höchster Hütte) 2561 m.

In der Fortsetzung von der Zufritt-spitze nach Osten bildet der Marteller Hauptkamm nochmals eine vergletscherte bedeutsame Höhe aus – das Hasenöhrl.
Im südöstlichen Bergraum der Ort-ler-Gruppe, 2000 m über dem Tal-grund von Martell, lockt der breit-gelagerte Gipfelaufbau des Hasen-öhrl und verheißt eine glänzende Umschau.

Betrachten wir mit Bergsteigeraugen das Martell, so sehen wir zwei Gebirgskämme, die dem Tal seine Richtung geben. Nordwestlich (orog. linke Talbegrenzung) stellt der Laas-Marteller Kamm sanfte Formen mit flächigen Bergflanken vor. Die Schild-spitze (3459 m) führt diesen Kamm an, über die Pederspitzen (3462 m und 3406 m) streicht sein Zug zur Lyfspitze (3352 m), von ihr hinaus zum markanten Schluderzahn (3258 m) und der Schluderspitze (3230 m); mit der Laaser Spitze (3304 m) setzt er zum Vinschgau hin die letzte wichtige Dreitausenderhöhe. Auffälliger und ungleich lok-kender wirbt der Marteller Hauptkamm. Er schirmt das Martell gegen die südlichen Talschaften Pejo und Rabbi und in seiner Ausbildung hinaus zum Vinschgau auch gegen Ulten zu ab. Ihm gilt denn auch fast ausschließlich die bergsteigerische Auf-merksamkeit. Seine Gipfel sind, wenn auch nicht höher, so doch im einzelnen ausge-prägter und vor allem im Kammverlauf bis über die Zufrittspitze hinaus mit Glet-schern bedeckt.

An der Fürkelescharte (3032 m) östlich des Cevedale beginnt der Marteller Haupt-kamm mit seinem ersten Abschnitt, dem Veneziakamm. Mit der Köllkuppe (3327 m, ital. Cima Marmotta) erhebt er über süd- und nordseitigem Eis die erste benannte Höhe einer Gipfelreihe, die sich mit den Veneziaspitzen I, II und III zur Hinteren Rotspitze fortsetzt und das attraktive bergsteigerische Nahziel von der Zufall-Hütte aus darstellt. Am Sällent-Joch (2965 m) übernimmt der langgestreckte Zufrittkamm die Herrschaft; mit der Zufrittspitze (3438 m) stellt er bis hinaus zum Hasenöhrl (3257 m) die höchste Erhebung im Gesamtverlauf des Marteller Hauptkammes. Nur die Hintere Eggenspitze (3442 m) übertrumpft die Zufrittspitze um wenige Meter, aber sie muß mit einer abseitigen Position gegen Süden zufrieden sein.

Um den Martellkamm mit seinem wichtigsten bergsteigerischen Angebot kennenzu-lernen, sind wir fünf Tourentage unterwegs, die uns auch zu seiner Südseite, zum Rifugio Cevedale (2608 m), zum Rifugio Dorigoni (2436 m), zur Grünsee-Hütte (2561 m) und in das Ultental führen; von diesem Tal aus wollen wir das Hasenöhrl besteigen. Zum Abschluß suchen wir aus dem Martelltal noch die Laaser Spitze auf und bewundern von ihrem Gipfel – jetzt in der Rückschau – die glanzvolle Linie des Marteller Hauptkammes.

Zufall-Hütte, 2264 m - Fürkelescharte, 3032 m

Von »Zufall« zum Rifugio Cevedale

Erster Tag: Zufall-Hütte 2264 m – Marteller Hütte 2610 m – Fürkelescharte 3032 m – Rifugio Cevedale 2608 m.

Die »Marteller Alpen« säumen als langgestreckte Gebirgszüge zu beiden Seiten das Martelltal. Bergsteiger durchfahren das Tal rasch, sie wollen hinauf zur Zufall-Hütte, erst dort beginnt im Zauber der glitzernden Firne ihre Welt.

Die Zufall-Hütte, 2264 m, ist im Martell der wichtigste Ausgangsort zu den Gipfeln. Die Sektion Dresden des Deutschen und Österreichischen Alpenvereins erkannte die Zufall-Alpe als bestens geeignete Plattform für ein Schutzhaus und errichtete im Jahre 1882 den Erstbau. In den Jahren 1912/13 erweiterten die Dresdner rechtzeitig die Hütte – mit dem Kriegseintritt von Italien im Mai 1915 stand dem österreichischen Abschnittskommando sofort ein guter Stützpunkt zur Verfügung. In der Nachkriegszeit restaurierte die Sektion Mailand, der neue Besitzer, das Haus und vergrößerte es noch vor dem Zweiten Weltkrieg; seitdem vermochte die Zufall-Hütte – ital. Name »Rifugio Nino Corsi« – den Ansprüchen zur Sommersaison und zum Frühjahrsskilauf genügen.

Unsere Tourenziele im Martellen Hauptkamm beginnen wir von der Zufall-Hütte aus aufzurollen; als erstes unternehmen wir die Überschreitung des Kammes nach Süden, über die Fürkelescharte zum Rifugio Cevedale. Der Weg von Zufall führt über den welligen, mit Krüppelholz und Zwergsträuchern bewachsenen Almboden zu einer alten, im Jahre 1893 errichteten Staumauer. Von diesem Hochbecken tost die Plima, gefangen in einer schmalen Schlucht, zur Tiefe, und dieser »Fall« gab der Örtlichkeit den Namen »Zufall«.

Die rotgelben Steinquader der Staumauer leiten unseren Weg zum anderen Ufer, und über ein steiles Schrofensteiglein kommen wir zur Konzenlake. Der Südtiroler Alpenverein schätzt den Wert dieses Tourengebietes am Veneziakamm hoch ein und eröffnet daher im Sommer 1979 an der Konzenlake ein neues Schutzhaus – die Marteller Hütte, 2610 m. Die leichte Route über Schotter und in weitgeschwungener Trasse über den Fürkeleferner zum sichtbaren Einschnitt der Fürkelescharte (3032 m) steht ganz unter dem Eindruck einer gewaltigen Gletscherwelt, gekrönt von den beiden Zufallspitzen und vom Cevedale!

Am unschwierigen Schartenübergang nach Süden empfängt uns wieder ein markierter Pfad, der durch grobes Blockwerk sicher zur kleinen Cevedale-Hütte (2608 m) leitet.

TOURISTISCHE ANGABEN

Erster Tag:
Zufall-Hütte 2264 m – Fürkelescharte 3032 m – Rifugio Cevedale 2608 m.

Zeitangaben:
Zufall-Hütte 2264 m – Marteller-Hütte 2610 m: 1 Stunde; Marteller Hütte – Fürkelescharte 3032 m: 1½ Stunden; Fürkelescharte – Rifugio Cevedale 2608 m: ½ Stunde.
Gesamtgehzeit: 3 Stunden.

Besondere Hinweise:
Im Martelltal gute Auffahrt zu einem großen, hochgelegenen Parkplatz (2020 m) bei den Berggasthäusern Enzian-Hütte und Schönblick. Ab Parkplatz markierter Wanderweg (½ Std.) zur sichtbaren Zufall-Hütte. Ab Hütte markierter Steig (rot/weiß und 103) zur Konzenlake mit der Marteller Hütte. Weiterweg zur sichtbaren Fürkelescharte, anfangs markiert, ab 2800 m Übertritt in das Hochbecken des Fürkeleferners und unschwierig, mäßig ansteigend zur Scharte. Abstieg zum sichtbaren Rifugio Cevedale markierter Steig.

Hütten:
Zufall-Hütte (Rifugio Nino Corsi) 2264 m, CAI-Sektion Mailand, 80 Betten und Matratzenlager, bewirtschaftet von Mitte Juni bis Anfang Oktober.
Marteller-Hütte 2610 m, AVS-Sektion Martell, 30 Betten und Matratzenlager, bewirtschaftet von Ende Juni bis Ende September.

*Die Hütten jenseits des Marteller Hauptkammes, im Süden, sind deutschen Bergsteigern weniger bekannt.
Im Übertritt von »Zufall« über die Fürkelescharte in das Val Venezia erschließt das Rifugio Cevedale Touren zu Cevedale, Palon de la Mare und zum Veneziakamm.*

Veneziakamm

Die Überschreitung von West nach Ost, vom Rifugio Cevedale zum Rifugio Dorigoni

Zweiter Tag: Rifugio Cevedale 2608 m – Cima Marmotta (Köllkuppe) 3327 m – Cima Venezia I 3386 m – II 3368 m – III 3356 m – Hintere Schranspitze 3355 m – Hintere Rotspitze 3347 m – Bocca di Saent 3143 m – Rifugio Dorigoni 2436 m.

Zur Fürkelescharte sendet das Eismassiv des Cevedale einen schmalen und nur wenig dem Fürkeleferner entragenden Felskamm herab; von der Scharte beginnt der Marteller Hauptkamm nach Osten seine Gipfelreihe, gleich im ersten Abschnitt stellt er mit dem Veneziakamm ein beliebtes Sommer- und Frühjahrs-Tourengebiet vor. Im Anstieg zur Fürkelescharte bewunderten wir die zerklüfteten Eisströme von Fürkele- und Zufallferner, die Gletscherwasser des Veneziakammes rauschten am Weg und sprühten über glatten Fels zur Tiefe. An der Scharte tritt neben den Cevedale eine neue, königlichweiße Berggestalt – der Palon de la Mare (3704 m). Vom Col de la Mare drängt mit starken Bruchzonen das Vedretta de la Mare in das Val Venezia, in dem hoch über dem Talgrund die Cevedale-Hütte als Stützpunkt für die ostseitigen Routen zum Cevedale und zum Palon de la Mare dient.

Das Rifugio Cevedale (2608 m), in der Karte auch »Rifugio Guido Larcher« genannt, war ein früher Hüttenbau (1882) der Trientiner SAT-Vereinigung. Das Haus blieb klein und bescheiden, die meisten Gäste kommen für einen kurzen Besuch von Pejo herauf, sie können bis zur Malga de la Mare (2029 m) auffahren und haben dadurch einen schnellen Zugang. Auch hier, südlich des Veneziakammes, nützen Kraftwerksbauer die Urkraft des Wassers. Die Schmelzwasser des Moosferners fängt eine Staumauer am »Lago del Careser« auf, auch die Wasserfassungen im ostseitigen Tälchen des »Lago Marmotta« und des »Lago Lungo« gehören zu den Kraftwerksanlagen.

Am Morgen, bei unsicherem Wetter, gehen wir an der Hüttenkapelle vorbei zu der nahen Einschartung (2709 m) hinauf, die das Val Venezia mit dem Rifugio von der nächsten Talfurche mit den beiden Seen trennt. Der gute Steig zieht hinab zu einer Wasserfassung, dort folgen wir aber nicht der Abzweigung »Lago Marmotta«, sondern der Weisung »Lago Careser« nach rechts abwärts. Bald hält uns an einer betonierten Wasserrinne die Wegenummer 104 auf, und diese Numerierung soll uns laut Karte hinauf zum Moosferner führen.

Unsere Route beginnt weglos mit spärlichen Steigspuren, alte, verwaschene rote Tupfen und einzelne Steinmänner lenken uns nach Osten in ein breites Seitental, das sich bei einem Seeauge (Le Pozze, 2771 m) nach Norden wendet. Die grünen glatten Urgesteinsrücken bleiben zurück, roter Steinschotter und große Schneeflecken bedecken die Talmulde, in der wir zwei weit und breit allein – längst ohne Wegenummer

TOURISTISCHE ANGABEN

Zweiter Tag:
Rifugio Cevedale 2608 m – Cima Venezia I 3386 m – II 3368 m – III 3356 m – Hintere Schranspitze 3355 m – Hintere Rotspitze 3347 m – Rifugio Dorigoni 2436 m.

Zeitangaben:
Rifugio Cevedale 2608 m – Cima Marmotta 3327 m: 3½ Stunden; Cima Marmotta – Cima Venezia I 3386 m – II 3368 m – III 3356 m: 1½ Stunden; Cima Venezia III – Hintere Schranspitze 3355 m – Hintere Rotspitze 3347 m – Bocca di Saent 3143 m: 1½ Stunden; Abstieg: Bocca di Saent – Rifugio Dorigoni 2436 m: 1 Stunde. Gesamtgehzeit: 7½ Stunden.

Besondere Hinweise:
Der Veneziakamm ist von der Zufall-Hütte aus ein beliebtes und hervorragendes Tourenziel, doch im Anstieg vom Rifugio Cevedale einsam, wenig begangen. Ab Rifugio Cevedale gut markierter Hauptweg Richtung Lago Careser. Nach kurzer Gehzeit Abzweigung (Weg Nr. 104) nach links, schwach markierter, von einzelnen Steinmännern bezeichneter Anstieg, mühsam, zu einer Scharte am Westrand des Moosferners (Pt. 3181 der italienischen Karte). Mit dem Anstieg zur Cima Marmotta beginnt die unschwierige Überschreitung des Veneziakammes zur Bocca di Saent (Abbrechen der Überschreitung immer wieder möglich in Richtung Moosferner), nur bei sicherem Wetter unternehmen, dies gilt auch für die direkte Querung des Moosferners, in dessen Hochfläche bei Nebel ein Zurechtfinden schwierig sein kann! Abstieg von der Bocca di Saent markiert, steiles Schneefeld, rechtzeitig nach rechts einfädeln, markierter Steig zum Rifugio Dorigoni.

Hütten:
Rifugio Cevedale (Guido Larcher) 2608 m, CAI – SAT Trient, 50 Betten und Matratzenlager, bewirtschaftet von Ende Juni bis Ende September.

– nach kleinen Steinmännern aufwärts suchen, einem »unsympathischen« Geröll-hang entgegen. Endlich finde ich ein Steinmanndl, sehe aber kein nächstes – doch die Route kann nur entlang einer schwach ausgeprägten Rippe über lockeres, grobes Blockwerk führen. Mühsam erkämpfen wir die Höhenmeter, aber wieder sichtbare rote Markierungsflecken ermuntern uns, langsam und stetig einer Schartenhöhe zu-zustreben. Plötzlich erfolgt bei Punkt 3181 der Karte der Übertritt in den Moosferner, den die italienische Karte mit »Vedretta d. Careser« bezeichnet. Trotz des weglosen Anstiegs zeigt die Uhr ab Rifugio Cevedale erst 2$^1/_2$ Stunden Gehzeit an; wir sind zufrieden und betrachten zuerst einmal die neue Umgebung.

Mit der eigenartig flachen Gletscherschüssel des Moosferners hatte ich mich schon aus der Ferne, bei einer Umschau vom Cevedale aus, angefreundet, und es mir schön vorgestellt, auf dem »Schüsselrand« über die Höhen des Veneziakammes bis zur Bocca di Saent zu wandern. Diese langgezogene Schartensenke, in Luftlinie 3 Kilo-meter entfernt, erkennen wir deutlich, obwohl der Wolkengang aus Süden stärkere Geschwader zum Gipfelangriff einsetzt. Schleunigst nützen wir die Vorteile unserer hohen Ausgangsposition und steigen über einen harmlosen Fels- und Firnrücken in einer knappen halben Stunde zum westlichsten Eckgipfel des Kammes, zur Cima Marmotta, 3327 m, hinauf. Eine Stange fixiert die Höhenkote: Mit ihrem deutschen Namen »Köllkuppe« ist sie ein guter Nachruf für den Ortler-Skipionier Lois Köll.

Julius Payer kam im Zuge seiner dritten Ortler-Erkundungsreise am 24. September 1867 auf dem Übergang von Pejo nach Martell als Ersteiger zur Cima Marmotta und bezwang anschließend auch noch den Hauptgipfel des Kammes, die Cima Vene-zia I. Seine Route ist auch die unsere; die unschwierige, feste, blockige Gratführe, zwischendurch mit Schnee überwächtet, macht uns Spaß, um so mehr, als wir fest-stellen, daß der nördliche, freundlich-sonnige Himmel sich gegen den bedeckten Süden behauptet. Ein eiserner Vermessungs-Dreikant bestätigt die Wichtigkeit der Cima Venezia I – ihr steht das Primat vor den östlichen Nachbargipfeln »Seconda Cima« und »Terza Cima« zu. Ein Schild hält zu unserer Überraschung Payers Erstbe-steigung fest! Die Mittagszeit verbringen wir am Gipfel, von Norden stapft eine Seil-schaft über den Hohen Ferner gegen den Veneziakamm an, im Moosferner bewegen sich zwei Punkte in Richtung Bocca di Saent.

Der Übergang zur Venezia II (3368 m) erfolgt auf einem Schneefirst mit kurzem Ab-stieg in eine Scharte, nur wenig später stehen wir auf der mittleren Cima, deren vorgeschobene Position einen besonders informativen Blick zur großartig ausgebrei-teten Gletscherlandschaft unter Cevedale und Zufallspitzen erlaubt. Uns gegenüber, getrennt durch die tiefgeschnittene Furche des Martelltales, staffeln sich die Höhen des Madritsch- und Laas-Marteller-Kammes, überragt von den »Großen« der Laaser Gruppe, der Vertainspitze und dem Hohen Angelus. Im Süden hängt ein grauer Vorhang, die Wolken drücken stärker, wir verfolgen den Grat abwärts zu einer Einsenkung; wieder klobiger, fester Fels im Anstieg, nach 15 Minuten halten wir am Gipfelsteinmann der Terza Cima, 3356 m. Keine der drei Schwestern gibt der anderen an Höhe viel nach, die Hintere Schranspitze (3355 m) und die Hintere Rotspitze (3347 m) halten sich ebenfalls an die Regel. Auch diese beiden östlichen Gipfel im Nordrahmen des Moosferners sind bis zum Gratauslauf an der Bocca di Saent (3143 m) unschwierig zu überschreiten – der Zauber dieser einsamen »Hohen Route« bleibt erhalten.

An der fast ebenen, breiten Bocca di Saent steht das Rifugio Dorigoni angeschrieben, aber im eiligen, sehr steilen Abstieg über eine Schneeflanke zu einem kleinen Eissee folgen wir dem Seeabfluß und verpassen den markierten Steig, der vor dem See nach rechts in apere Blockhänge leitet und sicher das Rifugio Dorigoni ansteuert. So brauchen wir die Karte zur Orientierung, vollführen in dem einsamen, weglosen und unübersichtlichen Gelände noch ein paar »Kunststücke«, ehe wir endlich das kleine Rifugio erspähen. Mächtig angeschwollen schäumt der Bach in seinem Steinbett, endlich gelangen wir zu dem grünen Wiesenplan hinüber – meine Gretl mit den Stiefeln in der Hand –, in dem uns die Dorigoni-Hütte empfängt.

Der Veneziakamm erhebt sich als erster und westlicher Abschnitt des langgestreckten Marteller Hauptkammes. Die Überschreitung der drei Veneziaspitzen gilt als eine elegante Tour – wir betreten die Cima Venezia I und betrachten überrascht das Schild, das in italienischer Sprache die Erstbegehung von Julius Payer festhält.

Hintere Eggenspitze, 3442 m

Beliebtes Bergziel aus dem Ultental

Dritter Tag: Rifugio Dorigoni 2436 m – Hintere Eggenspitze 3442 m –
Grünsee-Hütte 2561 m.

Wann die Trientiner Alpinistenvereinigung SAT das Rifugio Saent (2436 m) – wie der Hüttenstempel das Rifugio Dorigoni nach der Örtlichkeit besser benennt – in der Weltabgeschiedenheit des Valle Saent erbaute, konnte ich von der freundlichen, aufgeschlossenen Wirtin nicht erfahren. Den alten und viele Jahrzehnte zweckmäßigen Baustil – ein Steinwürfel mit flachem, holzbedecktem und mit Steinen beschwertem Giebeldach – hat die Sektion auch hier beibehalten. Massive Gitter schützen die Fenster, wie bei allen SAT-Hütten zeigen die Fensterläden die Farben blau-weiß-blau, die Steinmauern umschließen nur wenige, kleine Räume – aber wir fühlen uns geborgen.

Erst seit einigen Jahren ermöglicht zunehmender Besuch, vor allem aus dem Rabbital, eine ständige, einfache Sommerbewirtschaftung; die Versorgung bewältigt ein Pferd als Tragtier. Die Hüttenumgebung atmet die Stille einer Bergwelt, in der Menschen nur kurzzeitig zu Gast sind und alles so belassen haben, wie die Natur es ordnete: Urgestein, von grünen Flechten umsponnen, ein kleiner See, eine kurze Grasnarbe auf den Wiesen, ein Bergbach, der zur Talstufe fließt, darüber die schweren, schwarzbraunen Urgesteinsgestalten der Eggenspitzen. Die nördliche, touristisch bevorzugte Hintere Eggenspitze trägt ein großes Kreuz.

Die Eggenspitzen entragen einem nach Süden abzweigenden Seitenast des Marteller Hauptkammes und bilden, von Osten gesehen, den mächtigen Abschluß des Ultentales. Zur Hinteren Eggenspitze führen die Zugänge von Ost und West über Gletscher und vereinigen sich am Nordgrat zu einem reizvollen Firn- und Felsanstieg. Die deutschsprachigen Bergsteiger nahmen schon früher das Südtiroler Ultental als Ausgangsort, die Italiener kamen aus dem Valle di Rabbi und benützten das Rifugio Dorigoni als Stützpunkt für ihre Exkursion zur »Cima Sternai« (ital. Bezeichnung für Eggenspitze).

Am nächsten Morgen folgen wir zu viert der Wegtafel »Lago Sternai«, die über eine Geländestufe zum »Valle Laghetti di Sternai« weist. Ein junges deutsches Paar, das vom Ultental über das Schwärzerjoch zur Dorigoni-Hütte gekommen war, freute sich, mit uns den alpineren Rückweg über die Eggenspitze unternehmen zu können. Als wir den Lago (2595 m) in seiner flachen Steinmulde erreichen, weckt eben die Sonne den Wasserspiegel, wir umrunden, Markierungen nach, den See an seiner Ostseite, steigen seinem Zufluß entlang aufwärts zu einem oberen Becken und immer weiter den Wassern entgegen, die vom Vedretta di Sternai herabfließen. Im Aufstiegssinne

TOURISTISCHE ANGABEN

Dritter Tag:
Rifugio Dorigoni 2436 m – Hintere Eggenspitze 3442 m – Grünsee-Hütte 2561 m.

Zeitangaben:
Rifugio Dorigoni 2436 m – Hintere Eggenspitze 3442 m: 4 Stunden; Abstieg: Hintere Eggenspitze – Grünsee-Hütte 2561 m: 2 Stunden. Gesamtgehzeit: 6 Stunden.

Besondere Hinweise:
In dem Raum zwischen dem Rifugio Dorigoni und der Grünsee-Hütte ist die Hintere Eggenspitze das herausragende Bergziel und von beiden Hütten eine beliebte Tour. Anstieg vom Rifugio Dorigoni landschaftlich und bergsteigerisch sehr reizvoll, aber wegen der abseitigen Lage wenig begangen. Ab Rifugio Dorigoni markierter Steig zum Lago di Sternai, weiter immer rechts haltend nach einzelnen Steinmännern zur Gletscherzunge des Vedretta di Sternai. Über das spaltenarme Vedretta, zuletzt steil in ein Hochbecken und von dort zum Ansatz des Nordgrates der Hinteren Eggenspitze; am Grat zum Gipfel. Route unschwierig, am Gletscher Steigeisen und Pickel erforderlich; Tour nur bei sicherem Wetter unternehmen!
Abstieg: Am Grat zurück und über den Weißbrunnferner (meist Trasse) zum gut markierten Steig, der zur sichtbaren Grünsee-Hütte führt.

Hütten:
Rifugio Silvio Dorigoni (Rifugio Saent) 2436 m, CAI- SAT Trient, 16 Betten und Matratzenlager, bewirtschaftet von Mitte Juli bis Mitte September.

Nach der Überschreitung des Veneziakammes sucht unsere »Hohe Route« den nächsten Stützpunkt, das Rifugio Dorigoni im obersten Talschluß des Valle di Rabbi. Von dieser ursprünglichen, alten Berghütte führt anderntags der Anstieg zur Hinteren Eggenspitze, die mit ihrem Gipfel (links) herab zur Hütte schaut.

links des Gletscherbaches sehen wir das beste Gehgelände, nur noch spärliche Steinmänner unterstützen uns bei der Wegsuche. Nun wieder nach rechts hinauf gelangen wir zu einem feinsandigen Kessel. Ein nächster Sandkessel, in dem die Gletscherwasser verrinnen, aufgeschobener Moränenschotter, und wir kommen zu einem ersten, blanken Eis, das uns mit einer flachen Zunge direkt am Fuße der westlichen Gipfelwand empfängt. Ein frischer Wind zieht vom Berg herab, Zeit 9 Uhr; auch unseren schattigen Fels- und Eiswinkel wird in wenigen Minuten die Sonne wärmen. Die Sohlenprofile greifen das körnige, von Regen, Wind und Sonne mit unzähligen flachen Schüsselchen gegerbte Eis, wir steigen höher, bis die zunehmende Steilheit in dem schmalen Gletscherarm die Steigeisen erfordert. Firn und lockerer plattiger Fels wechseln sich ab, ehe wir ein Hochbecken queren können. In der tiefsten Einschartung greifen wir den etwas heiklen, brüchigen steilen Fels des Eggenspitzen-Nordgrates an und helfen unseren Freunden mit Seilsicherung über diesen kurzen, aber unangenehmen Ausstieg zum Grat hinauf.

Der Höhenmesser zeigt 3300 Meter und der Himmel herrlichstes Blau. Der Firn- und Felsgrat bereitet uns einen Ideal-Anstieg – wir begrüßen eine Gruppe Italiener, die unter dem hohen Holzkreuz des Gipfels lagert und einer Flöte lauscht, die ein junger Mann aus ihren Reihen spielt. Still setzen wir uns zu ihnen, hören zu und unterhalten uns erst über die prachtvolle Aussicht, als der Flötist eine Verschnaufpause braucht.

Auch die Ersteigung der Hinteren Eggenspitze gehört Julius Payer. Am 30. Juli 1868, 9 Uhr, betrat er mit seinen Helfern das geräumige Gipfelplateau und arbeitete dort bis 4 Uhr nachmittags mit Meßtisch und Theodolit, um all die kartographisch wichtigen Punkte festhalten zu können. Ich versuche, mir den Kessel des Grünsees, östlich unter uns, im Urzustand vorzustellen, als ihn noch keine Staumauer abschloß – der niedrige Wasserstand zeigt uns heute besonders augenfällig den Eingriff der Technik in die Natur.

Mit den Italienern steigen wir auf dem Grat zurück, sie wollen zum Rifugio Dorigoni, wir aber wenden uns nach Norden, dem Weißbrunnferner zu. Die Tour vom Grünsee zur Hinteren Eggenspitze ist so beliebt, daß auf dem Ferner fast immer eine Trasse verläuft – wogegen der Anstieg von der Dorigoni-Hütte weglos und wenig begangen ist! Am Gletscherende unter dem Weißbrunner Joch beginnt ein gut markierter Steig – die Grünsee-Hütte kann man trotz eines »Felsen-Irrgartens« nicht mehr verfehlen!

Vom Rifugio Dorigoni zur Hinteren Eggenspitze rasten wir vor dem letzten Schneefeld knapp unter dem Eggenspitzen-Nordgrat. Die hohe weiße Linie am Horizont zeigt von links nach rechts den Monte Vioz und den Palon de la Mare.

Zufrittspitze, 3438 m

Hauptgipfel der Marteller Alpen

TOURISTISCHE ANGABEN

Vierter Tag:
Grünsee-Hütte 2561 m – Zufrittspitze 3438 m – Zufritt-Stausee 1850 m.

Zeitangaben:
Grünsee-Hütte 2561 m – Zufrittspitze 3438 m: 3½ Stunden; Abstieg: Zufrittspitze – Zufritt-Stausee 1850 m: 3 Stunden. Gesamtgehzeit: 6½ Stunden.

Besondere Hinweise:
Die Zufrittspitze ist der beherrschende Gipfel im Marteller Hauptkamm und von der Grünsee-Hütte aus eine interessante, gerne unternommene Bergfahrt; für geübte Bergsteiger ohne besondere Schwierigkeiten.
Ab Grünsee-Hütte gut markierter Steig (»Neue Welt«) Richtung Zufrittjoch. Unter dem Joch nach Markierungen rechts über ein steiles Schneefeld zu einem gut sichtbaren Firnsattel des Oberen Zufrittferners (vom Anstieg über das Zufrittjoch ist abzuraten). Vom Oberen Zufrittferner Gipfelanstieg in der Westwand mäßig schwierig. Im Abstieg nach Zufritt den Oberen Zufrittferner in Westrichtung bis zu

Vierter Tag: Grünsee-Hütte 2561 m – Zufrittspitze 3438 m – Zufritt-Stausee 1850 m.

Hochgebirgsseen üben eine eigentümliche Anziehungskraft aus – mehr als an jedem Flachlandgewässer fühlen wir den Hauch der Romantik. Eine Hütte am Bergsee war in den Jahrzehnten der Hüttenbauperiode vor dem Ersten Weltkrieg der Wunsch vieler Sektionen des Deutschen und Österreichischen Alpenvereins. Im Jahr 1906 erwarb die Sektion Höchst den Baugrund am Grünsee im Talschluß des Ultentales und weihte am 18. 8. 1910 die »Höchster Hütte« (2504 m) feierlich ein. Geräumig geplant, aus behauenem Urgestein aufgeführt, würde das Schutzhaus vielleicht noch heute eine gute Herberge am Ostufer des Grünsees sein. Die Sektion Mailand des Club Alpino Italiano bekam nach dem Krieg das Haus zugesprochen und ist auch Besitzer des heutigen »Rifugio Umberto Canziani al Lago Verde« (2561 m). Das Bergheim der Höchster Sektion mußte einer Staumauer weichen; die natürliche Ursprünglichkeit des Grünsees mit der Höchster Hütte am Ufer überliefern nur mehr alte, schon fast vergessene Bilder. Im deutschen Sprachgebrauch aber blieben auch dem neuen Rifugio die Namen »Grünsee-Hütte« und »Höchster Hütte« erhalten.

Im Tourenangebot der Grünsee-Hütte steht die Hintere Eggenspitze an erster Stelle, im östlichen Bergraum der Ortler-Gruppe ist sie der höchste Gipfel! Die Zufrittspitze tritt in der Gunst des Bergsteigers etwas zurück, aber im Marteller Hauptkamm kommt diesem stolzen Gipfel die erste Bedeutung zu. Die Spitze besitzt von allen Seiten ein vorteilhaftes Ansehen, von der Grünsee-Hütte aus scheint der Berg doppelgipfelig zu sein, und wir sind uns über den Hauptgipfel nicht sogleich schlüssig.

Dank fleißiger Markierungsarbeit des Hüttenwirts ist die Abzweigung im Norden des Stausees, hinein in die »Neue Welt«, und auch der Weiterweg hinauf zum Kessel unter dem Zufrittjoch (3172 m) gut bezeichnet. In einer Höhe von etwa 2900 Metern sehen wir aber die Möglichkeit, dem unangenehm erscheinenden Zufrittjoch auszuweichen und über einen nach rechts hinaufziehenden steilen Schnee- und Geröllhang direkt zu dem markanten Firnsattel unter dem Gipfelaufbau zu gelangen. Wenig später entdecken wir an den Hangfelsen wieder Markierungen und finden die Wahl unserer Anstiegsroute bestätigt. Auf einer Felsinsel ziehen wir die Steigeisen an, Schritt für Schritt und mit Hilfe des Eispickels überwinden wir sicher den harten Firn hinauf zum Eissattel des Oberen Zufrittferners.

Das Wetter erfuhr von gestern auf heute eine totale Umstellung. In der Nacht kam bei klarem Himmel heftiger Nordwind auf, eiskalte Böen empfangen uns auf dem Sattel (etwa 3350 m), denen wir auch noch im Durchstieg der plattigen, aber nur mäßig schwierigen Gipfelwand voll ausgesetzt sind. Nur kurz betreten wir den Gipfel der

Weniger auffällig als von Martell erscheint das Bergbild der Zufrittspitze von der Ultener Seite, vom Grünsee aus. Zweigipfelig stellt sich die Zufrittspitze vor; die linke Höhe ist der Hauptgipfel, zu dem von der Grünsee-Hütte unser schöner Anstieg führt.

Zufrittspitze, halten am trigonometrischen Zeichen, dann weht uns dieser blanke Höhensturm wieder in die Westflanke, hinab zum Oberen Zufrittferner.

Julius Payer hatte mit der Erstbesteigung der Zufrittspitze am 9. August 1868 seine Aufgabe im Ortlergebiet erfüllt. Er schreibt: »Die letzte der 60 Bergbesteigungen in den Ortleralpen, die Bearbeitung des Martelltales beschließend, geschah mit dem erhebenden Gefühle, welches die endliche Erreichung eines jahrelang mit Gefahr, Entbehrung und Mühe erschwerten Zieles zu begleiten pflegt, aber auch mit der Überzeugung, dieses vollständig gewonnen zu haben. Da lag das Ortlerland noch einmal vor unseren Blicken, dessen Gipfel wie alte Freunde zu uns herübersahen.« Payers Gesundheit war inzwischen so weit geschwächt, daß er am Gipfel einer Ohnmacht nahe war. Nachdem seine Leute noch eine über elf Fuß hohe, vom Tal aus gut sichtbare Pyramide aufgebaut hatten, trat er den Abstieg nach Zufritt an – auch wir wählen diese Route.

An seiner höchsten Grenze überschreiten wir den Oberen Zufrittferner, leicht abwärts nach links, zu einem feinschuppigen, sandigen Rücken, über den uns ein schwach ausgeprägtes Steiglein abwärts leitet. Von rotweißen Markierungen gelenkt, betreten wir in einer Höhe von etwa 2950 Meter den Zufrittferner und verlassen sein aperes Eis erst an seinem Auslauf (etwa 2800 m). Wir sind froh über die Markierungen in diesem abgeschiedenen, einsamen Bergwinkel, die uns zu einem Steig durch das blockige Geröll des Gletschervorfeldes weisen. Er führt uns unterhalb des Gelbsees und am Kleinen Grünsee (etwa 2700 m) vorbei, zum Rande einer stark ausgeprägten Stirnmoräne. An dieser Schwelle (etwa 2600 m) bleibt die ernste Bergwelt der Zufritt- und ihrer Nachbarspitzen zurück. Noch weit, aber sehr abwechslungsreich zieht sich unser Weg, vorbei an Almen und schäumenden Bergwassern, allmählich zu Tal, dem Zufritt-Stausee entgegen, zu dem wir schon lange sehnsüchtig hinunterschauen.

einem Schotterrücken überschreiten, nach Markierungen abwärts, bis eine Pfeilmarkierung in den Auslauf des Zufrittferners weist. Dort an Blöcken Markierungen, die nach Zufritt, vorbei am Kleinen Grünsee und Gelbsee, zeigen. Ab Gletscher bezeichnete, unschwierige Wanderroute zu den Gasthöfen am Zufritt-Stausee (Martelltal), ca. 3 km zum Parkplatz.

Hütten:
Grünsee-Hütte (Höchster Hütte, Rifugio Umberto Canziani al Lago Verde) 2561 m, CAI-Sektion Mailand, 60 Betten und Matratzenlager, bewirtschaftet von Anfang Juli bis Ende September.

Als Parallelkamm gewährt der Laas-Marteller Kamm eine besonders schöne und informative Schau hinüber zu den hohen Zielen im Marteller Hauptkamm. Hinweg über die tiefe Talfurche des Martelltales erkennen wir links die Zufrittspitze, rechts den Gipfelzug der Eggenspitzen.

Hasenöhrl, 3257 m

Zwischen Martell und Ulten – der östlichste Dreitausender der Ortler-Gruppe

Fünfter Tag: St. Walburg in Ulten 1192 m – Kuppelwieser Alm 1800 m – Hasenöhrl 3257 m – St. Walburg.

Der Zug des Marteller Hauptkammes bildet in seinem Verlauf vom Fürkelejoch zum Vigiljoch über dem Meraner Kessel, in Luftlinie 40 Kilometer, die längste Gipfelkette der Ortler-Gruppe aus. Nach der Zufrittspitze begnügt sich der Marteller Hauptkamm mit sanfteren Berggestalten; kein Eis, nur einzelne Ewig-Schnee-Flecken demonstrieren, daß die Gipfel die Dreitausendermarke noch knapp überschreiten. Bevor jedoch die Höhenlinie vollends absinkt, erhebt sich eine weithin sichtbare Fels- und Eisgestalt mit dem originellen Namen »Hasenöhrl«, 3257 m. Dieser Gipfel bedeutet für den unteren Vinschgau ein wahres Geschenk: Die Schönheit der Landschaft gewinnt noch durch das Weiß des Gletschers, mit dem das Hasenöhrl zusätzlich für die Urlaubsorte Schlanders und Latsch wirbt.

Aus dem Marltelltal zweigt von Bad Salt (1158 m) ein Anstieg zum Hasenöhrl ab, aber der Höhenunterschied von über 2000 Meter dämpft auf der Marteller Seite spürbar die Begeisterung. Viel günstiger bietet sich die Tour vom Ultental aus an, mit Ausgangsort St. Walburg (1192 m). Der Höhenunterschied ist zwar fast der gleiche, aber von Kuppelwies, nahe St. Walburg, führt eine gute Bergstraße hinauf zur Kuppelwieser Alm (1800 m) und weiter zum Arzker Stausee, etwa 2300 m. (Werkstraße der Kraftanlage, bei etwa 2000 m zeitweise geschlossene Schranke.)

An einem Tag im Oktober parken wir unser Auto (als einziges!) an der Schranke und wandern bergwärts. Auf dem alten, noch verbliebenen Steig schneiden wir die Straßenkehren ab und freuen uns an einer breit ausgebauten Kehre (etwa 2200 m) über die Hinweistafel »Hasenöhrl«. Die markierte Route führt entlang eines Bachlaufes über Weidehänge hinauf zum Tarscher Paß (2514 m). Wir sind an einem Wochentag unterwegs, niemand begegnet uns, von einer kleinen Herde Ziegen, die im Schutze großer Steinblöcke lagert, abgesehen, scheinen wir die einzigen Lebewesen dieser stillen Bergwelt zu sein. Mauerreste am Paß beurkunden diesen seit altersher benützten Übergang zwischen den Talschaften Ulten, Martell und dem Vinschgau.

Am flachen Tarscher Paß stehen wir auf dem Rücken des Marteller Hauptkammes; den Weg zum Hasenöhrl zeigen rot-weiße Markierungen nach Westen, hinauf in ein Schartl (etwa 2600 m), an. Diese Höhe belohnt uns mit einem überraschenden Tiefblick zum Arzker Stausee, der sich bisher versteckte, und einem Aufblick zu unserem Bergziel. Ab dieser Scharte wird die Tour bergsteigerisch interessant. Ein langgezogener, buckeliger Schrofen- und Felsgrat zieht in weitem Bogen hinauf zum Hasenöhrl und bereitet den wohl schönsten Anstieg zu ihm. Tiefblau wölbt der Himmel

TOURISTISCHE ANGABEN

Fünfter Tag:
St. Walburg in Ulten 1192 m – Hasenöhrl 3257 m – St. Walburg.

Zeitangaben:
Ab Schranke der Werkstraße ca. 2000 m – Tarscher Paß 2514 m: 1½ Stunden; Tarscher Paß – Hasenöhrl 3257 m: 2½ Stunden; Abstieg wie Anstieg: 3 Stunden. Gesamtgehzeit: 7 Stunden.

Besondere Hinweise:
Die Tour zum Hasenöhrl aus dem Ultental ist eine ideale, unschwierige Herbst-Tagestour (keine Hütte) mit großartigem Aussichtserlebnis. Aus dem Ultental, nahe St. Walburg, auf guter Fahrstraße (Werkstraße) über die Kuppelwieser Alm (1808 m) 10 km bis zu einer Schranke in ca. 2000 m Höhe. Auf altem Steig oder der Straße weiter bis zu einer breit ausgebauten Kehre (ca. 2200 m) vor dem Arzker Stausee. An der Kehre Hinweisschild »Hasenöhrl« und nach Markierungen zum Tarscher Paß. Ab Paß nach rot-weißen Markierungen hinauf zu einem Schartl und immer am Grat nach guten Markierungen zum Gipfel. Route immer unschwierig.

Als wir an einem späten Herbsttag zum Hasenöhrl kamen, ragte sein hohes Holzkreuz in einen blanken Himmel. Der günstige Sonnenstand verlängerte es im Gipfelschnee zu einem übergroßen Schattenkreuz, das nach Norden, hinüber zur Texel-Gruppe, wies.

seinen Dom über den schon herbstlich weißen Berg. Verschneiter Fels umfaßt von beiden Seiten den kleinen Kuppelwieser Ferner und überläßt dem geschwungenen Firn die Ausbildung einer Gletscherkuppe, die aus der Sicht unseres östlichen Anstieges den Höchstpunkt des Hasenöhrls darstellt. Nach einer ebenen Grattraverse (etwa 2900 m) scheint ein markanter, wuchtiger Vorgipfel ein ernsthaftes Hindernis aufzubauen, aber die zwar steile Führe bleibt bis hinauf zu einem großen Steinmann (etwa 3000 m) weiterhin gut gangbar. Der Grat wendet sich für den Schlußanstieg nach Süden, bei normalen Verhältnissen leiten seine Markierungen über blockigen Fels unschwierig zum Gipfelfirn. Im Aufstieg ab Tarscher Paß hat uns der Neuschnee nicht unerheblich behindert; der ab 3000 Meter tiefverschneite, dem beidseitigen Eis entragende schmale Grat wird uns zu gefährlich, aber der nördliche, nur mäßig steile »Hasenohr-Ferner« erweist sich als günstige Ausweichroute. Dreißig verschenkte Höhenmeter nehmen wir für die Sicherheit gerne in Kauf; in Serpentinen stapfen wir durch die lockere Pulverschneeauflage des Gletschers, bis wir bei den letzten Felsen des Grates wieder in die »Sommerroute« einfädeln können. Über windgepreßten Firn steigen wir dem aperen Gipfel zu.

Das ungewöhnlich hohe, von Wind und Wetter ziselierte Holzkreuz des Hasenöhrls entrückt uns in eine Einsamkeit, in der wir mit ungezählten Bergen allein sind: ein phantastischer Tag – das Hasenöhrl schenkt uns ein 360-Grad-Panorama in seltener Vollkommenheit! Fast alle Gipfel des vergangenen Bergsommers in der Ortler-Gruppe, im Adamello und der Brenta zähle ich auf, die Jahre in den Zentralalpen schiebt der Anblick des Zentralalpenkammes in das Gedächtnis, die Dolomitensommer scheinen auf – in dieser Umschau erkennen wir, wie reich unsere Erinnerungen sind!

Als wir uns überlegen, welche Route wir für den Abstieg wählen sollen, kommt noch ein Einheimischer mit seinem Buben zum Gipfel. Direkt vom Stausee stapften sie über die Schneehänge zu dem Bergrücken herauf, der vom »Getristeten Stein« (2929 m) zum Hasenöhrl zieht und auch einen Normalanstieg zum Gipfel bietet. Wir lassen uns von der Schneelage verleiten, auf ihren Spuren und »vogelwild« zum Arzker Stausee hinunterzulaufen, um Zeit zu sparen – die späten Herbsttage sind nur noch kurz.

Am Stallwieshof hoch über dem Boden des Martelltales beginnt der Weg zur Laaser Spitze. Am Parkplatz unweit des Hofes, der als höchster Vinschgauer Hof gilt, ist diese alte, hölzerne Mühle ein Denkmal zäher bäuerlicher Behauptung.

Laaser Spitze, 3304 m

Auf der »Orgelspitze« hoch über dem Vinschgau

Sechster Tag: Gand im Martell 1267 m – Stallwieshof 1953 m – Laaser Spitze
(Orgelspitze) 3304 m – Stallwies.

Auf der Fahrt von Glurns herab zur Mitte des Vinschgaues, nach Laas und Schlanders, sind die linken, ausgedörrten Hänge des »Sonnenbergs« und der »Laaser Leiten« weniger einer Betrachtung wert, viel fesselnder ist die hochragende Bergkulisse zur Rechten, die aus dunklen Hangwäldern und grünen Wiesenbalkonen aufsteigt und immer neue Gipfel und Taleinschnitte freigibt. Das nur kurze Laaser Tal begrenzt westlich den Auslauf des Laas-Marteller Kammes. Mit seinem tiefen Einschnitt gibt es der Laaser Spitze die Möglichkeit, sich als Eckgipfel des Kammes auffällig dem Vinschgau zu darzustellen. Wir bleiben dem Marteller Hauptkamm auf unseren »Hohen Routen« keine seiner wichtigsten und schönsten Bergfahrten schuldig; ständiger Begleiter auf dem langen Weg hinauf zum Hasenöhrl war die parallele Gipfelreihe des Laas-Marteller Kammes. Mit der Tour zur Laaser Spitze schließt unser Kapitel: »Marteller Alpen«.

Die Besteigung der Laaser Spitze läßt sich aus dem Laaser Tal über die Schluderscharte (2987 m) ausführen oder aus dem Martelltal, vom Gasthof Waldheim (1550 m) über den Stallwieshof (1953 m) am Hochegg. Der Stallwieshof hat in den siebziger Jahren vom Kirchdorf (Martell) herauf eine Zufahrt erhalten, die den »himmelweiten Weg« zur Laaser Spitze beträchtlich verkürzt. Auch diese Tour verlegt man am besten auf einen Herbsttag, ein sanfter Oktober mildert die Anstrengung des steilen, südlichen Anstiegs.

Bei der alten Mühle am Gatter zum Stallwieser richten wir mit zwei Freunden, die uns begleiten, handliche Tagesrucksäcke mit der wichtigsten Ausrüstung. Von einem markierten Weg (Nr. 5) durch den Lärchen- und Zirbenwald, vorbei an Wassertrögen, mit bäuerlicher Sorgfalt geschnitzt, lassen wir uns zur Baumgrenze hinaufführen. Im Almgelände darüber verleitet uns ein ausgeprägter Steig nach rechts, aber 100 Meter höher verunsichern uns erste Zweifel. Auch meiner immer wachen Gretl gefällt die Richtung gar nicht; also zurück zur letzten Markierung, kurze Suche – »wir müssen nach links«, rufe ich meinen Begleitern zu, als ich die verblichene Schrift »Laaser Spitze« und einen Pfeil, ungünstig auf einen Stein gemalt, entdecke. Noch 1100 Meter Höhenunterschied zum Gipfel! Sehr steil, nur geleitet von Steigspuren, spärlichen Markierungen und einzelnen Steindauben, mühen wir uns über das schrofige Hanggelände hinauf und visieren einen auffallenden Steinmann an, der von links oben herunterschaut. In einer »Gasse« läßt die Steilheit nach, rechts des Steinmannes erreichen wir ein ausgedehntes steiniges Hochplateau, die kleine, schon vereiste Lake erkennen wir richtig als das »Steinmanngasse-Loch«.

TOURISTISCHE ANGABEN

Sechster Tag:
Gand im Martell 1267 m – Laaser
Spitze 3304 m – Gand im Martell.

Zeitangaben:
Stallwieshof 1953 m–Steinmanngasseloch ca. 2900 m–Laaser Spitze 3304 m: 4½ Stunden. Abstieg
wie Anstieg: 2½ Stunden.
Gesamtgehzeit: 7 Stunden.

Besondere Hinweise:
Die Laaser Spitze (Orgelspitze) mit
Anstieg aus dem Martelltal ist noch
in späten Herbsttagen eine sehr
lohnende, unschwierige Tagestour
mit großartiger Rundsicht. Der
eigentliche Anstieg beginnt am
Stallwieshof.
Entweder auf der neuen Straße
(evtl. gesperrt) vom Kirchdorf Martell Auffahrt zum Stallwieshof oder
aus dem Martelltal beim Gasthof
Waldheim (1550 m) auf bezeichnetem Weg zu ihm, 1 Std. Bei der alten, hölzernen Mühle am Stallwieshof (Parkplatz) nach Steig Nr. 5
durch den Bergwald hinauf zu
Hochalmen; an einem Stein Markierung »Laaser Spitze«, links ab-
zweigen, nach Steigspuren sehr
steil aufwärts in Richtung eines
auffallenden, großen Steinmannes,
zum »Steinmanngasseloch« (kleine Lacke). Dort Laaser Spitze mit
einem großen Steinmann rechts in
Sicht. Nach Markierungen und einzelnen Steinmännern mühsam,
aber unschwierig, über Blockwerk
zum Gipfelkreuz.

Stützpunkt:
Stallwieshof 1953 m, privat,
einfache Bewirtschaftung.

In der Bestimmung der Laaser Spitze unterliegen wir aber einem Irrtum. Den Hochkessel begrenzt im Norden ein Bergrahmen, in dessen Mitte eine dominierende Spitze ragt, die mit einem blinkenden Zeichen auf sich aufmerksam macht. Den Gipfelsteinmann, rechts drüben und etwas zurückgesetzt, beachten wir nicht. In dem unschwierigen, aber schon mit Neuschnee aufgefüllten Blockgelände steigen wir mühsam dem »falschen Berg« zu – erst hoch droben bemerken wir unseren Fehler. Neben dem Steinmann sehen wir nun ein Kreuz, auch wieder auffindbare Markierungen weisen zu dieser Position. Steigspuren haben sich in einer sandigen Rinne gehalten, noch ein steiler, aber unschwieriger Schlußanstieg: Nach 5 Stunden Gehzeit ab Stallwies sind wir alle recht froh, am Gipfelkreuz der »Orgelspitze«, 3304 m, rasten zu dürfen.

Schon im Jahre 1855 hatte der Trigonometer J. Feuerstein auf dieser Höhe einen Steinmann vorgefunden, das Kreuz des Südtiroler Alpenvereins Göflarn leistet ihm erst seit dem Jahre 1969 Gesellschaft und grüßt das Land von der Malser Haide an den Reschenseen bis hinab zum Meraner Becken. Wollte ich die Aussicht zur Ferne beschreiben, müßte ich, wie am Hasenöhrl, fast den gesamten Zentralalpenkamm und die Südalpen aufzählen! Im neuen, erst seit dem 27. August 1978 aufliegenden Gipfelbuch lesen wir bis zu unserem Besuch am 12. Oktober des gleichen Jahres nur 30 Eintragungen, fast ausschließlich deutsche Bergsteiger – die Laaser Spitze hat ihren Preis!

Als ich im Abstieg den hellen Wiesenfleck am Stallwieshof sehe, umgeben von goldenen Lärchen und dunkelgrünen Zirben, die Gipfel drüben am Marteller Hauptkamm im Widerschein der Abendsonne, spüre ich den Abschied von diesem langen Bergsommer, der uns in den leuchtenden Herbsttagen noch so viele Wünsche erfüllte – wir haben viel »heimzutragen«.

In der alten Gewölbestube des Stallwiesers schmeckt der Rotwein, der Bauer erzählt von seinem oft harten Leben im höchsten Vinschgauer Hof – und er verspricht mir, oben am Waldrand die »Laaser Spitze« groß anzuschreiben!

Südliche Ortler-Gruppe

Die Umrahmung des Forno-Ferners

TOURISTISCHE ANGABEN

Erster Tag:
Rifugio Pizzini 2706 m – Cime d.
Forni Ost 3244 m – Zentrale 3241 m
– West 3230 m – Cima Manzina
3319 m – Monte Confinale 3370 m –
Forni 2176 m.

Zweiter Tag:
Rifugio Pizzini 2706 m – Rifugio
Casati 3266 m.

Dritter Tag:
Rifugio Casati 3266 m – Cevedale
3769 m – Palon de la Mare 3704 m –
Monte Vioz 3644 m – Rifugio Vioz
3535 m.

Vierter Tag:
Rifugio Vioz 3535 m – Punta Ta-
viela 3615 m – Punta Cadini 3524 m
– Punta San Matteo 3678 m – Pizzo
Tresero 3594 m – Rifugio Berni
2541 m.

Fünfter Tag:
Rifugio Berni 2541 m – Monte
Gavia 3223 m – Rifugio Berni.

Sechster Tag:
Gavia-Paß 2618 m – Corno dei Tre
Signori 3359 m – Gavia-Paß.

Gesamtleistung:
Einundzwanzig Dreitausender, drei
Hütten.

Karten, Führer:
Kompaß-Wanderkarte Nr. 72 Ort-
ler/Cevedale, 1 : 50000; Touring
Club Italiano Touristenkarte
»Gruppo Ortles-Cevedale«,
1 : 50000; Freytag/Berndt Wander-
karte Nr. 46 Ortler, 1 : 100000;
»Führer durch die Ortler-Gruppe«,

Die Bergsteiger kommen von der Königspitze und gehen auf das Rifugio Pizzini zu. Der schöne, klare Tag gibt ihnen ein verlockendes südliches Panorama frei – im Bild der westliche Eckpfeiler der Südlichen Ortler-Gruppe, der Pizzo Tresero.

Die »Südlichen Ortler-Alpen« – so wird im alten Schrifttum die Südliche Ortler-Gruppe sehr gut angesprochen – finden auch in unserer Zeit noch keine allgemeine Aufmerksamkeit; das Touristenkarussell der Ortler-Gruppe dreht sich seit Jahrzehnten im engeren Kreis um Ortler, Königspitze und Cevedale – dabei müßte jeder Bergsteiger, der von einem dieser Hauptgipfel Umschau hält, den Wunsch verspüren, die silberglänzenden Eisriesen im Süden aufzusuchen. Ihr Gipfelreigen begrenzt in einem einzigartigen Rahmen vom nordöstlichen Ansatzpunkt am Palon de la Mare bis zum westlichen Eckpfeiler des Pizzo Tresero eines der mächtigsten Eisreservate, das die Ostalpen aufzuweisen haben, das »Ghiacciaio dei Forni«.

Dieses Kapitel stellt den Hauptkamm der Südlichen Ortler-Gruppe vor und schließt den Confinalekamm mit ein. Der letztere Gebirgskamm, mit dem schmückenden Beinamen »Gornergrat der Ostalpen« ausgezeichnet, verläuft parallel südlich zur Ortler-Hauptkette. Seine Gesamtüberschreitung vom Rifugio Pizzini zum westlichsten und zugleich höchsten Gipfel, dem Monte Confinale (3370 m), ist ein Aussichtserlebnis nach Nord und Süd und weckt die Vorfreude auf weitere Ortlertouren.

Von den vier Hauptkämmen kommt nach der Ortler-Kette die zweite Bedeutung dem Kamm der Südlichen Ortler-Gruppe zu: In einem gewaltigen Bogen bilden die Teilabschnitte Palonkamm – Tavielakamm – Matteokamm – Dosegùkamm das Rückgrat der Südlichen Ortler-Alpen. Am Rifugio Casati beginnen wir mit dem Anstieg zum Monte Cevedale eine Tour, die in den Ostalpen ihresgleichen sucht: den »Giro delle 13 Cime«. Diese »Hochtour der Superlative« überschreitet vom Cevedale bis zum Pizzo Tresero den Hauptkamm der Südlichen Ortler-Gruppe.

Die Herren Christomannos aus Meran, der Münchner A. von Krafft und ein Wiener namens Schmitt wagten erstmals dieses Unternehmen, mit Start am 18. August 1891, 0.30 Uhr, an der Schaubach-Hütte. Um 4.50 Uhr erlebten sie den Sonnenaufgang am Cevedale (3769 m), erreichten um 6.30 Uhr den Palon de la Mare (3704 m), um 7.35 Uhr den Monte Vioz (3644 m) und um 17.30 Uhr den Gipfel der Punta San Matteo (3679 m). Zeitlich wäre die Fortsetzung zum Pizzo Tresero schon sehr knapp gewesen, Schlechtwetter aber erzwang den Abstieg nach Süden in das Val Piana.

Das Rifugio Casati, die Vioz-Hütte und drei Biwakschachteln erleichtern heute wesentlich diese »Hohe Route«, deren Glanz sich auch in deutschen Bergsteigerkreisen herumspricht. Die Besteigung der einsamen, freistehenden Aussichtsberge Monte Gavia (3223 m) und Corno dei Tre Signori (3359 m) am Gavia-Paß vervollständigen unsere Tourentage in der Südlichen Ortler-Gruppe.

von Köll/Kössler; »Schutzhütten in Südtirol«, Landesfremdenverkehrsamt für Südtirol, Bozen.

Ausrüstung:
Hochtourenausrüstung mit Seil, Pickel und Steigeisen, für ersten, fünften und sechsten Tag genügt normale Bergausrüstung.

Talorte:
S. Catarina im Valfurva 1737 m, Pejo 1579 m.

Schutzhütten:
Rifugio Pizzini 2706 m
Rifugio Casati 3266 m
Rifugio Vioz 3535 m
Rifugio Branca 2493 m
Rifugio Berni 2541 m
Rifugio Bonetta 2618 m.

Biwakschachteln:
Bivacco Colombo 3485 m
Bivacco Meneghello 3350 m
Bivacco Seveso 3420 m.

In Luftlinie nach Süden, genau 11 Kilometer von der Königspitze entfernt, erhebt sich dieser glänzende Eisdom aus einem Gletschermeer: die Punta San Matteo ist der Hauptgipfel der Südlichen Ortler-Gruppe und ein Bergsteigerziel ersten Ranges!
Von der Punta Pedranzini blicken wir zurück, entlang unserer »Hohen Route«, die vom »Matteo« immer scharf am Grat über die felsige Cima Dosegù (Mitte) zu unserem Standort und von ihm zum Pizzo Tresero zieht.

Die sechziger Jahre des 19. Jahrhunderts waren auch in der Ortler-Gruppe »goldene Jahre«; sie bezogen nach der Eroberung der wichtigsten Gipfel im Zentrum auch die Erschließung der Fornokette mit ein. Neben Julius Payer traten englische Alpinisten unter Tuckett mit ihren tüchtigen, eisgewohnten Schweizer Führern an und kamen an der Punta San Matteo und am Pizzo Tresero zum ersten Erfolg. Payer folgte in Ausübung seines Auftrages als Kartograph und schuf mit seiner Arbeit die Voraussetzung für zuverlässige Kartenwerke und Bereinigung der Namensgebung. Der Hauptgipfel im Fornokranz, die Punta San Matteo, erhielt von Payer den Namen »Matteo« im Andenken an einen glücklich überstandenen Absturz. Am Namenstag des heiligen Matthäus, am 21. September 1867, überschritt Payer mit seinem Führer Johann Pinggera den Gipfel mit der Absicht, noch den Tresero zu erreichen. Im Nebel kam Pinggera zu weit nach rechts, und beide stürzten mit einer Wächte zur Fornoseite ab. Wie durch ein Wunder war nur Pinggera leicht verletzt. Der Heilige hatte also an diesem Tag seine Hand schützend über Payer und seinen Begleiter gehalten, so taufte Payer ihm zu Ehren den Gipfel »Punta San Matteo«. Dieser Name fand seine Festschreibung und verdrängte völlig die alte Bezeichnung »Pizzo della Mare«.

Der »Grande guerra« 1915/18 überzog auch die Südlichen Ortler-Alpen mit seinem Kriegsgeschehen. Von 1859 bis 1919 verlief über den Hauptkamm zur Punta San Matteo die österreichisch-italienische Staatsgrenze. An der Punta zweigt der Mantello-Grat ab, er gab die Grenze nach Süden zum Tonale-Paß weiter. Den Eckpfeiler Punta Matteo hielten die Österreicher, verloren am 13. August 1918 die Stellung an die Alpini-Soldaten und eroberten kurz vor Kriegsschluß am 3. September unter großen Opfern den Gipfel wieder zurück!

Wer heute als Bergsteiger zur Punta San Matteo ansteigt, unter Anstrengung und Mühen die exponierte, überragende Position dieses Berges erreicht, ahnt vielleicht die Härte des Einsatzes, sei es von den Alpini oder den österreichischen Gebirgsjägern. Eine Plakette am Gipfelkreuz der Punta erinnert an diese dramatischen Begebenheiten. Auch an der Gavia-Paßstraße, in der Nähe des Rifugio Berni, wurden eine Kapelle und ein Denkmal erbaut zum Gedenken an den großen Krieg in der Südlichen Ortler-Gruppe.

Confinalekamm

Am »Gornergrat der Ostalpen«

Erster Tag: Rifugio Pizzini 2706 m – Südlicher Zebrù-Paß 3012 m – Cime d. Forni Ost 3244 m – Zentrale 3241 m – West 3230 m – Cima Manzina 3319 m – Monte Confinale 3370 m – Forni 2176 m.

Der Gebirgskamm des Monte Confinale gehört den »Südlichen Ortler-Alpen« an. Aus dem Valfurva scheidet bei S. Antonio das tiefe Valle dello Zebrù den Confinalekamm von der Ortler-Hauptkette. Von den beiden Zebrù-Pässen, nahe der Königspitze, zieht der Kamm nach Westen und bestimmt den Monte Confinale zum Kulminationspunkt und westlichen Eckpfeiler. Nach Norden, zum Zebrù-Tal, bewahrt der Confinalekamm noch Gletscherschmuck, nach Süden unterteilen öde Steinhänge, ein ausgedehnter Almgürtel und eine Waldzone die erhebliche Höhendifferenz hinab zum Valfurva. Neben dem Hauptgipfel gelingt nur noch der Cima Manzina eine profilierte Erhebung, die Cime d. Forni müssen mit weniger herausragenden Höhen zufrieden sein.

Seit der Erschließung der Ortler-Gruppe wird bis in unsere Zeit der Confinalekamm vernachlässigt – er hält mit seinen »zahmen« Gipfeln dem Vergleich mit den hohen Ortler-Bergen nicht stand. Auch das Schrifttum unterliegt diesem Einfluß und stuft die bergsteigerische Bedeutung zurück, lobt aber die nicht zu übertreffende Aussichtsposition innerhalb der Ortler-Gruppe. Der Altmeister der Bergfotografie, Vittorio Sella, besuchte mit schwerer Kameraausrüstung den Kamm, der berühmte englische Alpenmaler Compton stieg mit Pinsel, Block und Zeichenstift hinauf, beide getrieben von dem Vorhaben, den Gletscherbogen der Südlichen Ortler-Gruppe vom Monte Cevedale bis zum Pizzo Tresero im Panorama festzuhalten. Bei einem Aufenthalt im Valfurva sollte jeder Bergsteiger einen Tag mit klarer Sicht dem Confinalekamm widmen; erst von seinen Höhen übersieht er die ganze Pracht des Eisgebirges im Süden und die Felsfront der Ortler-Hauptkette im Norden!

Der Parkplatz am Albergo Ghiacciaio dei Forni (2176 m) ist der günstigste Ausgangsort und das Rifugio Pizzini (2706 m) im Val di Cedec die erste Anlaufstelle für die Kammüberschreitung. Aber auch ohne Hüttenübernachtung gelingt bei einem frühzeitigen Aufbruch die Tour an einem Tag. Als wir vor der Pizzini-Hütte nach dem Wetter schauen, ziehen Federwolken am Himmel, die Berge ragen klar und dunkel in einen Morgen, den die Sonne zur Minute an den hohen Eisgipfeln strahlend verkündet. Der erste Jeep aus S. Catarina kam noch mit Licht zur Hütte, alle seine Insassen sind zur Königspitze aufgebrochen; wir steigen über das hügelige Vorgelände des Confinalekammes weglos und ohne Markierungen zum Südlichen Zebrù-Paß (3012 m) an. Unter dem Paß erinnern ausgedehnte, aus plattigem Stein errichtete Kriegsstellungen und Stacheldraht, daß die Italiener im Krieg 1915/18 einen Einbruch der Österreicher über den Cevedale-Paß in das Val di Cedec befürchteten.

TOURISTISCHE ANGABEN

Erster Tag:
Rifugio Pizzini 2706 m – Cime d. Forni Ost 3244 m – Zentrale 3241 m – West 3230 m – Cima Manzina 3319 m – Monte Confinale 3370 m – Forni 2176 m.

Zeitangaben:
Rifugio Pizzini 2706 m – Südlicher Zebrù-Paß 3012 m: 1 Stunde; Südl. Zebrù-Paß – Cime Forni Ost 3244 m – Zentrale 3241 m – West 3230 m: 1½ Stunden; Cima West – Cima Manzina 3319 m: 1½ Stunden; Cima Manzina – Monte Confinale 3370 m: 1 Stunde; Abstieg: Monte Confinale – Forni 2176 m: 3 Stunden.
Gesamtgehzeit: 8 Stunden.

Besondere Hinweise:
Die Überschreitung des Confinalekammes ist für selbständige und ausdauernde Bergsteiger unschwierig, wegen der Einsamkeit und ungewöhnlich großartigen Rundsicht ein besonders reizvolles Unternehmen. Die Tour beginnt günstig am Rifugio Pizzini. Ab Rifugio Pizzini wegloser Anstieg zum Südlichen Zebrù-Paß und unschwierig zur Östlichen Cima d. Forni. Dort Ansatz der Ost-West-Kammüberschreitung bis zum Monte Confinale; bei Sicht – nur dann ist die Tour sinnvoll – kann die Route nicht verfehlt werden. Immer möglichst die Kammli-

Auf den Höhen des Confinalekammes schreitet man abschnittsweise horizontal dahin, von einem Aussichtsbalkon zum nächsten. Im Süden und Norden baut die Ortlerwelt eine große Gebirgskulisse aus Fels und Eis – im Bild die Südseite der Königspitze.

nie einhalten, tiefste Wegstelle ca. 3150 m. Im Anstieg zur Cima Manzina an einem Gratturm nach Süden ausweichen oder ihn überklettern (etwas heikel); Schlußanstieg zum Monte Confinale unschwierig über einen Firngrat.

Abstieg: auf Steigspuren nach Süden bis zu einem Sattel, dort in östlicher Richtung, in Querung der Südhänge des Confinalekammes, teilweise Steigspuren und Steinmänner, später Steig, zu den Almen über Forni; immer unschwierig und übersichtlich bis zum Parkplatz am Albergo Forni.

Hütten:
Rifugio Pizzini 2706 m, siehe Seite 89.

Die Rinne unter dem Paß liegt noch im Schatten, der Firn ist hart gefroren; wir überwinden mit den Steigeisen die kurze Steilflanke, links des Paßeinschnittes klettern wir über unschwierigen blockigen Gratfels zur ersten Höhe, zur Östlichen Cima di Forni, 3244 m, hinauf. Droben stehen auch wir in der Sonne, und in meiner Begeisterung über die Aussicht spreche ich auf das Tonband: »Ein Aussichtsberg ersten Ranges!« An der Königspitze-Ostflanke steigen mehrere Seilschaften »himmelwärts« – wir zwei sind auf unserem »horizontalen Spaziergang« und in unserer Einsamkeit glücklich. Spielerisch balancieren wir über feste Gratblöcke, durchschreiten gefahrlos von Sonne und Steinwärme ausgeaperte Schneekolke am Eissaum der Nordseite und erreichen die Cima Zentrale, 3241 m. Für die Cima West, 3230 m, brauchen wir wieder die Steigeisen – wir halten immer die höchstmögliche Route am Grat ein. Über eine weite Firnsenke – etwa 1 1/2 Kilometer – wandern wir unbeschwert dem aperen roten Felsaufbau der Cima Manzina, 3319 m, zu. Der Anstieg zu ihr bringt uns in die einzige unangenehme Situation, als wir in Umgehung eines Gratturmes südseitig in eine steile, sehr abschüssige und brüchige Rinne ausweichen und uns das lockere Gestein unter den Füßen wegläuft. Erst am Gipfel zeigt sich uns in respektabler Entfernung der Monte Confinale. Stolz erhebt er sein Felshaupt über einer Schneeschulter und verlangt von uns zuerst den Abstieg in eine Einsenkung (etwa 3150 m, tiefste Stelle in der Überschreitung!). Der nochmalige Anstieg kostet uns nach den langen Stunden noch einige Überwindung, aber am Monte Confinale, 3370 m, ist unsere Befriedigung über diese einmalig schöne Kammüberschreitung vollkommen. Zur weiten Sicht nach Nord, Ost und Süd tritt der Tiefblick in die gepflegte Wiesenlandschaft des Valfurva bis nach Bormio und der Fernblick zu den Schweizer Gebirgen hinzu.

Wir verweilen lange in unserer Einsamkeit, ohne Sehnsucht nach dem Tal und seinen Menschen. Den Rückweg über die Südhänge des Confinalekammes nach Forni müssen wir suchen – in dem gut überschaubaren Gelände macht es Spaß, einmal nicht »geleitet« zu werden! Vorbei an einem herrlichen, dunklen Bergsee und Almen laufen wir hinunter nach Forni – der unvergeßliche Tag am »Gornergrat der Ostalpen« klingt aus.

Vom westlichen Eckpfeiler, dem Monte Confinale, überblicken wir die Ausdehnung des Confinalekammes zurück nach Osten. Über seinen Ausläufern, den Cime dei Forni, erhebt sich am Horizont der Eispalast des Cevedale.

Rifugio Casati, 3266 m

Das Haus am Cevedale

Zweiter Tag: Rifugio Pizzini 2706 m – Rifugio Casati 3266 m.

Die Überschreitung des Confinalekammes war das Vorspiel für die »Tour der 13 Gipfel« im Hauptkamm der Südlichen Ortler-Alpen. Der beste Ausgangsort für dieses hochalpine Zwei-Tage-Unternehmen ist das Rifugio Casati, 3266 m, am Langenferner Joch (ital. Passo d. Cevedale).

Von drei Seiten kommen die Zugänge zu diesem hohen und stark beanspruchten Stützpunkt am Cevedale-Plateau: vom nördlichen Suldental, vom östlichen Martell und vom südlichen Val di Cedec. Geographisch und politisch richtet sich die Hütte nach dem südtirolerischen Martell aus, das Langenferner Joch beurkundet seit jeher die Sprachengrenze zwischen deutscher und italienischer Mundart.

In den Kriegsjahren 1915/18 befestigte Österreich diesen Grenzpaß; es entstand eine Steinunterkunft, sie war der Urbau der heutigen Casati-Hütte. Der Club Alpino Italiano erweiterte die Soldatenherberge zu einem Alpinisten-Stützpunkt und eröffnete 1923 das »Rifugio Gianni Casati CAI Sezione Milano MCMXXIII« – so zu lesen auf einer Marmortafel am Hütteneingang.

Die Verantwortlichen von damals würden ihr Rifugio längst nicht mehr erkennen, die Gletscherlandschaft unter dem Cevedale »ziert« ein Lift, das Rifugio Casati vergrößerte die Sektion Mailand zu einem wenig schönen Zweckbau, der im Sommer eine ständige Skischule beherbergt.

Erstmals sind wir mit Bergschuhen im Anmarsch zum Langenferner Joch und neugierig auf die Sommerbewirtschaftung der Hütte – sie erweist sich trotz Skifahrer-Gruppen als sehr touristenfreundlich! Die Bergsteiger, in der Mehrzahl Deutsche und Österreicher, kommen meist von Sulden oder von Martell herauf, italienische Touristen bevorzugen den für sie günstigen südlichen Anstieg aus dem Val di Cedec. Dieses bis auf 2800 Meter Höhe mit Jeep befahrbare Tal eignet sich bestens zur Hüttenversorgung. Am Ende des Fahrweges, an der Materialbahn-Station, beginnt am Rande des Vedretta di Cedec eine harmlose Gletschertrasse, ein markierter Steig nimmt den Zugang auf und führt ihn über einen felsigen Gratsporn zum Langenferner Joch und zur Casati-Hütte.

Viele Sommergäste von Santa Catarina, aus dem Valfurva und von Bormio nützen die Gelegenheit der Jeep-Verbindung, um in einem Tagesausflug die Gletscherwelt des Monte Cevedale vom Rifugio Casati aus zu bewundern.

TOURISTISCHE ANGABEN

Zweiter Tag:
Rifugio Pizzini 2706 m – Rifugio Casati 3266 m.

Zeitangaben:
Rifugio Pizzini 2706 m – Rifugio Casati 3266 m: 1½ Stunden.

Besondere Hinweise:
Vielbegangene, markierte Route mit nur wenig Gletscherberührung. Auch als Tagestour für Wanderer von S. Catarina aus sehr lohnend!

Hütten:
Rifugio Pizzini 2706 m, CAI-Sektion Mailand, 85 Betten und Matratzenlager, bewirtschaftet von Ende Juni bis Mitte September.
Rifugio Gianni Casati 3266 m, CAI-Sektion Mailand, 200 Betten und Matratzenlager, bewirtschaftet von Mitte Juni bis Ende September.

Der Tag am Cevedale-Plateau beginnt, wenn in den Tälern noch die Nacht nistet. Die aufgehende Sonne überflutet die Ostflanke der Königspitze, zeichnet den Ortler-Hintergrat, modelliert den Firnhügel der Suldenspitze und weckt durch die Hüttenfenster die Schläfer im Rifugio Casati.
Von der Casati-Hütte sind wir im Anstieg zum Cevedale – wir beginnen den »Giro delle 13 Cime«.

96

Zufallspitze, 3757 m - Cevedale, 3769 m - Palon de la Mare, 3704 m - Monte Vioz, 3644 m

Start zum »Giro delle 13 Cime« – die »Tour der 13 Gipfel«

Dritter Tag: Rifugio Casati 3266 m – Hintere Zufallspitze 3757 m – Cevedale 3769 m – Monte Rosole 3531 m – Palon de la Mare 3704 m – Monte Vioz 3644 m – Rifugio Vioz 3535 m.

»Una bellissima giornata« – »ein herrlicher Tag« lacht uns an, als wir, durch Freund Gernot zu einer Dreierseilschaft verstärkt, auf der Holzterrasse des Rifugio Casati die Steigeisen anziehen und mit wenigen Schritten zum Zufallferner übertreten – vor uns der Monte Cevedale, ein »Palast aus Eis«.

Das vollkommen vergletscherte Cevedale-Massiv ist der Mittelpunkt der Ortler-Gruppe: die Luftlinie beträgt etwa 15 Kilometer sowohl nach Norden zur Tschengelser Hochwand als auch nach Osten zur Zufrittspitze, nach Süden zum Gavia-Paß und nach Westen zum Stilfser Joch. Von den vier Hauptkämmen der Ortler-Gruppe zieht vom Cevedale nach Osten die gestreckte Linie des Marteller Hauptkammes und nach Süden, in einem weit ausholenden Bogen, der Hauptkamm der Südlichen Ortler-Gruppe. Der dreigipfelige, hochgewölbte Gletscherrücken ruht auf sicheren Fundamenten; die weiten Flächen und sanften Hänge des Langenferners, des Zufall- und Fürkeleferners schaffen günstige Voraussetzungen für die Ausbildung »ewigen Eises«. Betrachtet man das Massiv von West, Nord und Ost, zählt man drei Höhepunkte auf. Den nördlich vorgeschobenen Eisgipfel und die nach ihm aufragende höhere Eisspitze benennt die Kartographie mit Vordere und Hintere Zufallspitze (3687 m und 3757 m). Seit jeher stehen diese beiden Gipfel auf deutschem Sprachgrund, ihren Namen entlehnen sie von der Alpe »Zufall« im obersten Martell. Von der Hinteren Zufallspitze schwingt ein langgezogener, nach Südost gerichteter Firngrat zum höchsten Punkt, der mit »Cevedale« bezeichneten Höhenkote 3769 m. Diese Spitze erhebt sich auf italienischem Sprachgebiet, nur ihr steht der Name »Cevedale« zu, wenn auch heute im Italienischen der gesamte Gletscherstock einschließlich der Zufallspitzen so benannt wird.

Der Cevedale bekam durch die günstige Ausgangsposition der Casati-Hütte und von einem unkomplizierten Anstieg gefördert, den Ruf, fast ein »Allerweltsberg« zu sein – für Skitouristen ist er der höchste ostalpine Skiberg! Aber Gletschertouren in dieser Höhe unterliegen eigenen Gesetzen, auch am Cevedale ist schon mancher gescheitert! Nach einer Stunde Anstieg über das Cevedale-Plateau haben wir die Randkluft vor uns, doch ohne Schwierigkeit überschreiten wir sie und steigen über die kurze Steilflanke bis in die Senke nördlich des Cevedale; eine »bella sole« hält die Verheißung des Morgens – die Hintere Zufallspitze bestimmen wir zum ersten Gipfelziel des Tages. Bergsteigen wird für mich erst auf hohen, freien Graten »so richtig schön«; auf der schmalen Schneide hinüber zum kleinen, eisernen Kreuz, dem Schmuck der

TOURISTISCHE ANGABEN

Dritter Tag:
Rifugio Casati 3266 m – Cevedale 3769 m – Palon de la Mare 3704 m – Monte Vioz 3644 m – Rifugio Vioz 3535 m.

Zeitangaben:
Rifugio Casati 3266 m – Hintere Zufallspitze 3757 m – Cevedale 3769 m: 2 Stunden; Cevedale – Monte Rosole 3531 m – Bivacco Colombo 3485 m: 1 Stunde; Bivacco Colombo – Palon de la Mare 3704 m: 1½ Stunden; Palon de la Mare – Monte Vioz 3644 m – Rifugio Vioz 3535 m: 2½ Stunden. Gesamtgehzeit: 7 Stunden.

Besondere Hinweise:
Der erste Abschnitt des »Giro delle 13 Cime«, vom Cevedale zum Rifugio Vioz, ist die technisch leichtere Wegestrecke; nur Gletschertrasse (kaum Spalten) bis auf die unschwierigen Felsabstiege vom Monte Rosole zum Bivacco Colombo und vom Palon de la Mare zum Passo Vedretta d. Rossa. Nur gut ausgerüstete und erfahrene Bergsteiger sollten diesen hohen Gletscherübergang unternehmen, der

Nach der Überschreitung des Cevedale (links oben) läuft die 13-Gipfel-Tour über die Zwischenhöhe des Monte Rosole (nicht im Bild) einem nächsten Höhepunkt, dem Palon de la Mare (Bildmitte), zu.
Vom Bärenpaß im zweiten Abschnitt unserer »Hohen Route« bewundern wir seine schöne Gestalt, auf seinem felsigen Südgrat erfolgt der Abstieg und über den Passo d. Vedretta Rossa der Wiederanstieg zum Monte Vioz.

Hinteren Zufallspitze, vermeine ich eine Freiheit zu verspüren, die mich weit jeder alltäglichen Sorge entrückt, und wollte mich jemand fragen, was ich möchte, würde ich nur antworten: »Nichts – nur zu jenem Gipfel dort!«

Die Hintere Zufallspitze ist in unserer Längsüberschreitung des Hauptkammes der Südlichen Ortler-Gruppe der erste Gipfel, dem »Giro delle 13 Cime«, der am Pizzo Tresero ausläuft, fügen wir damit einen 14. Dreitausender hinzu. Der Rückweg zu unserem Ausstieg in der Flanke und ein geringes Bergauf bringt uns in die Gesellschaft der »Nur-Cevedale-Besucher«. Auf dem geräumigen Gipfelplateau drehen wir uns um die eigene Achse – wohin wir auch schauen, überall eine großartige Sicht, eine der schönsten der Ostalpen! Niemand sonst als Julius Payer konnte der Erste am Cevedale sein. Am 7. September 1865 kam Payer mit seinen Führern Pinggera und Reinstadler aus dem Cedec-Tal über das Langenferner Joch (Cevedale-Paß) zum Gipfel – obwohl ihn die Senner der Alpe Forno vor »pericoli orrendi«, den »gräßlichen Gefahren«, gewarnt hatten! Schließlich gilt unser Blick nur noch dem Süden, dem Verlauf des Palonkammes, den die Firndächer des Palon de la Mare und des Monte Vioz beherrschen. Eine Trasse zeigt uns die Route, wir folgen ihr zum flachen Passo Rosole (3499 m) und wenig ansteigend zum rotbraunen Felsgrat des Monte Rosole, 3531 m.

Die Südrichtung fand heute außer uns keine Freunde, aber mehrere Seilschaften italienischer Wochenend-Bergsteiger kommen uns von der Vioz-Hütte herüber entgegen. »Buon giorno« – »buon giorno!« Der trockene Fels am Monte Rosole bereitet uns keine Schwierigkeiten, der apere Südgrat hinab zum »Bivacco Colombo« (3485 m) ist uns eine willkommene Abwechslung. Die Biwakschachtel dient der Tour vom ostseitigen Rifugio Cevedale zum Palon de la Mare und dem Übergang Rifugio Casati – Vioz-Hütte als Stützpunkt. Eine gute Stunde sind wir ab Cevedale unterwegs, wir lehnen an der warmen Blechwand und betrachten während der kurzen Rast die Gletscherszenerie südlich vor uns.

Aus dem ebenen Firnsattel des Col de la Mare (3449 m) heben weitläufige Gletscherstufen die Eiskuppe des Palon de la Mare zum höchsten Gipfel der Südlichen Ortler-Alpen empor. In dem kurzen Abstieg zum Col würdigen wir die überwächteten, steilen Eisabbrüche nach Westen und gehen langsam den Aufschwung zur ersten Stufe an. Niemand begegnet uns mehr; dieser hohe Weg, in dem uns nur Eis umgibt, möchte fast das Gemüt bedrücken, man wünscht sich den Gipfel, in der Hoffnung, ein Blick in grüne Täler würde die Verlassenheit dieser arktischen Einsamkeit mildern. Zur Mittagszeit halten wir kurz am Gletscherfirst des Palon de la Mare, 3704 m, registrieren ihn als vierten Gipfel und schätzen im diffusen Licht die undeutlich er-

bei einem Wetterumschwung wegen der weiten Hochflächen ausweglos sein kann. Im Anstieg zum Cevedale Randkluft, Gratübergang zur Hinteren Zufallspitze bei guten Verhältnissen unschwierig; ab Cevedale die Tour nur bei sicherem Wetter fortführen, Route wenig begangen.

Hütten:
Rifugio Vioz (Vioz-Hütte) 3535 m, CAI – SAT Trient, 30 Betten und Matratzenlager, bewirtschaftet von Anfang Juli bis Mitte September.

Biwakschachteln:
Bivacco Colombo al Rosole, 3485 m, 9 Schlafplätze, ständig geöffnete Notunterkunft.

Nach dem Abstieg vom Monte Rosole dient wenige Meter oberhalb des Col de la Mare das Bivacco Colombo dem »Giro delle 13 Cime« als Notunterkunft. Dort erlaubt uns der sichere Tag eine Rast vor dem Weiterweg zum Palon de la Mare.

100

scheinende Ferne hinüber zum Monte Vioz ab. Während seiner dritten Ortler-Erkundungsfahrt war Payer auch am Palon de la Mare der Erstersteiger, und er gab diesem Gipfel an der Nordostecke des gewaltigen Forno-Eismeeres den wohlklingenden, passenden Namen.

Der Tag hat seine anfängliche klare Schönheit verloren, Quellwolken und Dunst aus den Tälern schaffen eine gewittrige Atmosphäre – vielleicht ein Wetterumschwung? In dieser Höhe eine Gefahr, der man, wenn nicht zurück zum Bivacco, nur in einem schnellen Abstieg nach Westen, zum Rifugio Branca, entrinnen kann (nur bei Sicht!). Nach der Gipfelüberschreitung zeigt ein westlicher Gletscherfluß diesen Ausweg an, unsere Route aber geht in die brüchigen rotbraunen Felsen des Südostgrates über und nimmt uns bis zum Passo d. Vedretta Rossa (3405 m) 300 Höhenmeter ab. Die Sonne kämpft, »sticht« mit huschenden Streiflichtern bald da, bald dort durch ein Wolkenloch, aber nur Weiß leuchtet auf, wohin der Schein auch fällt. Sofort nehmen wir den Anstieg zum Vioz in Angriff, der uns in einer Richtung, ohne ausgeprägte Terrassen, in fast gleichmäßiger Steigung zum höchsten Punkt, 3644 m, führt.

Wer zuerst den Gipfel des Monte Vioz betrat, weiß die alpine Geschichte nicht mit Gewißheit zu sagen. Nach widersprüchlichen Angaben der Talbewohner kam Julius Payer zu der Überzeugung, daß seine Erkundungsfahrt vom 4. September 1867 von Pejo aus hinauf zum Vedretta Vioz und von dort über den Westgipfel als erste den Monte Vioz erreichte.

Auf das Firnplateau des Gipfels kommt eine drückende Wärme zu, die Wolken ziehen, verdichten graues Gewölk zu großen, mächtigen Ballen, aber noch bleibt die Sonne siegreich und vertreibt den Spuk. Unter uns, auf den ersten Felsen, steht ein Kreuz, und nur 100 Meter tiefer blinkt das Blechdach der Vioz-Hütte (3535 m).

Die Ostalpen (östlich der Schweizer Grenze) besitzen mit der Vioz-Hütte (3535 m) den höchsten bewirtschafteten Bergsteigerstützpunkt. Das wetterfeste, stabile Rifugio steht südseitig nur 100 m unter dem Gipfel des Monte Vioz und ist allein schon seiner Lage wegen »eine Reise wert«.

Punta Taviela, 3615 m - Punta Cadini, 3524 m - Punta San Matteo, 3678 m - Pizzo Tresero, 3594 m

Am »Giro« – von der Vioz-Hütte zum Pizzo Tresero

Vierter Tag: Vioz-Hütte 3535 m – Monte Vioz 3644 m – Col Vioz 3330 m – Punta Taviela 3615 m – Punta di Pejo 3549 m – Rocca S. Catarina 3526 m – Punta Cadini 3524 m – Col d. Orsi 3304 m – Monte Giumella 3596 m – Punta San Matteo 3678 m – Cima Dosegù 3555 m – Punta Pedranzini 3596 m – Pizzo Tresero 3594 m – Rifugio Berni 2541 m.

Die Vioz-Hütte (3535 m) beschäftigte meine Fantasie, seit ich von ihr als der höchsten Ostalpen-Hütte (östlich der Schweizer Grenze) erfuhr. Im Abstieg vom Monte Vioz betrachtete ich das kleine, ganz mit Blech verkleidete Schutzhaus und bewunderte den Mut der damaligen Sektion Halle des Deutschen und Österreichischen Alpenvereins, die sich die Errichtung höchstgelegener Hütten zum Ziel setzte und im Jahre 1911 die Vioz-Hütte erbaute. Gleich einem Wegweiser zeigt der Hüttengiebel in das Valle di Pejo, hinaus zur Tonale-Straße, und über das Gehügel der Mittelgebirge zu Brenta und Presanella. Der meist verschneite Felssporn, auf dem die Hütte steht, ragt wie ein Schiffsbug in das sanftgrüne Tal und in den Wäldersaum der Vorberge. In den Kriegszeiten 1915/18 war die Vioz-Hütte ein Stützpunkt der österreichischen Front im Abschnitt Palonkamm – Tavielakamm. Nach dem Krieg übernahm die Trientiner Alpinistenvereinigung SAT die Hütte, sanierte sie im Jahre 1972 vollständig, damit sie auch den Anforderungen der modernen Touristik gerecht wurde.

Der Höhenmesser zeigte einen starken Barometerfall, eine Wetterverschlechterung schickte ihre Vorboten. Von Samstag auf Sonntag war das Rifugio Vioz von italienischen Bergsteigern überfüllt, jetzt, am Sonntagnachmittag, sitzen im Gastraum nur zwei deutsche Bergsteiger, einige Italiener bereiten sich für den Abstieg nach Pejo vor. Eine »Männerwirtschaft« betreut Haus und Gäste, der junge, aufmerksame Hüttenwirt beschäftigt zwei Burschen als »Mädchen für alles«, dazu einen Träger, der von einer Liftstation (2350 m) alles Notwendige heraufbringt. »Tempo bestiale« bestätigt uns am nächsten Morgen bei einem Blick aus den kleinen Fenstern auch der Hüttenwirt. Das Barometer fällt beständig weiter, ein starker Südweststurm läßt uns eine längere Wetterumstellung befürchten, die uns Tage auf dieser Höhe festhalten kann. Zu Mittag treffen wir die schwere Entscheidung, den »Giro« für diesmal aufzugeben und nach Pejo abzusteigen – den für uns günstigeren, aber weitläufigen Gletscherübergang zur Branca-Hütte wagen wir bei dichtem Nebel nicht mehr.

Eine Woche später steigen wir, nur zu zweit, wieder zur Vioz-Hütte an, um die Überschreitung des Südlichen Ortler-Hauptkammes zu vollenden. Das Wetter scheint endlich ein Gelingen zu unterstützen, den Schwierigkeiten und Gefahren dieser hochalpinen Traverse glauben wir als gut eingespielte Zweierseilschaft gewachsen zu sein. Nach dem Palonkamm vom Cevedale zum Monte Vioz ist der Tavielakamm,

TOURISTISCHE ANGABEN

Vierter Tag:
Rifugio Vioz 3535 m – Punta Taviela 3615 m – Punta Cadini 3524 m – Punta San Matteo 3678 m – Pizzo Tresero 3594 m – Rifugio Berni 2541 m.

Zeitangaben:
Rifugio Vioz 3535 m – Col Vioz 3330 m – Punta Taviela 3615 m: 3 Stunden; Punta Taviela – Punta Cadini 3524 m – Col d. Orsi (Bärenpaß) 3304 m – Bivacco Meneghello 3350 m: 3 Stunden; Bivacco – Punta San Matteo 3678 m: 1 Stunde; Punta San Matteo – Cima Dosegù 3555 m – Cima Pedranzini 3596 m – Pizzo Tresero 3594 m: 3 Stunden; Pizzo Tresero – Bivacco Seveso 3420 m: ½ Stunde; Bivacco – Rifugio Berni 2541 m: 2½ Stunden. Gesamtgehzeit: 13 Stunden.

Besondere Hinweise:
Die zweite Hälfte des »Giro« vom Rifugio Vioz zum Pizzo Tresero ist der technisch anspruchsvollste, längste Wegeabschnitt. Nur für sehr ausdauernde, selbständige Hochalpinisten bei bestem Wetter ratsam! Ab Vioz-Hütte Wiederanstieg zum Monte Vioz und bei guten Verhältnissen Abstieg in den Col Vioz oder Abstieg zum Passo d. Vedretta Rossa und Querung zum Col Vioz. Der folgende Anstieg zum Vorgipfel der Punta Taviela gilt als Schlüsselstelle, ist aber bei guter Firnauflage unschwierig. Ab Punta di Pejo teilweise unschwieriger Felsgrat, am Bärenpaß, nahe dem Bivacco Meneghello, Abstiegsmöglichkeit nach Norden zum Rifugio Branca, spaltenreiche Gletscherroute, oder nach Süden unschwierig nach Pejo. Ab Punta San

Wenig oberhalb des Bärenpasses (Col d. Orsi) stellt das Bivacco Meneghello den einzigen Stützpunkt in der zweiten und längsten Etappe des »Giro« von der Vioz-Hütte zum Pizzo Tresero. Die hohe Position der Biwakschachtel (3350 m) öffnet weithin das Blickfeld – im Bild die im Südosten aufgereihte Bergkette der Brenta.

Matteo direkte Abstiegsmöglichkeit zum Rifugio Berni, oftmals Trasse. Weiterweg über Cima Dosegù – Cima Pedranzini – Pizzo Tresero teilweise ausgesetzt, kurze, unschwierige Felspartien. Vor dem Anstiegsgrat zum Pizzo Tresero Abstieg zum Rifugio Branca möglich, Randkluft (!) sehr spaltenreich! Ab Pizzo Tresero nächster Stützpunkt Bivacco Seveso (Rifugio Bernasconi 3074 m aufgelassen!), meist gute Trasse über den Dosegù-Gletscher, zuletzt markierter Steig zum Rifugio Berni am Gavia-Paß.

Hütten:
Rifugio Cesare Branca 2493 m, CAI-Sektion Mailand, 60 Betten und Matratzenlager, bewirtschaftet von Ende Juni bis Ende September.
Rifugio Aldo Berni 2541 m, CAI-Sektion Brescia, 50 Betten und Matratzenlager, bewirtschaftet von Ende Juni bis Ende September.

Biwakschachteln:
Bivacco Meneghello am Orsi-Paß 3350 m, 6 Schlafplätze, ständig geöffnete Notunterkunft.
Bivacco Seveso am Pizzo Tresero 3420 m, 9 Schlafplätze, ständig geöffnete Notunterkunft.

In der Betrachtung dieses Bildes lobe ich wieder den Confinalekamm, denn nur von ihm aus ist diese Aufnahme möglich.
Wir sehen den Westabschnitt der 13-Gipfel-Tour vom Bärenpaß am linken Bildrand über das »Hörnchen« des Monte Giumella, den Hauptgipfel Punta San Matteo, die Mittelgipfel Cima Dosegù und Punta Pedranzini sowie den Eckpfeiler der Südlichen Ortler-Gruppe, den Pizzo Tresero.

vom Monte Vioz zum Col degli Orsi (3304 m = Bärenpaß), das nächste Glied dieser hohen Route. Vom Monte Vioz folgen wir Spuren, die zu seinem Westabfall leiten; die gefrorene reichliche Schneeauflage gestattet uns mit Steigeisen den Direktabstieg zum Col Vioz (3330 m). Aus dem Paß erhebt sich mit Punkt 3530 der Karte ein Vorgipfel der Punta Taviela. Bereits im Abstieg zum Col konnten wir die steile Firnrinne mit ihrem felsigen Ausstieg gut einsehen, die der Führer als Schlüsselstelle im Übergang zum Bärenpaß angibt. Die Verhältnisse sind im Eis von Jahr zu Jahr verschieden, uns hilft festgefrorener Neuschnee, ohne Schwierigkeiten die 200-Meter-Differenz zu überwinden. Nach dieser »Fliege« ermuntert uns mäßig geneigtes Firngelände, ein gutes Tempo zu halten, um die idealen morgendlichen Schneeverhältnisse auszunützen.

Am Gipfel des Punta Taviela, 3615 m, zeigt die Uhr 3 Stunden und an der Punta di Pejo, 3549 m, 4 Stunden Gehzeit an. Die Richtungsänderung an der Punta di Pejo nach Süden leitet die Tour aus den Eisdächern des Tavielakammes zum Gratfels unseres nun schon achten Giro-Gipfels, zur Rocca S. Catarina, 3526 m; ihre Namenspatin, der Ort Santa Catarina im Valfurva, schaut aus Nordwesten zu uns herauf. Wir konzentrieren uns auf wenig griffige Platten und den nun schärferen Felsgrat hinüber zum schneeigen Südgipfel (3513 m) – der Neuschnee der letzten Tage macht uns hier einige Schwierigkeiten. An diesem Firneck vollzieht der Tavielakamm eine Westschwenkung, fällt als Gletscherrücken zum Col Cadini (3406 m) ab und bildet als westlichen Eckpfeiler die Felsspitze der Punta Cadini aus. Ein Hochtourist, der im September 1900 mit einem Führer den Col überschritt, bemerkte zu seinem Schrecken Bärenspuren im Schnee; er erzählt in seinem Bericht: »Ich erwog im Geiste die Chancen, die wir bei kräftiger Benutzung unserer Eispickel im Kampfe mit der Bestie haben würden.« Meister Petz war aber so klug, den beiden auszuweichen und hat sich vielleicht über den nahen »Bärenpaß« getrollt!

Aus dem breiten Col Cadini steigen wir zu den unschwierigen Gipfelfelsen der Punta Cadini, 3524 m, an, benützen einige Bretter der verfallenen Kriegsunterstände als Rastplatz und studieren von unserer hervorragenden Aussichtsspitze den weiteren Verlauf unserer »Tour der 13 Gipfel«. Am Bärenpaß unter uns läuft der Tavielakamm aus, der Matteokamm schließt an, das »Hörnchen« des Monte Giumella steht noch als Posten vor der »Königspitze« der Südlichen Ortler-Alpen, der Eispyramide der Punta San Matteo. Der Dosegùkamm als letzter Abschnitt stellt über die Cima Dosegù und die Punta Pedranzini die Verbindung zum abschließenden Firndreieck des Pizzo Tresero her. Das großartige Bergbild versetzt uns in Begeisterung, aber auch in Sorge, ob wir diese lange Überschreitung – allein die Luftlinie beträgt 5 Kilometer! – heute noch schaffen können. Auch Julius Payer war unser Aussichtsort für seine kartographischen Messungen wichtig; seine Leute errichteten am 12. September 1867 auf der Punta Cadini den ersten Steinmann.

Aus dem Bärenpaß (ital. Col d. Orsi, 3304 m) steigen wir die wenigen Höhenmeter zum Bivacco Meneghello (3350 m) an, leisten uns aber nur eine kurze Inspektion dieser wichtigen Notunterkunft; der steile Firnhang hinauf zum »Giumella-Platt« nimmt uns in Anspruch. Das von hier aus kleine Firnhorn des Monte Giumella, 3596 m, lockt uns zu dem kurzen Abstecher, der Tiefblick in das Valle del Monte belohnt uns dafür. Im weichen Firn stapfen wir den breiten Rücken der Punta San Matteo hinauf, Schritt für Schritt holen wir uns in dem tiefen Sulzschnee die mühsam zu erringenden Höhenmeter und halten erst am Gipfelkreuz.

Das mächtige Eismassiv der Punta San Matteo, 3678 m, ragt als beherrschender Mittelpunkt über dem riesigen Gletscherbecken des »Ghiacciaio dei Forni«; seinen Rang als Hauptgipfel der Südlichen Ortler-Gruppe kann ihm keine andere Berggestalt, auch nicht der höhere Palon de la Mare, abstreiten. Als wir ankommen, sucht eine Gruppe italienischer Bergsteiger freudig erregt das überaus reiche Panorama zu bestimmen, man zeigt uns sogleich das südwestliche Rifugio Berni am Passo Gavia, woher sie aufgestiegen sind. Auch in der Trasse am Dosegù-Gletscher und drüben am Pizzo Tresero sehen wir Seilschaften, während wir am Tavielakamm völlig allein waren. Die Ersteersteiger, die Engländer Tuckett, Freshfield, Backhouse und Fox, begleitet von Schweizer Führern, erreichten am 28. Juni 1865 von Südwest die Punta San Matteo, während Payer als Nachfolger am 21. September 1867 vom Col Orsi über den Monte Giumella (Ersteersteigung durch Payer) kam.

Unserem »Giro« fehlen noch drei Gipfel. Die italienische Gruppe beginnt kurz vor uns den sehr steilen Abstieg nach Westen; ganz verzweifelt irrt ein »Foxl«, der zu ihnen gehört (!), an der Eiskante hin und her; erst auf unseren guten Zuspruch rutscht er, die Vorderpfoten fest eingestemmt, hinterdrein. Wir haben einige Mühe, die sehr langsame, vorsichtige Gruppe zu überholen – erst unten, am Auslauf der Flanke, können wir wieder das Tempo steigern und bewältigen zügig den unschwierigen, zuletzt felsigen Anstieg zur Cima Dosegù, 3555 m. Jetzt erst erkennen wir, wie steil diese Flanke war, als wir zur Punta San Matteo zurückblicken! Von unserem kleinen Gipfelkreuz aus taxieren wir das Gelände vor uns, die schlanke Grathöhe der Punta Pedranzini und den Pizzo Tresero; der Tiefblick nach Norden zum zerklüfteten Forno-Gletscher steigert noch den außergewöhnlichen Reiz dieser »Hohen Route«: Eisflanken stürzen Hunderte von Metern in seinen Firnkessel von fast westalpinen Ausmaßen! Südlich unter den Gratfelsen des Dosegùkammes liegt eine geschlossene Gletscher-Hochterrasse und verführt vielleicht zu einem vorzeitigen Abstieg, um in

Diese Nahaufnahme der Punta San Matteo zeigt die Eisfluchten der Nordwand; deutlich ist die Abstiegstrasse im Übergang zur Cima Dosegù zu erkennen.

einer »unteren« Schleife den Tresero schneller zu erreichen; doch der Schein trügt, wie wir an den italienischen Seilschaften beobachten können. Wir bleiben am Grat, uns freut die Kombination Fels – Eis; an keiner Stelle sprengen die Schwierigkeiten den gewohnten Rahmen, doch vor allem die Abstiege von der Cima Dosegù und der Punta Pedranzini in die Senken dazwischen verlangen Vorsicht und konzentriertes Gehen. Die Punta Pedranzini, 3596 m, übertrifft an Höhe den Pizzo Tresero um 2 Meter, kann aber nur als Graterhebung gewertet werden: sie bleibt im Schatten des Pizzo Tresero, 3594 m – unvergleichlich schließt diese Eis-Fels-Pyramide den Hauptkamm der Südlichen Ortler-Gruppe ab und beendet als vierzehnter Gipfel unseren »Giro«. (Erstersteigung durch die Seilschaft Tuckett im Anschluß an die Besteigung der Punta San Matteo.)

Klein und ein wenig verloren stehen wir unter dem hochmodernen Gipfelkreuz aus Alustangen und Holz. Die Fernsicht reicht an klaren Tagen nach Süden und Westen ungewöhnlich weit, in diesen Richtungen erheben sich erst in der Bernina und im Adamello-Gebirge dem Tresero ebenbürtige Gipfel. Wir sehen die möglichen Abstiege ein und entscheiden uns für die sicherste Route: über den felsigen Südwestgrat zum Bivacco Seveso (3420 m) und über die Trasse des Dosegù-Ferners zum Rifugio Berni am Gavia-Paß (2541 m). Auch das Rifugio Branca (2493 m) bietet sich im Nordwesten, am Saum des Forno-Ferners, zur Beendigung des »Giro« an, aber die weitläufige Gletscherführe wird nur wenig begangen, eine heikle Randkluft unter dem Tresero und große Bruchzonen erschweren und gefährden diesen Weg. Einen Sturz in diese Randkluft unter der steilen Eisflanke mußten wir miterleben – zum Glück mit glimpflichem Ausgang, wie wir bei der Hubschrauber-Bergung erfahren konnten!

Das letzte »Hindernis« vor dem Pizzo Tresero bildet der Felsaufbau der Punta Pedranzini. Die Überschreitung ihrer schmalen Felsgrate ist bei aperen Verhältnissen nicht schwierig, Schnee und Eis können jedoch die Tour erheblich erschweren.
Im Bild die Abstiegsseite der Punta im Wiederanstieg zum Pizzo Tresero.

Monte Gavia, 3223 m

Wächter am Gavia-Paß

Fünfter Tag: Rifugio Berni 2541 m – Gavia-Paß 2618 m – Monte Gavia 3223 m
– Gavia-Paß.

Das Rifugio Berni (2541 m) an der Nordrampe der Paßhöhe bezieht seinen Unterhalt vom Touristenverkehr, der in den Sommenmonaten den Passo Gavia (2618 m) von Norden, aus Santa Catarina im Valfurva (1737 m), und von Süden, von Ponte di Legno (1258 m), befährt. Das Rifugio gehört der CAI-Sektion Brescia, die nach dem Krieg diesen Neubau an der Paßstraße erstellte und die alte Schutzhütte aus der Vorkriegszeit aufließ. Die Bergwelt am Gavia-Paß war eine »terra incognita«, nur ein beschwerlicher Saumweg ermöglichte den Übergang; erst zu Beginn der Kriegshandlungen im Jahre 1915 wurde der Paß zur Unterstützung der italienischen Ortlerfront ausgebaut. Auch heute, nach vielen Verbesserungen, ist diese zweithöchste italienische Paßstraße einem größeren Reiseverkehr noch nicht gewachsen und vor allem in ihrer Südtrasse eine »Automobil-touristische« Besonderheit, die einen geübten Fahrer erfordert.

Zur sommerlichen Hochtourenzeit schätzen italienische Bergsteiger die günstige Lage des Rifugio Berni für eine schnelle Wochenendtour zum Tresero oder zum Matteo – verführerisch glänzt die weiße Gipfelkette herab zur Paßstraße. Nur wenige deutsche Bergsteiger haben bisher den Passo Gavia und seine Gipfel entdeckt, aber auch die Italiener beschränken ihre Aktionen fast ausschließlich auf die beiden Hauptgipfel der Fornokette.

Aber zwei sehr lohnende Gipfel von »schöner Gestalt« ragen zu beiden Seiten des Paßüberganges: im Osten das Corno dei Tre Signori und im Nordwesten der Monte Gavia. Der beste Ausgangsort zu beiden Gipfeln ist der Scheitel des Gavia-Passes. Neben dem privaten Rifugio Bonetta direkt an der Paßhöhe zieht ein schmaler, alter Kriegsweg in einer weitausholenden Schleife in Richtung Monte Gavia. Diesem mühelosen Spaziergang folgen steile Steigspuren zu einem südöstlichen Vorgipfel, der irrtümlich oft schon für den Monte Gavia gehalten wird. Mit glatten, festgefügten Gneisblöcken türmt sich aber sein Gipfel, fast abschreckend aus der Ansicht vom Vorgipfel, erst in einiger Entfernung auf. Wir überschreiten den Verbindungsgrat zu einer Scharte und turnen – etwa im II. Schwierigkeitsgrad – hinauf zur Spitze des Monte Gavia, 3223 m.

Eine neue Bergwelt im Südwesten ersteht vor uns, viele »alte Bekannte« zählen wir auf. Ganz besonders aber freuen wir uns über den Einblick in das südliche Vorfeld von Tresero und Matteo, wir können nochmals mit den Augen die »Hohe Route« zwischen den beiden Gipfeln nachvollziehen!

TOURISTISCHE ANGABEN

Fünfter Tag:
Rifugio Berni 2541 m – Monte Gavia 3223 m – Rifugio Berni.

Zeitangaben:
Rifugio Berni 2541 m – Passo Gavia 2618 m: ½ Stunde; Passo Gavia – Vorgipfel ca. 3050 m: 1 Stunde; Vorgipfel – Monte Gavia 3223 m: 1 Stunde; Abstieg wie Anstieg: 2 Stunden.
Gesamtgehzeit: 4½ Stunden.

Besondere Hinweise:
Schöner, lohnender Aussichtsgipfel über dem Passo Gavia, es genügt normale Bergausrüstung. Man kann vom Rifugio Berni auch weglos über den Ewig-Schnee-Fleck in der nordöstlichen Hochmulde direkt zur Scharte unter dem Gipfel ansteigen; einfacher, sicherer und auch landschaftlich reizvoller ist es, die Tour am Passo Gavia, am Rifugio Bonetta, nach einem alten Kriegsweg in Richtung Vorgipfel zu gehen. Teilweise markiert, zum Vorgipfel Steig, nun weglos, keine Markierungen, aber gut übersichtlich über einen Verbindungsgrat zum Schlußanstieg an der Scharte, sehr steil (ca. 100 m) über feste Blöcke, mäßig schwierig (II) zum Gipfel. (Als lohnende, kurze Bergtour kann vom Rifugio Berni aus die Besteigung der Punta d. Sforzellina, 3006 m, über den Passo Sforzellina empfohlen werden: aus dem Paß anregende Gratkletterei, vom Felsgipfel der Punta Blick in das Valfurva und in das Pejotal.)

Hütten:
Rifugio Berni 2541 m, siehe Seite 91.

Das Bild, aufgenommen im Anstieg zum Monte Gavia, stellt das formschöne Corno dei Tre Signori vor. Aus dem Vedretta Lago Bianco, rechts vom Gipfel, erfolgt hinauf zur Gratsenke links des Gratgipfels der Anstieg.

Corno dei Tre Signori, 3359 m

Die italienische »Dreiherrnspitze«

*Das Bild, aufgenommen im Abstieg
vom Tre Signori, zeigt die Berggestalt des Monte Gavia so, wie sie
sich zum Gavia-Paß darbietet; aus
einem breiten, sanft ansteigenden
Plateau erhebt sich das Felshorn
des Monte Gavia.*
*Vorbei am Lago Bianco zieht die
Paßstraße zur Scheitelhöhe mit ihren Paßhäusern (links). Vom Paß
führt der eisfreie Anstieg zuerst auf
das stumpfe Felshorn in Bildmitte,
überschreitet die Einsattelung und
erreicht im steilen, blockigen Fels
den Gipfel.*

Sechster Tag: Gavia-Paß 2618 m – Corno dei Tre Signori 3359 m – Gavia-Paß.

Unseren Entschluß, vor dem Corno dei Tre Signori den Monte Gavia zu besuchen, fanden wir in der Umschau vom Gipfel des Monte Gavia voll bestätigt. Mit Bedacht unternahmen wir diese Tour erst zur Mittagszeit, wir erwarteten uns die Einsicht in die südwestliche Anstiegsroute des Tre Signori.
Diesen Blick bekamen wir am schönsten im Bergab vom Vorgipfel des Monte Gavia zurück zum Paß. Als herrlicher Berg, aus Norden und Süden von zwei ebenmäßigen Graten emporgehoben, fällt der Tre Signori weithin sichtbar als östlicher Wächter des Gavia-Passes auf. Der Lago Bianco schimmert heute blaugrün in der flachen Paßmulde, über ihm glänzt im südwestlichen Gratwinkel des Corno der gleichnamige kleine Gletscher und zeigt mit den weißen Fingern zweier Schneerinnen zum langge-zogenen Südgrat hinauf. Die rechte Rinne ist der Schlüssel hinüber in ein Becken, aus dem der Gipfelanstieg erfolgt.

Am Vormittag des nächsten Tages wandern wir vom Gavia-Paß einem alten, aus Steinen aufgeschichteten Fahrdamm nach und verlassen an der ersten Kehre diesen bequemen Weg nach rechts in das Moränengeschiebe. Eine Schneemulde erleichtert uns den Anstieg zum Gletscherkessel, den wir mit Steigeisen steil hinauf zum Fels-ansatz queren. Dort ist der erste Eindruck wenig ermunternd; nach dem Übertritt in brüchigen, rotbraunen Fels zweigen zwei Rinnen ab, beide gleich unfreundlich und steinschlaggefährdet. Im Zweifel über den richtigen Weg wählen wir zuerst die linke Seite, kehren aber bald um. Die rechte Schlucht erweist sich mit Eis, Schotter und Fels auch wenig erfreulich, aber nach einhundert Metern steigen wir nahe einem Gratgipfel (Punkt 3147 d. Karte) in ein südliches, mit einem Ewig-Schnee-Fleck auf-gefülltes Becken aus – eine erste Markierung mit Pfeil zeigt in unsere Rinne zurück und gibt uns die Genugtuung der richtigen Wahl. Die Führe sehen wir klar vorge-zeichnet: über den Schnee erreichen wir Fels, durchsteigen auf ineinandergekeilten Urgesteinsplatten und -blöcken die Flanke und queren eine schräge Rampe hinaus zum Ostgrat.

In den wenigen Minuten auf dem schmalen, gut gangbaren Grat zum einfachen Holzkreuz des Gipfels erfüllt sich ein Wunsch. Von Norden, vor allem aber von Süden, vom Adamello, der Presanella und der Brenta aus fiel uns immer das Corno dei Tre Signori, 3359 m, als bedeutender, freistehender Berg auf; heute endlich stehen wir auf seinem Gipfel, auf der italienischen »Dreiherrnspitze«. Mit diesem hohen, wenig begangenen Aussichtsberg beschließen wir unsere »Hohen Routen« in der Süd-lichen Ortler-Gruppe.

Adamello-Gruppe

Südlichstes Eisgebirge der Ostalpen

TOURISTISCHE ANGABEN

Erster Tag:
Rifugio Bedole 1641 m – Rifugio Lobbia 3020 m – Lobbia alta 3195 m – Rifugio Lobbia.

Zweiter Tag:
Rifugio Lobbia 3020 m – Cresta della Croce 3330 m – Dosson di Genova 3419 m – Rifugio Lobbia.

Dritter Tag:
Rifugio Lobbia 3020 m – Adamello 3554 m – Corno Bianco 3434 m – Rifugio Garibaldi 2570 m.

Vierter Tag:
Rifugio Garibaldi 2570 m – Punta del Venerocolo 3325 m – Monte Mandrone 3283 m – Rifugio Mandrone 2449 m.

Fünfter Tag:
Rifugio Mandrone 2449 m – Rifugio Lobbia 3020 m.

Sechster Tag:
Rifugio Lobbia 3020 m – Corno di Cavento 3402 m – Crozzon di Lares 3354 m – Rifugio Lobbia.

Siebter Tag:
Rifugio Lobbia 3020 m – Care Alto 3462 m – Rifugio Care Alto 2586 m.

Achter Tag:
Rifugio Care Alto 2586 m – Val di Genova.

Gesamtleistung:
Zwölf Dreitausender, fünf Hütten.

Weit südlich des Zentralalpenkammes hütet die Adamello-Gruppe noch ausgedehnte, hohe Gletscher. Das Bild zeigt das weite Eisfeld des Vedretta del Mandrone, es füllt den Raum zwischen dem Fumokamm (links) und dem Eisgiebel des Corno Bianco (rechts). Ganz rechts am Bildrand spitzt der Gipfel des Adamello hervor.

Die Adamello-Gruppe gehört dem Groß-Verbund der Zentralalpen an und schließt nach der alten, noch immer gültigen Einteilung die Presanella-Gruppe mit ein. Das letztgenannte Gebirge nehme ich jedoch in dieser Einführung heraus, ihm gilt ein eigenes Kapitel. Gleichwohl muß diese Übersicht die Lage der Gesamtgruppe und ihre Grenzen aufzeigen.

Südlich der mächtigen Ostalpenschneide des Zentralalpenkammes gruppiert sich eine Bergwelt, die den Kalkbergen der Dolomiten den Raum östlich von Eisack und Etsch einräumt, westlich davon erhebt sich das Urgesteinsgebirge des Adamello als südlichste Zentralalpengruppe. Ihre Einordnung und Abgrenzung ist gut überschaubar.

Der allgemein bevorzugte Eintritt in die Adamello-Gruppe beginnt bei Mezzolombardo im Etschtal, setzt sich über Cles und Malè fort und kommt in das Val di Sole (Sulzbergtal). Die Tonalestraße durchzieht dieses geschichtsträchtige Tal und bildet über den Tonale-Paß hinweg bis hinab nach Edolo im Val Camonica die Nordgrenze der Gruppe; ihre Weiterführung durch das Val Camonica zum Ort Breno markiert die westliche Abgrenzung. Der schmale Südrahmen über den Passo di Croce Domini zum Lago d'Idro schließt gegen die lombardische Großstadt Brescia den Adamello-Bergraum. Ostseitig nimmt das Arnotal die Grenze bis Tione auf und gibt sie am Sarcafluß dem Valle Rendena bis Pinzolo ab. Über Madonna di Campiglio und den Passo Carlo Magno vollendet sich in Dimaro im Val di Sole der Kreis.

Die zentrale Stellung in diesem aufgezeigten Raum beansprucht die Gruppe des Adamello selbst, gegen Norden zu dominiert, deutlich vom Val di Genova abgeschieden, der Presanella-Stock. Westlich fügt das Corno Baitone eine Untergruppe an, südlich sorgt das Gebirge des Re di Castello für eine gewisse Eigenständigkeit. Unsere große Adamello-Tour läßt die abseitigen Gebiete des Corno Baitone und des Re di Castello unberücksichtigt, berührt aber im engeren Herrschaftsbereich des Adamello fast jeden wichtigen Gipfel.

Die Karte der Adamello-Gruppe weist um den Hauptgipfel eine verhältnismäßig flache, aber außerordentlich großräumige Hochregion aus, in der weite Gletscherfelder das bestimmende Merkmal darstellen. Drei in Nord-Süd-Richtung horizontal gestreckte Gebirgskämme teilen die mächtigen zentralen Gletscher auf. Der westliche Kamm mit dem Adamello-Gipfel (3554 m) gilt als Hauptkamm und begrenzt das Vedretta del Mandrone. Dem Fumokamm gehört die Mittellinie; mit dem Dosson di Genova (3419 m) erhebt er einen Eisrücken zum höchsten Punkt, der das in der Mitte, dem Lareskamm zu ausgebreitete Vedretta della Lobbia weithin überschaut. Der

117

Lareskamm als dritter und östlicher Kamm verdankt seinen Namen der formschönen Fels- und Eispyramide des Crozzon di Lares (3354 m). Er scheidet das Vedretta della Lobbia vom gleichnamigen Gletscher und strebt am südlichen Care Alto (3462 m) zur höchsten und bedeutendsten Position. Unsere »Hohe Route« durch die Adamello-Gruppe verbindet die aufgezeigten Kämme, Gletscher und Gipfel – für den Normalbergsteiger bleiben keine Wünsche offen!

Die beliebte, freundliche Sommerfrische Pinzolo wählen wir als Ausgangsort, das reizvolle Val di Genova vermittelt uns einen vorteilhaften Anfang. Die Alpenreisenden Schaubach und Sonklar haben das Val di Genova besucht und beschrieben, Julius Payer nennt es »das erhabenste und wildeste österreichische Alpental« (damals noch Gebiet der Österr. Donaumonarchie), und Norbert Gatti, dem wir in unserer Zeit den ersten deutschsprachigen Führer der Adamello-Gruppe verdanken, schreibt: »Eine Wanderung durch dieses Tal ist ein Erlebnis.«

Die Bergfahrt beginnt am Talschluß in Bedole und führt sogleich zum Mittelpunkt der Adamello-Gruppe, zum Passo della Lobbia und seinem Rifugio. Von der Lobbia-Hütte, dem höchsten Stützpunkt der Gruppe, überschreiten wir zuerst den Fumokamm. Am nächsten Tag queren wir die mächtige Ausdehnung des Mandron-Gletschers hinüber zum Hauptgipfel, dem Adamello, und von ihm steigen wir über das Corno Bianco nach Westen zum Rifugio Garibaldi ab. Der Hauptkamm hält neben anderen Höhen noch den interessanten Monte Mandrone (3283 m) bereit; er entläßt uns über einsame Eisflächen und hohe Übergänge zum beliebten Mandron-Haus. Die Gletscherroute zurück zum Rifugio Lobbia schließt den Nordwestbogen unserer großen Tour. Der nächste Start vom Passo Lobbia gilt zuerst dem Corno Cavento und dem Crozzon di Lares, bevor wir in Vollendung der Südostspange dem Gipfel des Care Alto zustreben und damit nochmals einen Höhepunkt erreichen. Als letzte Hütte beherbergt uns das Rifugio Care Alto. Aus dem Val di Genova schauen wir zurück zu den Gipfeln und ihren Gletschern, die wir auf »Hohen Routen« erlebten!

Karten, Führer:
Kompaß-Wanderkarte Nr. 71 Adamello-Presanella, 1:50000; Touring Club Italiano Touristenkarte »Adamello«, 1:50000; Freytag/Berndt Wanderkarte Nr. 50 Brenta-Adamello-Presanella, 1:100000; Großer Führer Adamello-, Presanella-, Baitone-Gruppe, von Heinz v. Lichem.

Ausrüstung:
Hochtourenausrüstung mit Seil, Pickel und Steigeisen.

Talorte:
Pinzolo 765 m im Valle Rendena, Borzago 643 m im Valle Rendena.

Schutzhütten:
Rifugio Bedole 1641 m
Rifugio Mandrone 2449 m
Rifugio Lobbia 3020 m
Rifugio Garibaldi 2570 m
Rifugio Care Alto 2586 m.

Biwakschachteln:
Bivacco Zanon-Morelli 3147 m im Passo Brizio
Bivacco Laeng 3191 m im Passo di Cavento.

In breiter Formation drückt das Eis des Mandron-Gletschers hinab zum Talkessel des Val di Genova. Die vom Betrachter linke Begrenzung des Vedretta del Mandrone bildet der Fumokamm mit dem gestreckten Rücken der Cresta della Croce und des Dosson di Genova. Der Lobbia-Paß mit seinem Rifugio befindet sich am Auslauf des felsigen Grates zum linken Bildrand.

Rifugio Lobbia, 3020 m - Lobbia alta, 3195 m

Im Zentrum der Adamello-Gruppe

Erster Tag: Rifugio Bedole 1641 m – Rifugio Lobbia 3020 m – Lobbia alta 3195 m – Rifugio Lobbia.

Auch unsere »Erschließung« der Adamello-Gruppe beginnt – wie bei Julius Payer im Jahre 1864 – im Val di Genova. Nahe Pinzolo (765 m) öffnet sich das Tal, und eine Wanderung von 4–5 Stunden würde uns zum Rifugio Bedole (1641 m) im Talinnersten führen. Aber schon Gatti erwähnt die Bergstraße, die zwar nur schmal und geschottert das Tal durchzieht, aber dem Auto die Zufahrt nach Bedole erlaubt. So nehmen auch wir Motorstärken zu Hilfe, halten am berühmten Nardisfall und bewundern neben vielen anderen die »Cascade di Nardis«: über schwarzen, blanken Granit stürzen Gletscherwasser von der Presanella in die urhaft schäumende Sarca. Der Fluß findet kaum Zeit zu einem ruhigen Lauf; ihm entgegen fahren wir weiter, vorbei an einschichtigen Almweilern inmitten prangender Wiesen. Der Bergsommer ruft die Bauern mit ihrem Vieh, sie schließen die Hütten auf und richten sich für ein paar Monate ein. Steilstufen heben die Talsohle höher, ebene Wiesenplane mit gepflegten Weiden, in denen gleich Naturburgen ungefüge, haushohe Granitblöcke liegen, wechseln mit dichtem Wald ab. Zuerst am Albergo Stella Alpina (1450 m), dann am Pian del Cuc weitet sich unser Tal zur Malga Bedole (1584 m), noch zwei, drei Kehren, und das Sträßchen läuft dem Talschluß zu. Die Anreisenden erwartet in einer kleinen Waldlichtung ein geräumiges dunkles Holzhaus, das Rifugio Bedole, 1641 m, als letzter Stützpunkt im Val di Genova.

Schon zu Beginn der alpinen Erschließung wurde das Val di Genova als ideale Eingangspforte in die Gebirgswelt der Adamello-Presanella-Gruppe erkannt. Im Jahre 1875 erstellte die »Societa Alpinisti Tridentini« (SAT) den Erstbau des Rifugio Bedole mit der Aufgabe, Anstiege zum Mandron- und Lobbia-Gletscher und die Besteigung des Adamello zu erleichtern. Aber der Adamello war noch immer zu weit entfernt. Nachdem die Alpenvereinssektion Leipzig im Jahre 1879 das Mandron-Haus eröffnete, verfiel die Bedole-Hütte, wurde aber 1885 als Rifugio Bolognini neu erbaut. Am neuen Haus störte nur der Name; heute heißt es wieder »Rifugio Bedole« und ist als wichtiger Talstützpunkt nicht mehr wegzudenken.

Zwei Wege, auf denen sich fast alles bewegt, was zu Berge will, bietet das Rifugio an. Die Nummer eins gilt unbestritten dem Steig hinauf zum Mandron-Haus; Anno 1889 erstellte die Sektion Leipzig diesen bequemen Hüttenzugang. Die zunehmende Touristik erhob ihn zur Hauptschlagader der Adamello-Gruppe, denn er zeigt die große und von den meisten Adamello-Besuchern bevorzugte Linie Rifugio Bedole–Mandron-Haus–Rifugio Lobbia–Adamello auf. Dieses Angebot schlagen wir aus. Im Zuge unserer »Hohen Route« übersehen wir das Mandron-Haus nicht; den günstigen Start

TOURISTISCHE ANGABEN

Erster Tag:
Rifugio Bedole 1641 m – Rifugio Lobbia 3020 m – Lobbia alta 3195 m – Rifugio Lobbia.

Zeitangaben:
Rifugio Bedole 1641 m – Rifugio Lobbia 3020 m: 3½ Stunden; Rifugio Lobbia – Lobbia alta 3195 m und zurück: 1 Stunde.
Gesamtgehzeit: 4½ Stunden.

Besondere Hinweise:
Seit Sommer 1978 ist die Fahrt in das Val Genova mit eigenem Pkw nur noch bis zum Parkplatz an den Nardis-Wasserfällen erlaubt. Von dort Jeep oder Kleinbusverbindung nach Bedole (zu Fuß ca. 3 Std.).
Ab Rifugio Bedole zwei mögliche Anstiege zum Rifugio Lobbia: gut markierter Steig zum Mandron-Haus und von dort über den Mandron-Gletscher zum Rifugio Lobbia (Hauptroute, 5 Std.), oder vom Waldparkplatz nahe dem Rifugio Bedole unter der Materialseilbahn-Trasse Direktanstieg über den Lobbia-Gletscher; die letztere Route ist kürzer, aber steiler.
Ab Waldparkplatz nach markiertem Steig zur Malga Matterot bassa (1790 m). Nach Überschreitung des Gletscherbaches weiter zum Moränengeschiebe unter der Steilstufe; der gesicherte Steig läuft bei Höhe ca. 2500 m in den Lobbia-Gletscher; meist Trasse zum Lobbia-Paß und zur Hütte.

Hütten:
Rifugio Bedole 1641 m, privat, 50 Betten und Matratzenlager, bewirtschaftet von Juni bis Oktober.
Rifugio Lobbia (»Ai Cadutti dell' Adamello«) 3020 m, CAI-Sektion Brescia, 120 Betten und Matratzenlager, bewirtschaftet von Ende Juni bis Ende September.

Die Malga Bedole nimmt knapp unter der Waldstufe hinauf zum Rifugio Bedole einen weiten grünen Wiesenplan ein. Darüber erhebt sich der Mandronkamm mit der beherrschenden Cima di Bedole; der Gletscherabfluß links im Bild gehört zum Vedretta del Mandrone.

zu unserer großen Adamello-Tour aber bietet uns der Direktanstieg zum Rifugio Lobbia.

Die Straße zum Rifugio Bedole endet einige hundert Meter weiter bei einem geräumigen Parkplatz (etwa 1680 m), vorher schon passiert sie die Talstation der Materialseilbahn zur Lobbia-Hütte. Das Angebot, den Rucksacktransport zu übernehmen, sollte man nicht leichtfertig ignorieren, die Seilbahn überwindet 1400 Meter Höhenunterschied zum Lobbia-Paß! Wir haben aus den beiden schweren Tourenrucksäcken einen handlichen, leichten Tagesrucksack gerichtet, das übrige vertrauten wir dem stabilen Lastenwagerl der Bahn an. Unter ihr zieht durch die Waldstufe ein guter markierter Steig zu dem hübschen grünen Boden der Malga Matterot bassa (1790 m). Spaziergänger rasten dort gerne, die Bergsteiger aber, die hinauf zum Rifugio Lobbia wollen, sehen die Anforderungen des langen Anstieges vor sich. Über eine breite granitene Steinbarriere drängt das blanke Eis des Vedretta della Lobbia herab zum Talkessel. Dieses fast senkrecht erscheinende Bollwerk müssen wir überwinden. Der Steig läuft einem eingestürzten Brückchen zu, jenseits schlängelt er sich durch Gebüsch und verliert sich in einem trockenen Bachbett, in dem Markierungen aufwärts weisen. In diesem Sommer liegt noch viel Altschnee an den Hängen der Lobbia-Spitzen; er verbirgt die Wegezeichen, wir steigen zu hoch an, und erst durch waghalsige Querungen auf blankem, wasserüberronnenem Fels erreichen wir wieder die richtige Route, die sehr steil, aber mit Seilgeländer gesichert, zum Saum des Gletschers leitet. Ab 2500 Meter versinken unsere Bergschuhe tief im weichen Firn, nur langsam kommen wir der letzten Seilbahnstütze näher, verhalten kurz am Lobbia-Paß – aufatmend setzen wir uns wenige Minuten später auf die Hausbank der Lobbia-Hütte.

Unser großer Rucksack hat den »Aufstieg« noch nicht geschafft, aber ein überzeugendes »uno momento« der Hüttenwirtin beruhigt uns; wir beschließen nach kurzer Rast, gleich die Lobbia alta zu besteigen und uns von ihr den ersten Überblick zu verschaffen.

Die Lobbia alta, 3195 m, baut mit drei blockigen, festen Graten eine regelmäßige Pyramide auf. Von ihrem Gipfel fällt der Kamm der Lobbia-Spitzen über die Lobbia di mezzo (3033 m) und die Lobbia bassa (2958 m) nach Norden in Richtung Bedole ab und trennt als Scheidelinie die Abflüsse von Mandron- und Lobbia-Gletscher. Die Aussicht erfüllt uns mit großer Vorfreude – weithin übersehen wir das Eis und Urgestein der Adamello-Berge!

Cresta della Croce, 3330 m - Cannone 149 - Dosson di Genova, 3419 m

Der Fumokamm

Zweiter Tag: Rifugio Lobbia 3020 m – Cresta della Croce 3330 m – Cannone 149 – Passo del Croce o. del Dosson 3264 m – Dosson di Genova 3419 m – Rifugio Lobbia.

Gleich einem tibetischen Kloster klebt das Rifugio Lobbia am felsigen Südhang der Lobbia alta. Der offizielle Name »Rifugio Ai Cadutti del Adamello« geht völlig unter; das Haus wird kurz und treffend Rifugio Lobbia, im Deutschen Lobbia-Hütte genannt. An schönen Tagen, wenn am Nachmittag die Sonne über das Corno Bianco hängt und voll auf die nach Südwest gerichtete Frontseite des Hauses scheint, läßt es sich auf der Hüttenterrasse gut aushalten – die lange Bankreihe an der Hauswand ist voll besetzt. Bergsteiger und Skifahrer lüften ihre Schuhe, räkeln sich auf den Bänken, volle 30 Grad plus zeigt das Thermometer! Die Zeiten, als hier in den Sommermonaten nur Bergschuhe trockneten, sind vorbei. Der Hüttenwirt planiert Skipisten mit einer Raupe und braucht augenscheinlich über mangelnden Zulauf nicht zu klagen. Aber neben den italienischen Pistenfans kommen die Bergsteiger nicht zu kurz; der große Gastraum des Rifugio und die übrigen Räumlichkeiten bieten genügend Platz. Das Haus ist gut eingerichtet, es sind Annehmlichkeiten vorhanden, die auch zu einem längeren Aufenthalt verlocken.

Betrachten wir vom Rifugio Lobbia aus die Landschaft, so könnten wir uns fast in arktische Breiten versetzt glauben – so weit dehnen sich die Gletscher. Die Gipfelkämme entwachsen nur wenige hundert Meter dem flächigen Eis des Vedretta del Mandrone, das aus einem geradezu endlos scheinenden Horizont an den Lobbia-Spitzen vorbeifließt. Über den weiten Firnsattel des Passo della Lobbia alta hinweg sehen wir im Südosten den Lareskamm mit den herausragenden Gipfeln des Crozzon di Lares und des Corno Cavento. Direkt vor uns, nach Süden zu vom Lobbia-Paß abgesetzt, beginnt der Fumokamm mit der Cresta della Croce eine neue Gipfelreihe. Der Kamm trennt in einem gestreckten Zug über den Dosson di Genova bis zum Monte Fumo den Lobbia-Gletscher vom Mandron-Gletscher. Aus der schimmernden Firnebene des letzteren ragt der weiße Doppelgipfel des Corno Bianco, hinter ihm verbirgt sich der namengebende Berg der ganzen Gruppe, der Monte Adamello. Den westlichen Rahmen unseres Blickfeldes steckt der Mandronkamm ab, dort fällt eine pfeilerartig vorgeschobene Felsspitze des Monte Mandrone besonders auf. Bei diesem Angebot rundum lohnt sich die Zimmermiete in der Lobbia-Hütte für einige Tage: Sicheres, sonniges Bergwetter verheißt großzügige Dreitausendertouren im südlichsten Eis der Ostalpen!

In der Erwartung der Bergsteiger, die zur Lobbia-Hütte kommen, zählt aber vor allem der Adamello. Das Rifugio Lobbia fungiert für die meisten vom Mandron-Haus her-

TOURISTISCHE ANGABEN

Zweiter Tag:
Rifugio Lobbia 3020 m – Cresta della Croce 3330 m – Dosson di Genova 3419 m – Rifugio Lobbia.

Zeitangaben:
Rifugio Lobbia 3020 m – Cresta della Croce 3330 m – Cannone 149: 1½ Stunden; Cannone 149 – Passo del Croce 3264 m – Dosson di Genova 3419 m: 1½ Stunden; Abstieg: Dosson di Genova – Passo d. M. Fumo – Rifugio Lobbia: 2 Stunden.
Gesamtgehzeit: 5 Stunden.

Besondere Hinweise:
Der Fumokamm ist von den drei Adamello-Längskämmen der mittlere und bietet dadurch einen hervorragenden Überblick über das zentrale Adamello-Gebiet. Kombinierter Fels-Eis-Kamm, unschwierig; aus dem Mandron-Gletscher stärkere Eisbildung, bis zur Grathöhe vergletschert, bis zur Cannone 149 meist Trasse. Abstiegsmöglichkeiten beidseitig, vor allem am Passo del Croce und Passo d. M. Fumo; unschwieriger Rückweg auf den spaltenarmen Hochbecken entweder des Mandron- oder des Lobbia-Gletschers.

Hütten:
Rifugio Lobbia 3020 m, siehe Seite 120.

Vom Rifugio Mandrone (im Bild) ist die Gliederung des Fumokammes, der mit den drei felsigen Lobbia-Spitzen beginnt, gut zu überblicken. Hinter dem Gratabfall der 3. Spitze, der Lobbia alta, liegt der Lobbia-Paß und die Lobbia-Hütte. Als nächster Gipfel bietet sich die Cresta della Croce an.

124

aufkommenden Bergsteiger nur als Stützpunkt für die Tour zum Hauptgipfel. Auch wir reihen uns später in die weite Transversale hinüber zum Adamello ein, erforschen jedoch vorher den Fumokamm. Die Cresta della Croce (= »Die Schneide mit dem Kreuz«, so kann man frei übersetzen) soll das erste Bergziel des neuen Tages sein. Auf diesem Anstieg folgen wir historischen Spuren: Julius Payer begann im September 1864 mit dieser Bergfahrt seine denkwürdige Erforschung der Adamello-Gruppe. Von der Hütte gehen wir den kurzen Gletscherweg zum nordseitigen Felssporn des Vorgipfels der Cresta della Croce (3276 m), ein folgender steiler Firnanstieg bringt uns zu einem fast ebenen Schneefirst, über den wir die Felsen unseres Gipfels gewinnen. Der blockige, feste Grat legt keine Schwierigkeiten in den Weiterweg, wenig später begrüßt uns am höchsten Punkt ein kleines Holzkreuz, 3330 m. Nach dem Bericht von Payer war bei seinem Besuch das Kreuz schon vorhanden: Es soll das Erinnerungszeichen an einen im Mandron-Gletscher verunglückten Schäfer sein.

Das Kreuz der Cresta ist aber nicht ihre Attraktion, wenig weiter droht die »Cannone 149«! Dieses italienische Gebirgsgeschütz wurde in seiner ehemaligen Kampfstellung als Erinnerungsdenkmal belassen. Es gibt eine Ansichtskarte, die das Geschütz vollkommen frei auf dem Felskamm zeigt; bei unserem heutigen Besuch ragt nur das Rohr aus dem festen Firn der Gratschneide. Diese einfache Tour nimmt auch gerne der »Nur-Adamello-Besteiger« wahr, denn er will die Kanone sehen, und zudem macht die Aussicht diesen »Spaziergang« wertvoll.

Uns erfreut ein sonniger Vormittag mit klarer Sicht. Die hervorragende Position unseres Mittelkammes läßt den zentralen Raum des Adamello-Gebirges in der ganzen Ausdehnung überblicken, den die Parallelkämme, im Osten der Lares- und im Westen der Mandronkamm, begrenzen. Nach der »Cannone 149« nimmt der Fumokamm die schwache Senke des Passo del Croce o. del Dosson (3264 m) hin, erhebt sich aber sofort in einem neuen Anlauf zur Ausbildung des Dosson di Genova. Ostseitig Fels, westseitig bis zum Grat herauf Firn, das kennzeichnet die Route über mehrere Gratfelsen des Dosson bis zu seiner Höhe von 3419 m – ein Weg, auf dem man über einem Eismeer zu sein glaubt und dessen Höhe man ungern verläßt, um vom Passo di Fumo aus entweder östlich auf dem Lobbia-Gletscher oder westlich über den Mandron-Gletscher wieder zur Lobbia-Hütte zurückzukehren.

Die »Cannone 149« auf dem Rücken der Cresta della Croce ist ein Nachlaß des »Großen Krieges« 1915–1918. Weitsichtige Leute haben das Geschütz als ein Denk- und Mahnmal in seiner ehemaligen Kampfstellung belassen.
Hinter der Kanone erhebt sich der Grat zum Dosson di Genova mit anschließendem Monte Fumo.

Adamello, 3554 m - Corno Bianco, 3434 m

»König der Südalpen«

Dritter Tag: Rifugio Lobbia 3020 m – Adamello 3554 m – Monte Falcone 3432 m – Passo d. Inglesi 3290 m – Corno Bianco 3434 m – Passo d. Italiani 3350 m – Passo Brizio 3147 m – Rifugio Garibaldi 2570 m.

Bei einer Betrachtung der Landschaft vom Rifugio Lobbia aus nach Südwesten verweilt der Blick sofort am prächtigen Doppelgipfel des Corno Bianco. Kartenunkundige sehen in ihm nicht selten den Adamello, sind aber damit in guter Gesellschaft, denn auch Julius Payer glaubte, als er am 15. September 1864 von Mandrone heraufkam, in ihm den Monte Adamello zu sehen. Er stieg hinauf, aber erst jetzt erkannte er den wahren Adamello – »la brutta Bestia«, wie seine Begleiter voller Schrecken bemerkten. Payer hatte keine Karte, er war ja zu dem Zweck unterwegs, die erste brauchbare Karte der Adamello-Gruppe zu zeichnen; ihm war nur bekannt, daß sich der bisher aus der Ferne bewunderte Adamello in seiner eingeschlagenen Richtung erheben mußte. Den zuerst erreichten Gipfel taufte er »Corno Bianco«, verließ mit seinen beiden einheimischen »Führern« um 9 Uhr die Höhe hinab in den Firnsattel, der die Verbindung hinüber zum Adamello herstellt, und betrat um 11.15 Uhr das jungfräuliche Gipfelplateau des Monte Adamello.

Eingangs erwähnte ich: der große Trend zieht zum Adamello. Die Trasse kommt vom Mandron-Haus herauf, zweigt einen Ast zum Rifugio Lobbia ab, das Rifugio wiederum sendet nach Südwesten eine Spur abwärts zum Mandron-Gletscher und daraus entsteht eine einzige Linie. Das Auge versucht ihr zu folgen, aber sie verliert sich in der schimmernden Schneewüste des »Pian di Neve«. Wir laufen auf dem noch festen Firn der vorgezeichneten Route nach in Richtung Südostgipfel des Corno Bianco. »Die Ebene des Schnees« nimmt kein Ende, nur kleine, wenig auffallende felsige Randerhebungen weit vor uns begrenzen im Süden ihre arktische Ausdehnung. An Höhe sind wir kaum über unserem Ausgangsort, in Luftlinie aber 5 Kilometer davon entfernt, als wir endlich den Adamello sehen! Der Gletscher wölbt sich bis hinauf zu einer Felsstufe, die den höchsten Firn, den Gipfel des Adamello, 3554 m, trägt. Die Trittspur zielt auf den Felsansatz in einer Höhe von etwa 3450 Metern zu; hier mündet auch die Route von der Garibaldi-Hütte ein. Für den Schlußanstieg holen wir die Steigeisen aus dem Rucksack – der eisgepanzerte, felsige Ostgrat darf nicht unterschätzt werden!

An einem Freitag Ende Juli stapfen wir über den Gipfelfirn. Der Wochentag ist nicht unwichtig, denn heute treffen wir nur eine Gruppe Italiener, die auch von der Lobbia-Hütte kamen. Am Sonntag darauf konnte jedoch bei herrlichem Bergwetter der Adamello seine Besucher kaum fassen, die in einem großen italienischen Ansturm vom Rifugio Garibaldi aufstiegen! Nach dem Abmarsch unserer kleinen Gruppe stehen wir

TOURISTISCHE ANGABEN

Dritter Tag:
Rifugio Lobbia 3020 m – Adamello 3554 m– Corno Bianco 3434 m – Rifugio Garibaldi 2570 m.

Zeitangaben:
Rifugio Lobbia 3020 m – Adamello 3554 m: 4 Stunden; Adamello – Monte Falcone 3432 m – Corno Bianco 3434 m: 1 Stunde; Corno Bianco – Passo Brizio 3147 m – Rifugio Garibaldi 2570 m: 2 Stunden. Gesamtgehzeit: 7 Stunden.

Besondere Hinweise:
Der Adamello ist vom Rifugio Lobbia aus das Hauptziel der Bergsteiger. Diese unschwierige, aber ausgedehnte Tour wegen der weiten Gletscherstrecke nur bei sicherem Wetter unternehmen!
Auf dem Mandron-Gletscher bis zum Adamello-Ostgrat übersichtliche Gletscherwanderung, meist Trasse. Ostgrat (Ansatz ca. 3450 m) steil, u. U. vereist, dann ausweichen zum Südanstieg (Skiroute), mäßig steiler Firnhang zum Gipfelplateau. Übergang zum Corno Bianco unschwierig, übersichtlich, ebenso Abstieg zum Passo Brizio. Vom Passo sehr steiler Abstieg in

Der Adamello wirkt im südlichen Alpenraum wie ein Magnet für italienische, aber auch für deutsche Bergsteiger. Seine deutschen Freunde kommen fast ausschließlich über die Rifugi Mandrone und Lobbia, während die Italiener ihren Zugang meist über das Rifugio Garibaldi wählen.
Am Ansatz des Ostgrates zum Gipfel (Bild) treffen sich die Routen, gemeinsam ist allen der steile Schlußanstieg im Fels und Eis dieses herrlichen Ostalpengipfels.

das Vedretta Venerocolo, ca. 200 m, bis zu den ersten Felsen. Ab 2800 m markierter Steig zum sichtbaren Rifugio Garibaldi. Vielbegangene Route, fast immer Trasse. Direktübergang Passo Brizio–Rifugio Lobbia weitläufig, meist ohne Trasse, nur bei guter Sicht unternehmen!

Hütten:
Rifugio Giuseppe Garibaldi al Venerocolo 2570 m, CAI-Sektion Brescia, 110 Betten und Matratzenlager, bewirtschaftet von Ende Juni bis Ende September.

Biwakschachteln:
Bivacco Zanon-Morelli 3147 m im Passo Brizio, 9 Schlafplätze, ständig geöffnete Notunterkunft.

Die Capanna Brizio am gleichnamigen Paß war lange Zeit eine Notunterkunft im Anstieg vom Rifugio Garibaldi zum Adamello. Heute übernimmt in nächster Nachbarschaft das Bivacco Zanon diese Aufgabe.
Diese italienischen Bergsteiger kommen über das weiße Firntrapez des Corno Bianco (Bild) vom Adamello zurück und steigen gleich uns zum Rifugio Garibaldi ab.

zwei allein am kleinen, schiefen eisernen Gipfelkreuz, von dem aus wir in ein Wettergeschehen blicken, das uns nur die nähere Bergwelt zeigt. Die Sonntagsleute, zwei Tage später, hatten dann jene Aussicht, von der die klassischen Alpenreisenden rühmen, daß sie zu der großartigsten der gesamten Alpen zählt! Aber der Mensch kann nicht alles haben – uns schenkte der Berg das Glück des Alleinseins, für den Sonntag sparte er die Aussicht.

Julius Payer berichtet von seinem Gipfeltag: »Die Aussicht war von unendlicher Großartigkeit, eine Welt von Bergen, Schnee und Felsdomen, ein buntes Gewirr aller Farben und Töne breitet sich vor dem entzückten Auge aus, Tiefen und Fernen schienen unendlich.« An besonders klaren Tagen soll man das Matterhorn, den Spiegel des Gardasees und in der italienischen Tiefebene noch die Hügel von Solferino wahrnehmen können! Das Glück eines guten Tages muß auch der zweiten Partie, einer englischen Gesellschaft mit Tuckett, Freshfield, Fox und Backhouse am 3. Juli 1865 hold gewesen sein. Freshfield bezeichnet die Aussicht als die vielleicht schönste, die er jemals von einem hohen Schneegipfel genossen habe. Darüber sollte man nachdenken, war Freshfield doch ein Mann, der von den Westalpen kam und den Blick von hohen Standorten auf ein Gipfelmeer gewöhnt war. Die Begeisterung für den Adamello hielt an – auch die Italiener kamen. Der Capitano Adami aus Edolo eroberte ihn mit einer Kompanie Alpini, vom Mandron-Haus herauf registriert die Chronik im Jahre 1891 den Besuch von 40 Personen.

Nichts stört die Stille in unserer Höhe, auch der Wind schläft zur Mittagszeit ein. Plötzlich dringt Hundegebell herauf – es kann nur vom Rifugio Garibaldi kommen. Wir sehen das Haus 1000 Meter tiefer im Norden des Adamello als winzigen weißen Punkt am Ufer des Lago Venerocolo. Dem »Cane« dort unten antworten wir mit dem Läuten der Gipfelglocke; die »Campana« und die Gedenktafel an einem Granitblock gemahnen an den »Grande Guerra, 1915–1918«. Sollen wir am Gipfel 12 Uhr läuten? Wir geben die halbe Stunde nicht mehr zu, nehmen den Rucksack und den Pickel auf. Wenig später schauen wir zurück zu unserem schimmernden, nach Süden geneigten Eisdach.

Mit der Besteigung des Adamello haben wir die Spange vom Fumokamm zum Hauptkamm der Adamello-Gruppe geschlossen. Vor uns zieht der Hauptkamm nach Norden und setzt mit dem Monte Falcone eine unbedeutende, firnige Zwischenhöhe zum Corno Bianco. Das Eis in der Umgebung des Corno lastet schwer auf dem Tonalitkern der Kammerhebung, erst der schmale Felsgrat der Corni d. Confine kann mit geringen Höhen herausragen. In ihm eingeschnitten ist der wichtigste Paß des ganzen Kammes: der Passo Brizio, er gilt als der gebräuchlichste Übergang vom Man-

131

dron-Gletscher zum westseitigen Vedretta del Venerocolo und damit zum Rifugio Garibaldi.

Den Monte Falcone (3432 m) überschreiten wir auf dem Weg zum Corno Bianco, passieren die tiefste Stelle, den Passo d. Inglesi (3290 m) und steigen steil empor zu einem Sattel (Passo d. Italiani, 3350 m), von dem nach rechts der unschwierige Anstieg über Fels und Eis zum Corno Bianco erfolgt. Wir nehmen jetzt die Stelle ein, die wir aus der Sicht vom Rifugio Lobbia so sehr bewundert haben: das Corno Bianco, 3434 m, beherrscht unangefochten das Gletscherreich des Vedretta del Mandrone. Lange ließe sich auf dieser bedeutenden Position verweilen, die Großzügigkeit der weißen Landschaft demonstriert uns eine fast grenzenlose Weite, in der wir uns – nachdem wir keine Menschenseele sehen – ganz verloren vorkommen.

Der Passo d. Italiani unter dem Gipfel ist für alle, die vom Rifugio Garibaldi zum Adamello wollen, eine Anlaufstelle, daher zieht von ihm meist eine Trasse zum Passo Brizio (3147 m). Runde zwei Stunden nach unserem Aufbruch am Adamello öffnen wir die Tür des Bivacco Zanon, das dem Paß einen neuen, sicheren Stützpunkt gibt; die dem Verfall preisgegebene hölzerne Capanna Brizio nebenan kann diese Funktion nicht mehr erfüllen. Payer und Freshfield haben der wichtigen Übergangsstelle den treffenden Namen »Passo di Mandrone« gegeben. Irgendwie erfolgte in Unkenntnis dieser Tatsache von italienischer Seite eine Umbenennung nach dem Führer Pietro Brizio, und dabei blieb es bis heute.

Tief befriedigt über den bisher glänzend verlaufenen Tag stehen wir im Paßeinschnitt und betrachten das Gebirge vor uns im Westen. Es zeigt den Baitone-Stock, den tiefen Taleinschnitt des Valle dell Avio, aus dem die Hänge wieder aufsteigen und unter uns einen Kessel bilden, dem der Lago Venerocolo mit seinem türkisfarbenen Spiegel einen Stern verleiht. Das Ufer, nun schon näher, schmückt ein neues weißes Haus – das Rifugio Garibaldi, 2570 m, gibt der Gegend den zweiten Stern. Als wir eine Stunde später, nach dem unerwartet steilen Abstieg vom Passo Brizio, darauf zugehen, wer begrüßt uns? – Der Hütten-»Cane«.

Diese Berggestalt, die einer Schaufelspitze gleicht, zeigt der Adamello nach Norden, hinab zum Rifugio Garibaldi, und weithin sichtbar bis hinaus in nördliche Alpenregionen. Italienische Bergsteiger rasten am Vedretta del Venerocolo – das Rifugio Garibaldi ist nah – und freuen sich über ihre gelungene Tour an diesem herrlichen Tag, der ein besonderes Gipfelerlebnis gewährte. Links markiert ein Schneesaum den Monte Falcone, fast waagrecht verbindet sich der Fels mit dem steilen Ostgrat zum Adamellogipfel.

Punta del Venerocolo, 3325 m - Monte Venezia, 3291 m - Monte Mandrone, 3283 m

Der Mandronkamm

Vierter Tag: Rifugio Garibaldi 2570 m – Passo del Venerocolo 3136 m – Pta. del Venerocolo 3325 m – Monte Venezia 3291 m – Passo delle Valletta 3191 m – Monte Mandrone 3283 m – Passo Pisgana 2935 m – Rifugio Mandrone 2449 m.

Deutsche Bergsteiger bevorzugen fast immer die Häuser Mandrone und Lobbia als Ausgangsort zum Adamello. Damit stehen sie im Gegensatz zum Gros der italienischen Adamello-Freunde, die aus dem lombardischen Val Camonica kommen, Temù als Ausgangsort nehmen und den 4-Stunden-Weg durch das Valle dell Avio hinauf zum Rifugio Garibaldi nicht scheuen. Der Adamello besitzt bei seinen Landsleuten einen großen Freundeskreis; wir konnten dies an einem Sonntag gut beobachten. Gruppen, Paare und Einzelgeher kamen in den Mittagsstunden über den Passo Brizio von ihrem Gipfel zurück, füllten den großen Gastraum der Garibaldi-Hütte, zogen aber am Nachmittag wieder talwärts.

Diese »Sonntagsleute« erwischten einen Bergtag in Vollendung, der Adamello kann ihnen nichts schuldig geblieben sein! Mit seinen kühnen Nordabstürzen schaut dieser Berg zum Rifugio Garibaldi herab, und ich werde nicht müde, ihn über den Lago Venerocolo hinweg immer wieder zu bewundern. Nach Norden zeigt der Adamello eine Gestalt, die ihn aus der Sicht von nördlichen Gebirgen unverkennbar aus seiner Umgebung stark abhebt. Gleich einer Schaufel stößt das schwarze Felsdreieck der Nordwand in einen makellosen Himmel. Die Sonne modelliert in der dunklen Wand deutlich die Rippe, die bis heute den hervorragendsten Anstieg zum Gipfel des Adamello bietet. Betrachten wir die Nordseite noch genauer, erkennen wir den Ansatz des Ostgrates; von ihm schwingt eine fast waagrechte Linie zum Passo Inglesi, Wächten an der Kante der 500-Meter-Wand markieren den Monte Falcone. Wahrhaftig, das Rifugio Garibaldi kann mit seinem großartigen Bergbild zufrieden sein!

Die Sektion Brescia des Club Alpino Italiano erschloß 1892 mit dem Bau der ersten Garibaldi-Hütte diesen Hochkessel des Valle dell Avio. Das Tal war mit seiner Seenstufe ein Landschaftskleinod. Heute reicht die Technik einer staatlichen Kraftwerksgesellschaft bis zum letzten See, dem Lago Venerocolo, herauf; auch ihn zähmt eine Staumauer. Aus der alten Hütte entstand 1959 das neue Rifugio Garibaldi, 2570 m. Die Wände des »Sala da Pranzo« dekorieren Fotos und Ausrüstungsstücke – die Erinnerung an den Großen Krieg 1915/1918 wird auch im neuen Rifugio hochgehalten.

Am Morgen nehmen wir einen kräftigen Barometerfall zur Kenntnis. Das Corno Baitone (3331 m) über der Talfurche des Valle del Avio glänzt wohl im Sonnenlicht, aber

TOURISTISCHE ANGABEN

Vierter Tag:
Rifugio Garibaldi 2570 m – Punta del Venerocolo 3325 m – Monte Mandrone 3283 m – Rifugio Mandrone 2449 m.

Zeitangaben:
Rifugio Garibaldi 2570 m – Passo Venerocolo 3136 m – Punta del Venerocolo 3325 m: 2½ Stunden; Punta del Venerocolo – Monte Venezia 3291 m: 1 Stunde; Monte Venezia – Passo delle Valletta 3191 m – Monte Mandrone 3283 m: 1 Stunde; Monte Mandrone – Passo Pisgana 2935 m: 1½ Stunden; Abstieg Passo Pisgana – Rifugio Mandrone 2449 m: 1½ Stunden.
Gesamtgehzeit: 7½ Stunden.

Besondere Hinweise:
Hochalpine, einsame, aber unschwierige Route im Mandronkamm, für selbständige, erfahrene Bergsteiger von großem Reiz.
Bis auf den Anstieg zum Passo Venerocolo (anfangs markierter Steig) und den Abstieg vom Passo Pisgana zum Rifugio Mandrone (Steigspuren) führt diese Tagestour nur über Gletscher, auch die Gipfelanstiege sind vergletschert.
Im Übergang von der Punta del Venerocolo kann aus dem Passo d. Tredicesina (3229 m) der Monte

*Bis in die Zeit nach dem Zweiten Weltkrieg verblieb der Lago di Venerocolo und sein jahrzehntealtes Rifugio in der Unberührtheit einer entlegenen Berglandschaft. Die »Neue Zeit« kam mit ihrer Technik, staute den Gebirgssee auf, schuf aber auch großzügig ein neues, modernes Rifugio (Bild).
Über dem Rifugio Garibaldi befindet sich der Einschnitt des Passo del Venerocolo, der unserer »Hohen Route« den Zugang zu den Gipfeln im Mandronkamm erlaubt.*

134

unter ihm schwebt eine dichte Wolkendecke; kaum merklich hebt die Schicht ihr Niveau ständig höher. Den weiteren Verlauf unserer »Hohen Route« bestimmt die Linie Passo Venerocolo–Passo Pisgana. Diesen Weg entlang am hohen ostseitigen Rand des Vedretta del Pisgana dürfen wir nicht unterschätzen; wir brauchen bis in den Nachmittag hinein sicheres Wetter mit guten Sichtverhältnissen! Als wir gegen 6 Uhr früh hinter dem Rifugio in den markierten Steig zum Passo Venerocolo einfädeln und zügig höhersteigen, plagen uns starke Zweifel: Wer wird schneller sein, die Wolken oder wir? Das Rennen geht unentschieden aus; gleichzeitig treffen wir am Passo Venerocolo (3136 m) ein und stürmen von seinem weiten Sattel in einer guten halben Stunde über unschwierige Firnhänge den Monte Venerocolo, 3325 m. Zurück am Paß haben wir die Wahl: entweder Rückweg zum Rifugio Garibaldi oder in dem uns unbekannten Gelände die Flucht nach vorne, zum nahen Passo Valletta (3191 m) und von ihm Abstieg zum Mandron-Gletscher. Bevor das feuchte Gewölk vollends über uns zusammenschlägt, lege ich die Richtung zum Paß fest und finde ohne Irrweg seine Senke. Der Passo Valletta verbindet den Monte Venezia mit dem Monte Mandrone und entsendet zum Vedretta del Mandrone hinab ein Hochtal. Vom Rifugio Lobbia aus haben wir seinen Verlauf gut einsehen können; der Abstieg wird vom Gelände her unschwierig sein – wir können auf eine gute Ankunft im Mandron-Haus vertrauen.

Die Sicht reicht keine 100 Meter, das ineinanderfließende Weiß des ungespurten Gletschers und die Nebel verweigern uns jede Information. Im jähen Paßabfall zuerst noch vorsichtig, doch bald sicherer, stapfen wir bergab, halten die Richtung nach links ein und finden nach dem letzten Schneefleck einen alten Steig. Verblichene Markierungen, da und dort ein Steinmann tragen zur weiteren Sicherheit bei; wenig später hören wir aus der grauen Tiefe vor uns Stimmen, wir stoßen direkt auf die Trasse Mandron-Haus–Lobbia-Hütte. Eine Gruppe deutscher Bergsteiger packt Regenzeug aus; sie wollen bergwärts – wir steigen ab zum Mandron-Haus. Der Regen hält an – erst Tage später gönnt uns gutes Wetter die Fortsetzung dieser Tour; die abgebrochene Route Passo Venerocolo–Passo Pisgana möchten wir vollenden. Deutlich hebt sich diese Traverse schon durch ihre Einsamkeit von den üblichen Wegen ab. Von Süd nach Nord ragen darin: Pta. del Venerocolo (3325 m) – Monte Narcanello (3288 m) – Monte Venezia (3291 m) – Monte Mandrone (3283 m) und Corno di Bedole (3278 m); in diesem Angebot interessieren uns die wichtigsten Höhen, wir sehen sie in der Pta. del Venerocolo, dem Monte Venezia und dem Monte Mandrone.

Der Monte Venezia, 100 Höhenmeter nordwestlich über dem Passo Valletta, ist unser erstes Ziel. Unberührter, fester Firn überbrückt die Höhendifferenz zum kurzen blok-

Narcanello (3288 m) und von dort über den Passo Venezia (3225 m) der Monte Venezia in einem Zug bestiegen werden. Ab Monte Venezia Fortsetzung der Tour nur bei sicherem Wetter, sonst Abstieg über den nahen Passo delle Valletta (3191 m) zum Rifugio Mandrone. In Weiterführung der Tour ab Monte Mandrone erst wieder am Passo Pisgana Abstiegsmöglichkeit zum Mandronhaus.

Hütten:
Rifugio Mandrone 2449 m, siehe Seite 140.

Der Standort Lobbia-Paß zeigt im Westen in einer ausgezeichneten Übersicht den Mandronkamm. Die waagrechte Schattenlinie markiert die Ebene des Mandron-Gletschers, darüber erhebt sich die Ostflanke des Monte Mandrone, nach rechts stellt sich die Cima di Bedole und anschließend der Passo Pisgana, unser Übergang zum Rifugio Mandrone, vor.

136

kigen Grat. Am hölzernen Gipfelzeichen bewundern wir die hervorragende Sicht zum Mandron-Gletscher und zum gegenüberliegenden Fumokamm, bemerken aber auch die halbverfallenen Kriegsstellungen um uns. In Verfolgung der Hauptkammlinie nach Norden erhebt sich auf der anderen Seite des Passo Valletta der Monte Mandrone. Vom Paß eignet sich der unschwierige Südgrat als Gipfelzugang, aber auch, mit einem geringen Umweg zum Pisgana-Gletscher, ein Aufstiegsbogen über die hochgewölbte Eisschulter des Berges. Wir wählen den Firnanstieg, der auf die Felsblöcke des mittleren und höchsten Punktes zuläuft. Julius Payer war bei seiner zweiten Adamello-Fahrt im September 1868 der Ersteigeiger des Monte Mandrone! Unsere Aufmerksamkeit richten wir diesmal vor allem nach Westen. Unerwartet großartig präsentiert sich der ausgedehnte, von starken Spaltenzonen unterbrochene Fluß des Vedretta del Pisgana, es füllt den Raum bis zum gegenüberliegenden Gebirgskamm, in dem uns der Monte dei Frati (3263 m) und die schneeweiße Mütze von La Calotta (3211 m) besonders auffallen.

Die Mittagssonne kann die nach West hängenden Gletscherwülste nur streifen. Beim Abstieg vom Monte Mandrone auf der griffigen, unberührten Firnauflage brauchen wir Steigeisen, sicher gewinnen wir Tiefe und schwenken in einem hohen Bogen entlang des felsigen Kammverlaufes der Cima di Bedole einem markanten Felsgrat zu, der im Pisgana-Gletscher fußt – ein eindrucksvoller Eisweg von seltenem Reiz! Am Punkt 2998 der Karte trennt ein Gletscherrücken unser Becken vom nächstfolgenden, das schon den Passo Pisgana anzeigt. In diesem Winkel scheint das Eis seine Geschlossenheit zu bewahren; gelöst, mit lockerem Seil, streben wir dem aperen, weitgeschwungenen Sattel des nahen Passes zu.

Der Passo Pisgana, 2935 m, erregte früh die Aufmerksamkeit der Bergreisenden, die von Bedole nach Mandrone kamen; John Ball überschritt als erster von Mandrone aus im Juli 1864 seine flache, steinige Senke. Die frühere Landesgrenze Italien–Österreich zog über den Pisgana-Paß dem Tonale-Paß zu, verrosteter Stacheldraht aus der Kriegszeit und die Reste einer Brustwehr haben die Jahrzehnte überdauert. Frischer ist die rote Schrift, die als erste Markierung auf einem Granitblock mit Pfeil in das Val Genova deutet. 500 Meter tiefer, umgeben von den Laghi di Madrone, entdecken wir unser Tagesziel, das Mandron-Haus.

Nach dem Anstieg vom Rifugio Garibaldi zum Passo Venerocolo zieht unsere »Hohe Route« über den nur selten von einer Spur gezeichneten Eisfluß des Vedretta di Pisgana. Gegenüber, an seinem Westufer, lockt »La Calotta« mit einer glänzenden Firnhaube.

Rifugio Mandrone, 2449m
Rifugio Lobbia, 3020m

Die wichtigsten Hütten der Adamello-Gruppe

Fünfter Tag: Rifugio Mandrone 2449 m – Rifugio Lobbia 3020 m.

Unsere »Hohe Route« schließt selbstverständlich das Rifugio Mandrone ein, wenn wir auch zu Beginn nicht dem allgemeinen Trend, dem Anstieg Bedole–Mandrone folgten, sondern als »Außenseiter« das Rifugio Lobbia bevorzugten. Bisher erlebten wir die zentrale Adamello-Gruppe, überschritten die Höhen von neun Dreitausendern; der heutige Tourentag soll die geringe Lücke zwischen ihren beiden bekanntesten Hütten füllen. Damit vollenden wir einen Kreis, der südöstliche Abschnitt der Adamello-Gruppe aber blieb unbesucht. Diesem Gebirgsraum gibt der Lareskamm das Gepräge, und ihn wollen wir vom Rifugio Lobbia aus erkunden. Aber verweilen wir etwas auf der Mandron-Alpe, betrachten wir das Rifugio Mandrone und seine Umgebung.

Der Erstbau der Mandron-Hütte, so hieß das Haus von Anfang an im deutschen Sprachraum – war ein Werk der Alpenvereinssektion Leipzig. Die Sektion bezahlte 14239,16 Goldmark und dazu noch einige Tausender für den Wegebau! Im Jahre 1879 wurde die Hütte eröffnet, sie galt sogleich als unentbehrlicher Stützpunkt für die Tour zum Adamello. Mehrmalige Erweiterungen waren notwendig, ein Bild aus dieser Zeit überliefert uns ein hochgiebeliges, geräumiges Haus im Herzen einer großartigen Bergwelt! Bis 1894 hält die Chronik bereits den Besuch von 1621 Personen fest.

Die Zeit der ersten Mandron-Hütte war jedoch nach nur wenigen Jahrzehnten abgelaufen; drohend näherte sich das Unglück des Ersten Weltkrieges, und der Beginn der Kampfhandlungen zerstörte 1915 das Eigentum der Sektion Leipzig. Ein Ersatzbau stand nach dem Krieg dem Club Alpino Italiano zu: Die in den Club eingefügte italienische Alpinistenvereinigung »Societa Alpinisti Tridentini« (SAT) führte das Vorhaben aus und benannte das Haus nach ihrer Heimatstadt »Rifugio Citta di Trento«. Der Name hat sich nie eingebürgert, die Italiener nennen es Rifugio Mandrone, im deutschen Sprachschatz blieb die Anrede: Mandron-Haus. Auch diese zweite Hütte existiert nicht mehr; seit 1957 erschließt ein großzügiger, ganz aus Granitstein errichteter Neubau die Landschaft auf Mandrone.

Diese Landschaft ist ein Verweilen wert, und wer sie in einem Zug von Bedole zum Rifugio Lobbia durchwandert, kann ihr nicht gerecht werden. Uns, die wir vom Passo Pisgana herab zu ihr kommen, zeigt sich die ganze prachtvolle, hochalpine Eindringlichkeit von Mandrone; den »unten« wandernden Besuchern bleibt dieser Eindruck teilweise verborgen. Wir übersehen alle »Laghi di Mandrone«, die den besonderen Reiz darstellen; zahlreich füllen die blanken Wasserspiegel seichte Granitmulden und tiefer eingesprengte Gesteinsbecken. Der Lago Scuro (2661 m), nach Norden

TOURISTISCHE ANGABEN

Fünfter Tag:
Rifugio Mandrone 2449 m – Rifugio Lobbia 3020 m.

Zeitangaben:
Rifugio Mandrone 2449 m – Rifugio Lobbia 3020 m: 2 Stunden.

Besondere Hinweise:
Die Verbindung zwischen diesen beiden Hütten ist eine Hauptroute der Adamello-Gruppe.
Ab Rifugio Mandrone markierter Steig bis zum Mandron-Gletscher. Dort immer Trasse, festgelegt mit Raupenfahrzeug.
Talzugang zum Rifugio Mandrone: vom Rifugio Bedole im Val Genova bezeichneter Steig, 3 Std.; Zugang vom Tonale-Paß: mit Seilbahn zum Passo Paradiso, 2573 m, weiter mit Kübellift zum Rifugio Presena, 2750 m, nun entweder über den Passo Maroccaro, 2975 m, oder über den Passo Presena, 2999 m, nun Abstieg, teilweise markiert, zum Mandron-Haus; ab Rifugio Presena 2½ Stunden.

Hütten:
Rifugio Mandrone »Citta di Trento« 2449 m, CAI – SAT Trient, 90 Betten und Matratzenlager, bewirtschaftet von Ende Juni bis Ende September.
Rifugio Lobbia (»Ai Cadutti dell' Adamello«) 3020 m, CAI-Sektion Brescia, 120 Betten und Matratzenlager, bewirtschaftet von Ende Juni bis Ende September.

Im Übertritt am Passo Pisgana, vom Vedretta di Pisgana zur Mandronseite, bewundern wir wiederum den Mandron-Gletscher, zählen die Lobbia-Spitzen, deutlich erkennen wir an der 3. Spitze, der Lobbia alta, die Anstiegstrasse vom Rifugio Mandrone zum Passo Lobbia. Die weiße Spitze am Horizont gehört dem Crozzon di Lares.

dem Mandron-Haus eine Stufe höher vorgelagert, gilt als glänzender Edelstein der Adamello-Gruppe! Der Bergrahmen darüber begrenzt die Mandron-Landschaft: Vom Passo Pisgana zieht der Adamello-Hauptkamm über die Punta Pisgana (3088 m) und die Cima Payer (3056 m) zum auffallenden Eckgipfel der Punta di Lago Scuro (3160 m) und fällt nach Norden zum Tonale-Paß ab. Unser Bergkamm setzt sich von der letzten Punta nach Osten zu ab, erlaubt mit dem Passo di Maroccaro (2975 m) und dem Passo di Presena (2999 m) einen Durchschlupf und schließt mit der Cima di Presena (3068 m) und der Cima di Zigolon (3041 m) das Blickfeld.

Schauen wir nach Süden, beherrscht ein Gletscher die Szenerie. In breiter Formation scheuert das Vedretta del Mandrone seinen festen granitenen Untergrund und schiebt seine Eisfracht immer näher dem Talkessel von Bedole zu. Durch donnernden Lärm aufgeschreckt, beobachteten wir in einer Nachmittagsstunde den Sturz von tausenden Kubikmetern Eis hinab zum Lago Nuovo. Ununterbrochen strömen Wasser aus dem Gletschersaum und nähren den »Neuen See«.

Die Einteilung für diesen Tourentag ist denkbar einfach: Entweder vormittags oder am späteren Nachmittag sollte der Zwei-Stunden-Anstieg zum Rifugio Lobbia erfolgen. Wir nehmen uns für den Morgen die Überschreitung des Mandron-Gletschers vor. Die Wasser, die in vielen Rinnsalen glatte, altersgrüne Granitmugel miteinander verbinden, haben sich in der Nacht gesenkt; trockenen Fußes gewinnen wir auf dem Schlängelpfad hügelauf und -ab höheres Gelände, das zum Gletscher leitet. In den Lacken am Weg spiegeln die Lobbia-Spitzen ihr Morgengesicht; klar und deutlich zeichnen die dunklen, unbewegten Wasser die Linien der Berge ab. Die Sonne fällt schräg in die Abflußzone des Gletschers, modelliert Eistürme, Längs- und Querspalten so nah, daß wir glauben, ihnen nicht ausweichen zu können. Bei etwa 2700 Meter Höhe findet unser Steig einen mäßig geneigten, harmlosen Übertritt zum Eis. Ein dunkles Band, gestaltet von unzähligen Trittspuren, quert das Vedretta del Mandrone nach Südosten gegen einen steilen, doch fast spaltenlosen Gletscherarm, der hinauf zum Lobbia-Paß reicht. Das ist dann auch jene Stelle, wo wir verlangend zur Lobbia-Hütte aufschauen und von oben die Rifugio-Gäste interessiert den Leistungsstand der »Neuen« taxieren können!

Gleich einer uneinnehmbaren Burg thront hoch über uns das Haus; doch mit unserem ruhigen, stetigen Schritt gewinnen wir rasch den Lobbia-Sattel und schwenken zu seinem nahen, uns ja schon gut bekannten Rifugio.

Corno di Cavento, 3402 m -
Crozzon di Lares, 3354 m

Der Lareskamm

Sechster Tag: Rifugio Lobbia 3020 m – Passo di Cavento 3191 m – Corno di Cavento 3402 m – Passo di Cavento – Passo di Lares 3255 m – Crozzon di Lares 3354 m – Rifugio Lobbia.

Der Lareskamm, der östlichste der drei Hauptkämme des Adamello-Gebirges, zieht von Nord nach Süd die Trennlinie zwischen dem Lobbia- und dem Lares-Gletscher. Seine Kammlinie erhebt sich im Norden unweit von Bedole aus dem Val Genova und stellt mit der Punta del Orco (3064 m) und dem Crozzon di Folgorida (3079 m) die ersten Dreitausenderkoten. Zwei wichtige Pässe, der Passo delle Topette (2898 m) und der Passo di Folgorida (2939 m) markieren den weiteren Verlauf zum ersten bedeutenden Gipfel, dem Crozzon di Lares (3354 m). Damit erreicht der Kamm eine Höhe, die er an seinem Südpunkt, dem Care Alto (3462 m), bis fast 3500 Meter aufstockt.

Mit dem Care Alto nenne ich den Berg, der nach dem Adamello der Wunschtraum vieler Bergsteiger ist, die auf der Lobbia-Hütte einkehren. Sein Gipfel ist von Lobbia aus nicht zu sehen, der Crozzon di Lares und das Corno Cavento versperren das Blickfeld. Sie verschließen die Sicht auffällig und ungemein verlockend: Deshalb sollen ihre Höhen der Inhalt unseres nächsten Adamello-Tages sein!

Das Corno Cavento und der Crozzon di Lares überraschen den Betrachter mit gänzlich verschiedenen Formen und einen um 180 Grad gegensätzlichen Gletscherschmuck. Das Corno Cavento bekleidet sich von Osten her, aus dem Lares-Gletscher, fast bis zum Gipfel mit Eis und senkt nach West eine ungemein steile, nur von Schneerunsen durchzogene Felswand hinab zum Lobbia-Gletscher. Der Crozzon di Lares dagegen stützt sich mit zwei regelmäßigen Blockgraten im Kammverlauf und entsendet einen dritten Grat hinab nach Osten, zum Passo d. Diavolo (2947 m). Diese drei Grate lassen den Berg von allen Seiten als formschöne Pyramide erscheinen und erlauben dem Eis nur auf der Westseite eine Ausbildung, die in einer 50-Grad-Flucht bis zum Gipfel reicht. In Kenntnis dieser Verhältnisse und den Entfernungen, in der die Berge sich erheben, sehen wir das Corno als Vormittagsziel und den Crozzon als Mittagsgipfel an.

Der Bergtag am nächsten Morgen könnte nicht vielversprechender beginnen. Die Sonne glänzt in einem wolkenlosen Himmel, über dem niedrigen Felskamm zwischen den Pässen Topette und Folgorida streckt sich die dunkle Felsfront der Brenta; der Firn auf dem Lobbia-Gletscher ist hart gefroren, mühelos, mit Auftrieb vollgeladen, aber leichten Rucksäcken, schlagen wir die Richtung zum gut sichtbaren Passo Cavento ein. Das sind ungefähr 4 Kilometer Gehstrecke, die keine Überraschungen,

TOURISTISCHE ANGABEN

Sechster Tag:
Rifugio Lobbia 3020 m – Corno di Cavento 3402 m – Crozzon di Lares 3354 m – Rifugio Lobbia.

Zeitangaben:
Rifugio Lobbia 3020 m – Passo di Cavento 3195 m (Bivacco Laeng): 2 Stunden; Passo – Corno di Cavento 3402 m: 1 Stunde; Abstieg zum Passo di Cavento – Passo di Lares 3255 m: 1 Stunde; Passo di Lares – Crozzon di Lares 3354 m: ½ Stunde; Abstieg Rifugio Lobbia 3020 m: 2 Stunden.
Gesamtgehzeit: 6½ Stunden.

Besondere Hinweise:
Sehr schöne, unschwierige Stichtour vom Rifugio Lobbia zu zwei markanten Gipfeln im Lareskamm. Das Corno di Cavento sollte man zuerst besteigen, am Morgen noch fester Firn!
Gletscherführe zum Passo di Cavento, zuletzt steil, Randkluft! Unschwieriger Firn- und Felsanstieg ostseitig zum Corno di Cavento. Rückweg zum Passo di Cavento, Übergang auf der Laresseite zum Passo di Lares und von dort über den blockigen Südgrat unschwierig zum Crozzon di Lares. Abstieg zurück zum Passo di Lares und weiter direkt in den Lobbia-Gletscher und zur Hütte.

Hütten:
Rifugio Lobbia 3020 m, siehe Seite 120.

Biwakschachteln:
Bivacco Gualtiero Laeng 3195 m im Passo di Cavento, 6 Schlafplätze, ständig geöffnete Notunterkunft.

Das Bivacco Laeng im Passo di Cavento dient am hohen, weitläufigen Übergang vom Rifugio Lobbia zum Care Alto als Notunterkunft. Die Biwakschachtel wird aber auch auf unserer Tour zum Corno di Cavento und zum Crozzon di Lares berührt.

aber einen steilen Schlußanstieg bescheren. Doch die Steigeisen greifen sicher den beinharten Firn, auf der Paßhöhe beim Bivacco Laeng (3191 m) begrüßt uns wieder die Sonne.

Wir sehen erstmals den dritten, mächtigen Adamello-Gletscher, das Vedretta di Lares. Seine Hochfläche tritt von Osten an den Passo Cavento heran und entwickelt zum nahen Corno Cavento einen Eisschub, der die Gipfelfelsen erreicht. Nichts steht unserem Anstieg im Weg, rasch gewinnen wir auf dem noch nicht durchweichten Firn einen Blockgrat und über einen letzten steileren Eishang den felsigen Gipfelfirst. Spätestens dort wird jeder Bergsteiger, der zum Corno Cavento kommt, an den Ersten Weltkrieg erinnert. Vermoderte Textilreste, Stacheldraht, Granatsplitter, verrostete Konservenbüchsen sind uns schon im Anstieg über die Felsblöcke aufgefallen, aber hier oben, wenige Meter unter dem Gipfel, hängen an der Ostseite und an der ausgesetzten Westseite sogar noch alte hölzerne Unterstände! Julius Payer hat bei seiner zweiten Adamello-Reise am 3. September 1868 das Corno Cavento, 3402 m, als Erster bestiegen. Auch er war von seiner Aussichtswarte, einer der schönsten im Adamello, begeistert, die vor allem den schon nahen Care Alto im besten Licht zeigt. Über die uns zugekehrte Nordflanke führt der Normalanstieg, deutlich können wir die Erfordernisse dieser Tour abschätzen – morgen soll er das große Ziel sein!

Der Vormittag steht voll in seiner Entfaltung, das schattenlose Weiß des Lares-Gletschers blendet die Augen und der Firn beginnt seine Härte zu verlieren. Wir gehen zurück zum Passo Cavento, betreten seine Senke aber nicht mehr, ostseitig des Felskammes streben wir gleich weiter, dem Passo di Lares (3255 m) zu. Die Gletscherverhältnisse sind ausgezeichnet, der viele Frühjahrsschnee bedeckt jetzt im Juli noch sicher die Spalten; gefahrlos steigen wir zum Paß an, der einen breiten, glitzernden Sattel zum Südgrat des Crozzon hin ausbildet. Der Firn ist hier noch fest, genußvoll wandern wir in absoluter Einsamkeit – keinem Menschen sind wir heute begegnet – dem Grat zu. Seinem ersten Absatz weichen wir auf der Lobbiaseite aus und gelangen über noch im Schatten verharrendes, steileres Eis zu einer Lücke. Drahtverhau auf der Ostseite markiert die Einstiegstelle; der feste, blockige Grat schenkt zu unserer Freude ein unschwieriges Klettern über die letzten 50 Höhenmeter.

Obwohl der Crozzon di Lares sich verführerisch im Blickfeld der Lobbia-Hütte erhebt, bleibt sein Gipfel meist einsam. Wir sind am Passo di Lares, streben dem ersten Felsaufbau zu, von dem wir über den blockigen, unschwierigen Ostgrat zum Gipfel des Crozzon kommen.

Der Crozzon di Lares, 3354 m, war schon vor Payer ein trigonometrischer Punkt, der im Zuge einer Vermessung bereits bestiegen wurde; Payer kam am 3. September 1868 um 9.15 Uhr als Zweiter. Es war für ihn ein äußerst erfolgreicher Tag. Wie schon berichtet, bestieg er anschließend das Corno Cavento und folgte sofort noch der Lockung des Care Alto; er betrat um 7 Uhr abends den Gipfel!

Die Mittelstellung im Lareskamm erhebt den Crozzon zu besonderer Bedeutung im östlichen Abschnitt der Adamello-Gruppe. Er ist weithin zu sehen, sein Gipfel gilt unbestritten als Wegweiser zwischen den mächtigen Eisfeldern des Lobbia- und des Lares-Gletschers. Diese Eigenschaft machte ihn im »Großen Krieg« zu einem umkämpften Berg, den schließlich die Alpini für sich eroberten. Österreichs Soldaten behielten die Wacht an den Pässen Folgorida und Topette, ständig bedroht von den höheren Positionen der Alpini auf dem Crozzon di Lares und dem Crozzon di Folgorida. Das Vedretta della Lobbia unter uns war in den Frühjahrstagen 1916 Schauplatz dramatischer Ereignisse. Die Italiener versuchten, vom höheren Lobbia-Paß her mit einer Skiabteilung die Österreicher aus der Stellung zu werfen. In Schußfahrt jagten mehrere Wellen Alpini mit wehenden weißen Mänteln auf die Pässe zu, hinein in das furchtbare Abwehrfeuer der Gebirgsjäger – kein Mann blieb übrig! Der erste und einzige großangelegte Angriff auf Ski in diesem Weltkrieg verblutete auf dem Firn des Lobbia-Gletschers. Tagelang klagten die Verwundeten – niemand holte sie – eine große Stille senkte sich über das Vedretta della Lobbia.

Der Gedanke an diese harte Begebenheit war mir gegenwärtig, als ich in den Felsen des Crozzon herumstöberte und eine Mulde voller Patronen entdeckte. Unfaßbar schien mir diese Front in Fels und Eis! Für die Soldaten damals gab es oft nur Löcher im Eis und wenige armselige Bretter als Dach über dem Kopf. Uns winkt der Schutz des nahen Rifugio Lobbia, es verheißt Wärme und Geborgenheit.

Der Zugang zum Corno di Cavento erfolgt nach der Passage am Bivacco Laeng über den dritten und östlichen großen Adamello-Gletscher, das Vedretta di Lares.
Wir sind fast am Gipfel des Cavento, unter uns glänzt im vollen Morgenlicht das weitgespannte Eisfeld des Gletschers, der Crozzon di Lares erhebt sich nah im Norden, er zeigt seinen Anstiegsgrat (linker Bildrand), in Luftlinie 11 Kilometer von uns entfernt krönt der Silbergipfel der Presanella den Nordhorizont.

Care Alto, 3462 m

Am »Südpol der Ostalpen«

Siebter Tag: Rifugio Lobbia 3020 m – Passo di Cavento 3191 m – Care Alto 3462 m – Sella dei Pozzoni 2830 m – Rifugio Care Alto 2586 m.

Von dem englischen Alpinisten Freshfield, der mit Gefährten im August 1873 die dritte Besteigung des Care Alto ausführte, überliefert die alpine Geschichte: »Vom Care Alto kann der Genius des Winters wie von einem Vorposten hinunterschauen auf das Land, welches er seit der Eiszeit verloren hat, auf die Thäler, durch welche sich seine Flüsse einen Weg bahnten, auf die Hügel, welche sie umflossen; er kann weiter im Dunst der Ferne die Dämme sehen, welche er als Denkmäler der weitesten Ausdehnung seiner Wirksamkeit gesetzt hat, die Endmoränen von Somma und Solferino. Hinter ihm liegt als sein letzter Zufluchtsort die große Granitburg, von deren Höhen seine Macht selbst nicht durch die sommerliche Sonne der Lombardei vertrieben werden kann.« Dieser Ausspruch stammt von einem vielgereisten Mann, der fast alle Alpengegenden gesehen und mit erforscht hat!

Als wir, allen Widerwärtigkeiten zum Trotz, endlich zum Care Alto kamen, konnte ich Freshfield nur zustimmen. Gleich ihm hatten wir am Gipfel ein Wetter, das die südliche Eis- und Felswelt der Ostalpen in seltener Pracht zeigte und das lombardische Vorfeld fast aller seiner Landschaftsgeheimnisse entkleidete. Worte, die das Schau-Erlebnis, das mit überwältigender Macht auf mich einstürmte, schildern könnten, fehlen mir; fast sachlich und nüchtern müßte ich das Sehenswerte rundum aufzählen – eine Beschreibung mehr wie viele andere auch. Nur die übergroße Lockung soll anklingen; vielleicht, lieber Leser, erliegst du ihr und steigst hinauf zum Care Alto. Wie und auf welchem Weg wir zu ihm kamen, will ich gerne erzählen.

Bergsteiger, die vom Val di Genova zu einer größeren Adamello-Tour aufbrechen, versuchen meist vom Rifugio Lobbia aus den Care Alto zu erreichen. Auch unsere »Hohe Route« empfiehlt diesen Zugang, denn das Rifugio ermöglicht einen günstigen Start. Von seinem hohen Standort ist die Wetterentwicklung meist gut abzuschätzen: ein Care-Alto-Tag muß sicher und ohne falsche Versprechung sein!

Ungewiß war die Verheißung, als wir sehr früh zum Passo Cavento aufbrachen und nach zwei Stunden von seiner Warte einen Himmel betrachteten, der deutlich einen ungünstigen Wettergang aufzeigte. Nebel und Wettersturz kann auf der ausgedehnten, welligen Fläche des Lares-Gletschers zum Verhängnis führen, außer dem Rückweg bleibt nur der Abstieg in das Borzago-Tal zum Rifugio Care Alto offen. Dazu braucht man beste Sicht, sonst verbirgt die weiße Öde, in der die wenigen Spuren schnell verwischt sind, fast unauffindbar den Sella dei Pozzoni (2830 m). Nur dieser Sattel hält einen markierten Steig zum Rifugio Care Alto bereit. Wohlüberlegt hat die

TOURISTISCHE ANGABEN

Siebter Tag:
Rifugio Lobbia 3020 m – Care Alto 3462 m – Rifugio Care Alto 2586 m.

Zeitangaben:
Ausgangsort Rifugio Lobbia 3020 m: Rifugio Lobbia – Passo di Cavento 3195 m – Care Alto 3462 m: 5 Stunden.
Ausgangsort Rifugio Care Alto 2586 m: Rifugio Care Alto – Sella dei Pozzoni 2830 m – Care Alto: 4 Stunden.
Abstieg: zum Rifugio Lobbia: 4 Stunden; zum Rifugio Care Alto: 3 Stunden.
Gesamtgehzeit: 7–9 Stunden je nach Routenwahl.

Besondere Hinweise:
Der Care Alto gilt als ein hervorragendes und begehrtes Gipfelziel; deutsche Bergsteiger bevorzugen meist das Rifugio Lobbia als Ausgangsort. Unternimmt man aber eine Einzeltour zum Care Alto, bietet sich das Rifugio Care Alto wegen der wesentlich kürzeren Gletscherstrecke günstiger an. Vom Rifugio Lobbia bis zum Gipfel nur Gletscherroute! Nach dem Passo di Cavento unschwierige, aber

Das Gipfelkreuz am »Südpol der Ostalpen«, auf dem Care Alto, ist Wunsch und erstrebenswertes Ziel der anspruchsvolleren Bergsteiger, die im Adammellogebirge Bergfahrten unternehmen. Verankert am Fels des Hauptgipfels ragt es auf dem südlichsten Dreitausender der Ostalpen und weist einen ungehinderten Blick hinab zur italienischen Tiefebene und über das unendlich erscheinende Gipfelmeer der Ostalpen.

Sektion Brescia dem Cavento-Paß eines der heute im italienischen Alpengebiet allgemein üblichen Bivaccos gegeben und bietet damit auf halbem Weg eine Notunterkunft. Beim »Bivacco Laeng« sitzen wir abwartend eine Weile – ruhmlos, nur mit den schweren Rucksäcken beladen, kehren wir zur Lobbia-Hütte zurück. Auch die nächsten Tage vergönnen uns den Care Alto nicht mehr – wir steigen in das Val di Genova ab.

Als wir wiederkommen, fahren wir an Pinzolo vorbei, folgen dem Haupttal (Valle Rendena) bis Borzago und biegen dort auf schmaler Bergstraße in das abseitige Val Borzago ein. Nach Überwindung der ersten Stufe mündet die Fahrbahn in den nach West gestreckten Talboden; schmales Almgelände zeigt auf engem Raum die Pracht blühender Bergwiesen, die wenigen Häuser dienen der Wirtschaft, und die paar Menschen, die uns grüßen, leben vor ihr. Wildes, ungebändigtes Wasser rauscht über rotbraunen, runden Stein vom Gletschersaum des Care Alto herab, der mit seinem Fels- und Eisgipfel die Talschaft krönt. Die Morgensonne verleiht seiner Urgestein-Ostflanke und dem makellosen Weiß seines Gletscherkleides ein Ansehen, das mich zur Bewunderung anhalten läßt: so überragend habe ich mir diese Berggestalt vom Val Borzago aus nicht vorgestellt!

Bei einem geräumigen Parkplatz im Wald (etwa 1300 m) zeigt uns ein Wegweiser den Anstieg zum Rifugio Care Alto. Bis zum längst der Natur zurückgegebenen Plan der Malga Coèl di Pelugo (1440 m) führt ein uralter Karrenweg; ihn löst ein Steig ab, der die Waldregion endgültig verläßt, in den Strauchgürtel der unteren Alpinstufen eintritt, sie sehr steil im direkten Anstieg schneidet und erst in der Rasenregion ab 2000 m bequemeres Gehen zuläßt. Glatter, von der Vormittagssonne erwärmter Granit lädt uns zum Sitzen ein; zweifach wirkt diese Rast: Zufriedenheit und Ruhe dämpft das allzu lebhafte Gemüt, die urhafte Bergwelt rundum, in der wir uns ganz allein sehen, zwingt uns von außen in ein einfaches Dasein, das keine Wünsche mehr kennt. Einfach und sehr bescheiden präsentiert sich auch das Rifugio, das uns wenig später aufnimmt; es wird von einem jungen, aufmerksamen Hüttenwirt betreut, der sich sichtbar freut, als er uns als einzige Gäste begrüßt. Ein junger Mann leistet ihm Gesellschaft. Beide sind damit beschäftigt, die Hütte zu verschönern, dem vom Wetter ausgelaugten jahrzehntealten Holz der Fensterläden einen freundlichen blauweiß-blauen Anstrich zu geben. In diesen vielversprechenden Farben sehen wir auch den Himmel. Gebauschte weiße Wolkensegel gleiten majestätisch über die im Osten ragende Brenta – im leichten Bergwind flattert die grün-weiß-rote Hüttenfahne.

Um fünf Uhr früh schaue ich aus unserem Kammerfenster nach Osten. Ein klarer Sternenhimmel, in dem die Mondsichel schwimmt, und ein rosiger Streifen über der

zeitraubende Überschreitung des Corno di Cavento und des Monte Folletto (3338 m) möglich. Vom Rifugio Care Alto bezeichneter Steig zum Sella dei Pozzoni, Übertritt in das Vedretta di Lares und zu Pt. 3379 der italienischen Karte, dem Treffpunkt beider Routen. Ab hier sehr steil durch die Gipfelflanke (40–50 Grad) zum Grat und zum Schneegipfel, kurzer Zugang (Fels/Eis) zum felsigen Hauptgipfel.

Hütten:
Rifugio Care Alto 2586 m, siehe Seite 156.

Biwakschachteln:
Bivacco Laeng 3191 m, siehe Seite 147.

Um das Gipfelkreuz am Care Alto zu erreichen, muß die sehr steile Eisflanke aus dem Vedretta di Lares hinauf zum nach Norden vorgeschobenen, schneeigen Vorgipfel gemeistert werden. Steigeisen und Pickel sowie ein Seil und die nötige Sicherheit im steilen Eis sind für diese Tour unbedingt erforderlich.

Brenta möchten einen guten Tag verkünden. Als wir wenig später gehen, verblassen die Sterne, die noch unsichtbare Sonne zeichnet das Schattenprofil der Brenta scharf in den lichten Himmel; voller Auftrieb und optimistisch folgen wir der Wegetafel »Pozzoni«.

Wir schlüpfen durch die Kerbe im nahen Felsgrat und betreten das weite Hochbecken der Alpe Niscli, das nach oben, dem Vedretta di Lares zu, das Val Borzago abschließt. Ein Seitenarm des Lares-Gletschers, das Vedretta di Niscli, hängt eine zerrissene Firnschleppe in das mit einer glatten Granitformation ausgelegte Felsenrund, das der Sasso di Stria (2935 m) als ein vom Care Alto aufgestellter Vorposten bewacht. Auf mich wirkt dieser »Hexensitz« wie eine überdimensionale, gebietende Hand mit mahnend erhobenem Zeigefinger. Im Norden rückt der Gletscherrand zu einem Felskamm auf und markiert am M. Coèl (2872 m) den Sella dei Pozzoni, auch Sella dei Niscli genannt. Diesen Platz erreichen wir nach einer Gehzeit von 1½ Stunden. An einem haushohen, glatt und kantig abgesprengten Block lehnt eine lange Stange, außerdem hilft noch ein Steinmann, diese wichtige Übergangsstelle zu kennzeichnen. Von Nordwesten drückt plötzlich ein kalter, böiger Luftstrom über den Lares-Gletscher und drängt uns in den Windschatten des Felsens. In seinem Schutz legen wir, immer noch zuversichtlich, Steigeisen und Seil an; mit einer Schwenkung nach Südwest betreten wir den Gletscher.

Noch vor einer Stunde glänzten Fels und Firn in den Pastellfarben des frühen Tages, tiefblau spannte sich der Himmel über den Care Alto. Oben am Lares-Eis übersehen wir voll das Wettergeschehen. Stürmisch treibt eine Schlechtwetterfront schwere schwarze Wolkenvorläufer gegen den Lareskamm, draußen im Norden ist die Presanella fast schon besiegt – an unserem Gipfel verwehen die Wolkenfetzen im noch klaren Süden. Wir entdecken eine Dreierseilschaft, die vom Cavento-Paß herüber dem Nordgrat des Care Alto zustrebt. Wenig später steigt sie in die Gipfelflanke ein, hinein in eiskalte, feuchte Wolkenmassen, die auch uns mit Graupelschauern überschütten. Am Höhenmesser zeigt die Nadel 3100 Meter – wir sind von einem Schlechtwettereinbruch überzeugt –, längs unserer Spuren kehren wir eiligst nach Pozzoni zurück und laufen den Steig hinab Richtung Hütte. Plötzlich bleiben wir beide gleichzeitig stehen: ein Sonnenstrahl – der Himmel wird ganz hell! Im sofortigen Einverständnis kehren wir um und beginnen, die vielleicht voreilig verschenkten 600 Höhenmeter wieder aufzuholen. Am Lares-Gletscher begegnen wir der Dreierseilschaft. Die jungen Italiener fragen nach der Care-Alto-Hütte – Sturm und Hagel zwangen sie knapp unter dem Gipfel zur Umkehr!

Nicht mehr ganz so frisch wie Stunden vorher – der weiche Firn erfordert zusätzliche Plage – stapfen wir über die ausgedehnten Gletscherwellen gegen den markanten Ansatz des Nordostgrates (Pt. 3379 d. Karte), vor uns steilt sich die eisige Nordwand mit 40 bis 50 Grad in einen rundum blanken Himmel empor! Der letzte Gratfelsen bleibt zurück; Firn, in einem eleganten Schwung von Sonne und Wind modelliert, zeichnet die Linie zum nach Nord geneigten Schneegipfel des Care Alto. Der höchste Punkt, 3462 m, geschmückt mit einem kleinen, auf schmalem, ausgeapertem Fels verankerten eisernen Kreuz, versteckt sich eine Seillänge zurück nach Süden.

Dem Care Alto möchte ich den Beinamen »Südpol der Ostalpen« geben. Seinen Gipfel eroberten am 8. August 1865 als Erste die Engländer Taylor und Montgomery. An dieser höchsten südlichen Bergspitze der Ostalpen verbündet sich nochmals großes Eis mit unzerstörbarem Granit. Die Elemente formten in seltener Harmonie eine Gipfelgestalt, die zu den schönsten der gesamten Alpen zählt.

Rifugio Care Alto, 2586 m

Das Urbild einer Berghütte

Achter Tag: Rifugio Care Alto 2586 m – Passo d. Altar 2388 m – Val Genova.

Eins, zwei, drei … 50 aus behauenem Granitstein aufgerichtete Treppenstufen zähle ich bei der Rückkehr vom Care Alto hinauf zu dem Grat, der vom Gipfel unseres Berges nach Osten zieht. Die enge Gratscharte, durch die wir schon frühmorgens schlüpften, gibt den Zugang frei zu der künstlich angelegten, aber schon längst bewachsenen, geräumigen Steinterrasse, die das Rifugio Care Alto trägt. Erst spät am Nachmittag kommen wir vom Care Alto zurück, aber noch liegt die Hütte im Licht. Voll leuchtet die Sonne zu dieser Tageszeit die Brenta im Osten aus, doch die malerisch darüber ausgebreitete, bewegungslose Wolkenbank verdeckt mit ihrem Schatten die Einzelheiten.

Zum Hütteneingang herab grüßt der Gipfelaufbau unseres Berges. Auch im Aufblick sehen wir, daß der Care Alto sich vor allem in der Süd-Nord-Richtung ausbildet und damit dem Lareskamm seinen vielbeachteten Schlußpunkt setzt. Deutlich entragen der Berggestalt drei Gipfelhöhen: An der nördlichen erreicht das Vedretta di Lares seinen Höchstpunkt, zu ihm führt über den Gletscher die Normalroute; die mittlere trägt das Gipfelkreuz; von der südlichen fällt der Berg nur zögernd ab, weiterhin bildet er eine starke, vom Fels bestimmte Formation aus. Ein schmaler Gletscher nistet dort oben und entsendet in den Gipfelbereich zwei Eisrinnen, von denen die breitere zwischen dem Süd- und dem Hauptgipfel ausläuft. Diese Rinne öffnet vom Rifugio Care Alto den kürzesten und direkten, aber auch sehr steinschlaggefährdeten Anstieg. Der Ostgrat nimmt am Nordgipfel seinen Ausgang und scheidet als markanter Sperriegel den weiten Raum oberhalb dem Val Borzago in einen nördlichen und einen südlichen Abschnitt. In seinem Schutz und nahe an ihn geschmiegt, aber dem Südraum beigegeben, liegt das Rifugio Care Alto.

Im Jahre 1910 erbaute die »Societa Alpinisti Tridentini« (SAT) das Rifugio, bei Kriegsbeginn besetzte es sofort das österreichische Militär. Nach dem alten Hüttenbaumuster der Trientiner entstand auch dieses Haus als ein quadratischer, zweigeschossiger grauer Steinwürfel, an dem innen und außen die Jahrzehnte seitdem nur wenig änderten; an den Tischen und auf den Hockern im kleinen Gastraum könnten noch die Soldaten von damals sitzen! Nur eine Steinwurfweite entfernt lädt eine spitzgiebelige Kriegskapelle aus Holz mit Glockenturm zu Besinnung und Andacht. Am 22. Juli 1917 weihten Österreichs Gebirgssoldaten die Gedenkstätte:

> »Zum Andenken an die Soldaten, die in diesen Bergen dem Vaterland mit Gut und Blut gedient haben.«

TOURISTISCHE ANGABEN

Achter Tag:
Rifugio Care Alto 2586 m – Val di Genova.

Zeitangaben:
Rifugio Care Alto 2586 m – Passo d. Altar 2388 m – Val di Genova ca. 1000 m: 6 Stunden.

Besondere Hinweise:
Vom Rifugio Care Alto ist über den Passo d. Altar ein markierter Übergang in das Val Seniciaga und weiter in das Val di Genova möglich, wenig begangen. Aus dem Passo d. Altar bietet sich die Besteigung des Monte Altar (2476 m) mit großartigem Rückblick zum Care Alto an.
Der direkte Talabstieg vom Rifugio Care Alto führt in das Val Borzago = Hüttenzugang. Bei ca. 1300 m (Waldparkplatz) beginnt eine Fahrstraße, die durch das Tal hinab nach Borzago in das Haupttal (Valle Rendena) läuft. Gehzeit zum Parkplatz im Abstieg: 2 Stunden, weiter bis Borzago (643 m) ca. 12 km.

Hütten:
Rifugio Care Alto 2586 m, CAI – SAT Trient, 20 Betten und Matratzenlager, bewirtschaftet von Ende Juni bis Ende September.

Der Talzugang zum Rifugio Care Alto führt im Val di Borzago auf einem Sträßchen zu einem Waldparkplatz; dort übernimmt ein schmaler, teilweise sehr steiler Steig entlang wild schäumender Gletscherwasser den Anstieg zur Hütte.

156

1973/74 wurde die Kapelle renoviert und damit weiterhin erhalten. Das lebensgroße Mosaikbild »Maria mit dem Kind« stiftete ein Künstler; von einer nahen Felswand schaut es über eine abgestellte Geschützlafette hinweg zum Rifugio, so, als wollte es ihm durch alle Zeiten ein Schutzpatron sein.

Heute, am Freitag, sind wir noch die einzigen Gäste, aber Carlo, der Hüttenwirt, erwartet zum Wochenende ein volles Haus. Seine Voraussage trifft zu: Als wir am Samstag vormittag in das Val Borzago absteigen, treffen wir zuerst seine junge Frau, die zur Unterstützung ihres Carlo zur Hütte eilt, in der Talsohle begegnen uns reihenweise italienische Bergsteiger, die der Ausrüstung nach alle den Care Alto im Sinn haben. Das Wetter scheint dieses Wochenende zu begünstigen, rundum könnte es nicht besser aussehen! Deutsche Bergsteiger sind noch selten; für 1977 zählten wir im »Libro del Rifugio« etwa 800 Besucher, darunter nur 50 Landsleute. Für alle trägt der Hüttenwirt die laufend erforderliche Verpflegung mit seiner jugendlichen Kraft herauf, aber mit dem Anwachsen der Besucherzahl hofft er auf den baldigen Bau einer Materialseilbahn und anschließender Erneuerung der Hütte. Gerne wären wir noch einen Tag zu Gast im freundlichen Rifugio Care Alto geblieben, aber die Wochenendvorbereitungen haben uns abgeschreckt. Unten im Val Borzago wartet das Auto, wir müssen diesen Abstieg wählen. Den Schluß des Rundbogens unserer großen Adamello-Tour, der im Val di Genova ausläuft, kann ich deshalb nur theoretisch anführen.

Die Abzweigung am Pozzoni-Anstieg hinüber zum Passo d. Altar (o. d. Coel, 2388 m) haben wir erkundet, auch vom Rifugio aus kann man den Paßeinschnitt gut sehen. Über ihn führt ein Wanderweg in das Val Seniciaga und weiter in das Val di Genova. Von dort mit einem der vielen Ausflügler-Autos per Anhalter wieder zurück nach Bedole, dem Ausgangsort unserer »Hohen Route« zu kommen, dürfte kein Problem sein.

Zurück bleibt das südlichste Gletschergebirge der Ostalpen mit seinem großen Reichtum an noch unberührter, einsamer Bergwelt – ein Traumland abseits der Heerstraßen!

Als das Urbild einer Berghütte nach altem Trientiner Baumuster zeigt sich seit vielen Jahrzehnten das Rifugio Care Alto.
Die Lage der Hütte gewährt nach Osten eine ungewöhnliche Aussicht – dort gestaltet die Brenta ein überwältigendes Gebirgspanorama.

Presanella-Gruppe

Eis und Urgestein
über dem Tonale-Pass

TOURISTISCHE ANGABEN

Erster Tag:
Stavel (Baita Velon) 1341 m –
Rifugio Stavel-Denza 2298 m.

Zweiter Tag:
Rifugio Stavel-Denza 2298 m –
Bocchetta di Presanella 3081 m –
Rifugio Segantini 2373 m.

Dritter Tag:
Rifugio Segantini 2373 m – Cima
Presanella 3556 m – Cima di Vermiglio 3458 m – Passo di Cércen
3022 m – Rifugio Mandrone
2449 m.

Vierter Tag:
Rifugio Mandrone 2449 m – Cima
di Presena 3068 m – Passo del Tonale 1883 m.

Gesamtleistung:
Drei Dreitausender, drei Hütten.

Karten, Führer:
Kompaß-Wanderkarte Nr. 71 Adamello-Presanella, 1:50000; Touring Club Italiano Touristenkarte
»Adamello«, 1:50000; Freytag/

Im Umkreis des Adamello bestimmen vor allem die gewaltigen Hochflächen der Glet-
scher das Ansehen des Gebirges. Ihnen entragen die drei in der Einführung zur
Adamello-Gruppe erwähnten, fast horizontalen Längsgrate, die das Gebirge von
West nach Ost aufteilen und mit den Gletschern den Plateaucharakter der Adamello-
Gruppe festhalten.

Im Gegensatz dazu kommt der Presanella-Stock, der sich in den Gesamtverband der
Adamello-Gruppe eingliedert, mit nur einem mächtigen, den Adamello-Kämmen
quergestellten West-Ost-Grat (Presanella-Hauptkamm) aus. Er trennt sich bei der
Punta di Lago Scuro (3160 m) vom Adamello-Hauptkamm; mit der Cima di Presena
(3068 m), der Cima Busazza (3293 m) und dem Monte Cércen (3282 m) setzt er erste
wichtige Höhenkoten, bevor er die Presanella (3556 m) zum höchsten Gipfel der
gesamten Gruppe erhebt. An der Presanella erfährt der Kammverlauf einen Nordost-
knick gegen das Val di Sole, bewahrt aber über die Cima Amola (3277 m) und die
Cima Scarpaco (3254 m) bis zum tiefen Einschnitt des Passo Scarpaco (2617 m) seinen hochalpinen Charakter. Im östlichen Abschnitt sinken die Berge unter die Dreitausenderhöhe, die schroffe Form des Presanella-Massivs erfährt keine Wiederholung, aber viele Seen, unter ihnen die Laghi Cornisello und der Lago Nero, bilden die
Kleinodien dieser Landschaft. Der Nambrone-Stock mit seinem Hauptgipfel, dem
Monte Nambrone (2623 m), schließt die Presanella-Gruppe nach Osten, gegen Madonna di Campiglio zu, vollends ab.

Der Presanella-Stock besteht aus dem gleichen Urgestein, das auch den Adamello
auszeichnet. Junger, außerordentlich verwitterungsbeständiger Granit, auch Tonalit
genannt, baut dem Gebirge hervorragende felsige Gipfelziele. Das Kletterangebot
beschränkt sich aber nicht nur auf den Hauptkamm, auch die stark entwickelten
Seitenäste, vor allem nach Süden, dem Val di Genova zu, locken mit markanten,
plattigen Granitzacken.

Die Vergletscherung tritt im Vergleich zum Adamello stark zurück. Der steile, stufen-
artige Abfall der Seitenkämme verhinderte naturgemäß die Ausbildung stärkerer
Gletscher. Nur im nördlichen Bereich des Presanella-Massivs, dem Val di Sole zu,
hält das Eis dem Urgestein die Waage; im Vedretta di Presanella erreicht die Eislast
noch eine bedeutende, landschaftsbestimmende Mächtigkeit.

Julius Payer gelang mit zwei Fahrten in den Jahren 1864 und 1868 die grundlegende
Erschließung der Adamello-Presanella-Gruppe. Zu seiner Hilfe engagierte er drei
einheimische »Führer«: Girolamo Botteri, den Besitzer der Almen im Val di Genova,
»einen großen, starken Mann mit mächtigen Gliedmaßen und wahren Gemsen-

*Im Anstieg zur Bocchetta di Presa-
nella, die uns den Übergang zum
Rifugio Segantini vermittelt, gehen
wir auf dem weithin jungfräulichen
Firn des Vedretta di Presanella anfangs direkt auf die Nordwand der
Presanella zu – 500 m mißt der Höhenunterschied von der Randkluft
zum Gipfel!*

161

Berndt Wanderkarte Nr. 50 Brenta-
Adamello-Presanella, 1:100000;
Großer Führer Adamello-, Pre-
sanella-, Baitone-Gruppe, von
Heinz v. Lichem.

Ausrüstung:
Hochtourenausrüstung mit Seil,
Pickel und Steigeisen.

Talorte:
Vermiglio 1283 m an der Tonale-
straße.

Schutzhütten:
Rifugio Stavel-Denza 2298 m
Rifugio Segantini 2373 m
Rifugio Mandrone 2449 m
Rifugio Cornisello 2120 m
Rifugio Nambrone 1353 m.

Biwakschachteln:
Bivacco Orobica ca. 3450 m an der
Cima Presanella.

*Diese hochalpine Kulisse aus Fels
und Eis, von der Cima Presanella
(links) zur Cima Vermiglio (rechts),
wirkt ungemein eindrucksvoll hinab nach Norden, in das Val di Sole,
zur Auffahrt nach dem Tonale-Paß.
In ihrem Vorfeld am Rand der Glet-
schermoränen ist das Rifugio Stavel-Denza ein guter Stützpunkt für
Touren im Bergraum der Presanella.*

augen«, von ihm »König« genannt, Giovanni, einen jungen, kräftigen Burschen, und den Almknecht Antonio Bertoldi, »von mir seiner enormen Stärke, seiner vorwelt-lichen Figur, seines struppigen Haares und seiner geistigen Primitivität wegen orso (Bär) genannt«. Vom Vall' di Genova aus, das in einer tiefen West-Ost-Kluft den Pre-sanella-Stock vom Adamello trennt, stieg Payer mit seinen Begleitern zur Presanella empor. Dort blieb im Schlußanstieg der »Bär« zurück, wenn er auch meinte: »O, ich habe keine Furcht, es liegt nichts daran, ob ich heute oder morgen tot bin.«

Unternahm Julius Payer seine Anstiege zur Presanella-Gruppe aus dem Val di Ge-nova, so registriert die alpine Erschließungsgeschichte schon frühere Versuche aus dem nördlichen Val di Sole, dem damaligen österreichischen Sulzberg. Anton von Ruthner versuchte im Jahre 1862 einen Anstieg zur Cima di Vermiglio (3458 m), der westlichen Spitze im Presanella-Massiv; damals sah man in ihr den höchsten Gipfel. Der Versuch kam zwar nur bis zum Passo di Cércen (3022 m), aber er blieb dadurch denkwürdig, daß er den ersten Schritt zur Erschließung der Presanella-Gruppe dar-stellt.

Das Rifugio Denza und das Rifugio Segantini lenken das touristische Schwergewicht in der Presanella-Gruppe. Mein Bestreben gilt dem Augenmerk, keine der wichtigen Hütten einer Gruppe auszulassen, sondern diese Stützpunkte sinnvoll und auf inter-essanten, möglichst hohen Routen miteinander zu verbinden – ich sah aus dem Val di Sole einen vorteilhaften Start unserer Presanella-Tour. Wir folgen dem Fingerzeig von Ruthner, dringen von Vermiglio, von Norden, in das Gebirge ein und eröffnen mit dem Anstieg zum Rifugio Denza die Tourentage.

Die Denza-Hütte bietet eine Normalroute und die Nordanstiege zur Presanella und den hochalpinen, einsamen Übergang zum Rifugio Segantini – entlang der Nordfront der Presanella! Die große Längsüberschreitung Rifugio Segantini–Presanella– Passo di Cércen–Rifugio Mandrone, bringt anderntags die absolute Steigerung; mehr kann die Presanella dem Normalbergsteiger nicht bieten! Lago Scuro und Cima Presena (3068 m) vervollständigen unsere Presanella-Reise, bevor uns die Fahrt vom Tonale-Paß hinunter zu unserem Ausgangsort Baita Velon auf vier Tourentage in der Pres-anella-Gruppe zurückschauen läßt. Sie zeigten uns dieses südliche Urgesteinsge-birge in großen, ungeahnten Bildern, aber auch die kleinen, verborgenen Reichtümer einer weithin noch unberührten Bergnatur.

Rifugio Stavel-Denza, 2298 m

Im nördlichen Vorfeld der Presanella

Erster Tag: Stavel (Baita Velon) 1341 m – Rifugio Stavel-Denza 2298 m.

Bei der Auffahrt zum Tonale-Paß fasziniert die Nordkulisse der Cima Presanella: Mit der Cima di Vermiglio, dem westlichen Vorgipfel, zeigt sie das schönste Bergbild, das die Paßstraße bieten kann. Die Gipfelfallinie der Cima Vermiglio weist zum Rifugio Denza, ein gutes Auge erkennt die Hütte unter dem Moränenwall des Vedretta d. Presanella. An der Abzweigung Stavel verlassen wir die Tonale-Straße und vertrauen dem geräumigen Parkplatz bei der Baita Velon für unbestimmte Tage unser Auto an.

Der Besitz des Tonale-Passes war im »Großen Krieg« für Österreich wie Italien gleich wichtig. Dem italienischen Eindringen aus der Lombardei in das Val di Sole (Sulzbergtal) standen östlich des Passes österreichische Sperrforts entgegen. Die Kriegsfestung »ex Forte Pozzi Alti« (1880 m) gehörte zu diesem Verteidigungsriegel. Das schmale, leider aufgelassene Sträßchen von Stavel hinauf zur Festung dient heute dem Zugang zum Rifugio Denza. Das etwas versteckte Fort zeigt die Wegehalbzeit an, uns ist es ein willkommener Rastplatz mit großartiger Aussicht zum Tonale-Paß. Den zweiten Wegeabschnitt zum Rifugio Denza eröffnet der dunkle Tunnel einer gekrümmten Galleria. Als wir 1 1/2 Stunden später das Rifugio Denza betreten, sitzen zwei Bergsteiger neben einigen Tagesgästen beim »vino« – nur ungenügend füllen wir mit ihnen den hohen, geräumigen Gastraum. Das Haus mit seiner ansprechenden, hauptsächlich aus Stein errichteten modernen Bauweise gefällt uns; auch für dieses Rifugio erklärt sich mit Stempel die »Societa Alpinisti Tridentini« verantwortlich. Mehrmals, zuletzt 1972 entscheidend vergrößert, dient es jetzt als ausgezeichneter Stützpunkt für Touren im Nordbereich der Presanella, dem Übergang zum Rifugio Segantini, einer Tour zum Monte Cércen und dem weiten Weg über den Passo Cércen in das Val di Genova oder zum Rifugio Mandron.

Der Name »Presanella« klingt ungemein werbend im Ostalpenraum. Noch erreicht ihr Ruf weniger den Normalbergsteiger als den Eisgeher, der höchsten Reiz in steilen Eisflanken sucht; er braucht das Rifugio Denza als Ausgangsort für seine Tour. Kurz nach unserer Ankunft kommt eine deutsche Dreiergruppe von der Presanella zurück, voll Freude feiern die jungen Leute sogleich ihren geglückten Nordwand-Durchstieg. Den Hüttenwirt sehen wir erst später; mit schwerer, zu schwerer Last betritt er das Rifugio; die Hubschrauber-Versorgung muß wegen der hohen Kosten genau überlegt sein, Tragtiere sind auch im italienischen Alpenraum eine Ausnahme.

TOURISTISCHE ANGABEN

Erster Tag:
Stavel (Baita Velon) 1341 m – Rifugio Stavel-Denza 2298 m.

Zeitangaben:
Baita Velon 1341 m – ex Forti Pozzi Alti 1880 m: 1 1/2 Stunden; ex Forti Pozzi Alti – Rifugio Stavel-Denza 2298 m: 1 1/2 Stunden. Gesamtgehzeit: 3 Stunden.

Besondere Hinweise:
Der geräumige Parkplatz an der Baita Velon eignet sich gut als Autostandort für mehrere Tage. Von ihm führt ein Waldweg zu dem Bergsträßchen (nicht befahrbar!), das hinauf zum »ex Forti Pozzi Alti« führt und gleichzeitig dem Zugang zum Rifugio Denza dient. Wenige hundert Meter vor der alten Festung bezeichnete Abzweigung, guter markierter Steig, am Anfang »Galleria« = Stollen. Abstecher zum Fort lohnend, schöner Blick in das Val di Sole, zur Tonalestraße und zum Paß.

Hütten:
Rifugio Stavel-Denza 2298 m, CAI – SAT Trient, 64 Betten und Matratzenlager, bewirtschaftet von Mitte Juni bis Ende September.

Das erste Tourenziel, das die Denza-Hütte anbietet, ist der Normalanstieg über den Passo Cèrcen zur Presanella.
Diese Bergsteigergruppe befindet sich schon über dem Paßeinschnitt und steigt dem Eissattel des Sella di Freshfield zu. Über dem Paß erhebt sich der Monte Cèrcen, links anschließend die Cima Busazza.

164

Bocchetta di Presanella, 3081 m -
Rifugio Segantini, 2373 m

Im Banne der Presanella-Nordwand

Zweiter Tag: Rifugio Stavel-Denza 2298 m – Bocchetta Presanella 3081 m –
Rifugio Segantini 2373 m.

Gesprengter, blockierter Granit und glatter, altersgrüner Stein prägen die nahe Umgebung der Denza-Hütte. In Fugen, auf Absätze und in Senken streute die Natur in Jahrtausenden eine dünne Humusschicht; Gräser, Kräuter und Blumen verleihen der Urgesteinslandschaft einen Hauch freundlichen, farbigen Lebens. Nur wenig höher verblaßt dieser Schimmer, die Randmoräne des Presanella-Gletschers zeigt von weitem nur einen grauen, ungeordneten Steinwall. Am glattgeschabten, kompakten innenseitigen Moränenrand beginnt das Eis; in harmonischem Wechsel von Höhe und Senke steigt es zu den Felsfundamenten der Cima Presanella und der Cima Vermiglio an.

An der Presanella gelingt dem Eis ein gewaltiger, zweigeteilter Schub: der östliche bildet die Nordwand, das Wahrzeichen des Berges! Ein schmaler Felsgrat faßt die Eisflanke nach Nordost zu ein und gibt dem Berg aus unserer Sicht den linksseitigen Rahmen, der mit einem letzten Gratköpfl an der Bocchetta di Presanella ausläuft. Die Scharte trennt in einer einzigartigen Position unseren Gipfel von der nach Nordost orientierten Cima d'Amola. Im Sandkastenspiel der Planung entdeckte ich die Bocchetta di Presanella als hochalpinen und lohnenden Übergang vom Rifugio Denza zum Rifugio Segantini; wir beginnen damit unsere Presanella-Touren.

Nicht ganz so früh wie Nordwandbezwinger, erst bei Tageslicht folgen wir dem Steig zur Moränenkrone. Steindauben zeigen den Weiterweg zum Passo di Cércen (3022 m) und zugleich die Normalroute zur Presanella. Irgendwann, in der Nähe eines mit Liebe gebauten, übergroßen Steinmannes, etwa bei einer Höhe von 2550 m, erscheint der Übertritt zum Gletscher günstig; kaum merklich kratzt das Sohlenprofil unserer Bergschuhe auf dem festen, harten Firn im flachen Zehrbecken des Gletschers. Dunkle Regenrinnen zeichnen die weiße Oberfläche und legen ein harmonisches, zur Tiefe fließendes und sich vereinigendes Muster aus. Wir folgen den Spuren der Nordwandgeher von gestern hinauf in die Bruchzone des Eises. Dort schwenkt ihre Trasse nach rechts, wir leiten in einem Linksbogen den Zugang zur Bocchetta ein. Vorsichtig sondieren wir mit dem Pickel Risse und Spalten, erst das Hochbecken schließt den Gletscher wieder und drängt die Gefahr zurück. Zielstrebig ziehen wir eine Gerade zur Randkluft unter der Scharte. Ein fester Schneekegel staute sich dort zu einer Brücke, eine Steininsel unterteilt als Fixpunkt das etwa achtzig Meter hohe, steile Eis, das unserem Erfolg noch im Wege steht. »Siegessicher« drücken wir die Frontzacken der Steigeisen in die Schlußflanke, wenig später rasten wir bei den ausgeaperten Granitblöcken der Schartenhöhe.

TOURISTISCHE ANGABEN

Zweiter Tag:
Rifugio Stavel-Denza 2298 m –
Bocchetta di Presanella 3081 m –
Rifugio Segantini 2373 m.

Zeitangaben:
Rifugio Stavel-Denza 2298 m –
Bocchetta di Presanella 3081 m:
3 Stunden; Bocchetta di Presanella
– Rifugio Segantini 2373 m:
2 Stunden.
Gesamtgehzeit: 5 Stunden.

Besondere Hinweise:
Dieser direkte, hochalpine Übergang zum Rifugio Segantini wird wenig begangen. Für gletschererfahrene Bergsteiger stellt er eine ausgezeichnete und schnelle Verbindung zwischen den Haupthütten der Presanella-Gruppe dar. Ab Rifugio Denza markierter Steig zur Randmoräne und weiter zum Passo Cércen (3022 m) = Normalroute zur Presanella (5 Stunden). Abzweigung auf der Moräne (ca. 2550 m, Steinmänner) zum Presanella-Gletscher und je nach Spaltenformation gegen die Nordwand der Presanella (evtl. Trasse der Nordwandgeher). Aus dem oberen Gletscherbecken direkter Anstieg zur Bocchetta di Presanella, Achtung Randkluft! Ab Randkluft noch 80 m steiler Anstieg. Von der Bocchetta ostseitig hinab zum Amola-Gletscher, mäßig steil, wenig Spalten. Richtung nach rechts zur Randmoräne des Gletschers halten, dort Steig (Steinmänner) zum Rifugio Segantini.

Einsam und ohne Spur, so wird sich meist der Anstieg über den Presanella-Gletscher hinauf zur Bocchetta di Presanella zeigen. Die Gefahr eines Spaltensturzes auf dem zerrissenen Gletscher darf nicht unterschätzt werden; vertraut sein mit der Bergnatur und die ruhige Gelassenheit des erfahrenen, geübten Bergsteigers sind Voraussetzungen für Touren in dieser Abgeschiedenheit.

Die Bocchetta di Presanella, 3081 m, ist ein exzellenter Platz im Zuge des Presanella-Hauptkammes. Wir unterliegen ganz dem Banne der Presanella-Nordwand: jäh steilt ihre Flanke in einen blauen Himmel, zierlich formt 500 m höher eine glitzernde Wächte ein kleines Dach. Tiefe Runsen furchen in Fallinie das heute einsame Eisschild – wir sind so nah, daß wir die Stapfen der Dreierseilschaft von gestern zählen könnten! Den ersten klassischen Nordanstieg der Presanella eröffneten auf einer zum Gipfel ziehenden Felsrippe neben der Eisflanke im Jahre 1908 die Österreicher Gustav Jahn und Viktor Sohm. Erst 1947 verzeichnet die Chronik die gelungene Durchsteigung auf einer reinen Eisroute durch die Italiener Maffei und Geschini. Von unserer einsamen Scharte möchten wir uns nicht so schnell trennen. Wir studieren den blockigen, aperen Grat, der zur Cima d'Amola (3277 m) aufschwingt, können aber seine verborgenen Schwierigkeiten nicht beurteilen. Ostseitig der Bocchetta di Presanella fällt das Gelände mäßig steil zum geschlossenen Hochbecken des Vedretta d'Amola ab; auf dem Gletscher erfolgt der übersichtliche Abstieg, rasch eilende Wasser weisen die Richtung zu unserem Tagesziel, dem Rifugio Segantini (2373 m).

Nach dem theoretischen Studium der Presanella-Gruppe erwarten wir ein bescheidenes, altes Rifugio, das sich nur noch mit Mühe in unserer Zeit behauptet. Dem kleinen, quadratischen Steinkasten der um 1900 erbauten ersten Segantini-Hütte hat aber zu unserer Überraschung die Trientiner Alpinistenvereinigung SAT ein neues, größeres Rifugio zur Seite gestellt. In dem »nagelneuen« Haus (Juli 1977) begrüßt uns der Hüttenwirt als erste Übernachtungsgäste! Wasser und Licht haben die Funktionsprobe noch nicht bestanden, Decken und Matratzen stecken noch in ihrer Verpackung, der offene Kamin im Gastraum brennt mit Bauholz; aber die »cucina« arbeitet, Wein ist vorhanden, und die Bewirtschafter bemühen sich freundlich um uns.

Norbert Gatti rühmt in seinem Presanella-Führer die Lage der Segantini-Hütte hoch im Val d'Amola, an der Ostseite des Presanella-Massivs. Eine Lage, die besonders am späten Nachmittag ihre Reize voll entfaltet: die Brenta-Hauptkette von der Cima di Brenta bis zur Cima Tosa gibt im vollen, warmen Abendlicht ein Schauspiel vollendeter Bergschönheit.

Talzugang zum Rifugio Segantini: Aus dem Haupttal (Valle di Campiglio) gute Fahrstraße in das Val Nambrone (Rifugio Nambrone 1353 m) und weiter zum Rifugio Cornisello (2120 m), Parkplatz und über den Lago Nero markierter, aussichtsreicher Zugang zum Rifugio Segantini; ab Rifugio Cornisello 2 Stunden. Oder: Einige Kilometer vor dem Rifugio Cornisello, bei einer Straßengabelung (Anschrift Rifugio Segantini) direkter Anstieg, 1½ Stunden, Steig, markiert.

Hütten:
Rifugio Segantini (Amola) 2373 m, CAI – SAT Trient, 38 Betten und Matratzenlager, bewirtschaftet von Mitte Juni bis Ende September.
Rifugio Cornisello 2120 m, privat, 45 Betten, bewirtschaftet von Anfang Juni bis Anfang Oktober.
Rifugio Nambrone 1353 m, privat, 14 Betten, bewirtschaftet von Anfang Mai bis Mitte Oktober.

Die Berggestalten der Adamello-Presanella-Gruppe bestehen aus hartem, fast unzerstörbarem Granitgestein, dem Tonalit, nach dem auch der Tonale-Paß seine Benennung erfuhr.
Die Bocca di Monte Nero, die von der Segantini-Hütte auf dem Anstieg zur Presanella überschritten wird, bewacht dieser markante Granit-Obelisk.

Presanella, 3556m

Die Überschreitung von Ost nach West

TOURISTISCHE ANGABEN

Dritter Tag:
Rifugio Segantini 2373 m – Cima
Presanella 3556 m – Cima di Vermiglio 3458 m – Passo di Cércen
3022 m – Rifugio Mandrone
2449 m.

Zeitangaben:
Rifugio Segantini 2373 m – Bocchetta di Monte Nero 3078 m:
2½ Stunden; Bocchetta di Monte
Nero – Presanella 3556 m: 2 Stunden; Presanella – Cima di Vermiglio 3458 m – Passo di Cércen
3022 m: 2 Stunden; Passo di Cércen – Rifugio Mandrone 2449 m:
5 Stunden.
Gesamtgehzeit: 11½ Stunden.

Besondere Hinweise:
Die Ost-West-Überschreitung der
Presanella ist nicht schwierig, aber
sie gilt als ein hochalpines Unternehmen und ist mit Fortsetzung
der Tour zum Rifugio Mandrone
anspruchsvoll an Kondition und
Ausdauer.
Ab Rifugio Segantini unschwierige
Gletscherroute über die Bocchetta
di Monte Nero zur Presanella Bassa (Pt. 3368 m ital. Karte); dort mäßig schwierige, kurze, ausgesetzte
Felspassage zum Bivacco Orobica
(ca. 3450 m), bei Neuschnee und
Vereisung schwierig, nur links auf

Dritter Tag: Rifugio Segantini 2373 m – Bocchetta di M. Nero 3078 m –
Bivacco Orobica – Cima Presanella 3556 m – Cima di Vermiglio
3458 m – Sella di Freshfield 3375 m – Passo di Cércen 3022 m –
Rifugio Mandrone 2449 m.

Die Gletscherwasser des Vedretta d'Amola, in denen wir uns am Vortag nasse Füße
holten, rinnen zu früher Stunde harmlos murmelnd talwärts. Im Osten erwacht die
Tagesdämmerung und befreit die Silhouette der Brenta, das Vedretta d'Amola erwartet in Kürze das erste Licht, das im Augenblick den Gipfel unseres Berges weckt. Die
Presanella zeigt sich gegen das Val d'Amola als massiver Felsgipfel, nur die Grate
und Vorsprünge mit Schnee verbrämt. Im Vordergrund setzt der dunkle Felsobelisk
des Monte Nero (3248 m) mit seiner auffallenden Gestalt ein markantes Wegezeichen; er wird als schwieriger, allseits von glatten Plattenschüssen gepanzerter Klet-
terberg eingestuft. Für alle vom Rifugio Segantini zur Presanella orientierten Bergsteiger steht der Monte Nero als riesenhafter Steinmann am Weg; nach ihm richtet
sich der Anstieg auf einem Seitenfirn des Amola-Gletschers zur ersten Station, zur
Bocchetta di M. Nero (3078 m).

Zügig, doch ohne Hast – der Morgen verspricht nur Gutes – wandern wir auf dem
Rücken der Amola-Moräne aufwärts. Ein fest ausgetretenes Steiglein läuft bei einem
kleinen Steinmann (etwa 2650 m) aus. Der letzte dieser steinernen Brüder bewacht
eine Felsinsel 150 m höher, von ihm queren wir in gleichmäßigem Schritt das Hang-
becken des Vedretta d'Amola; nach zwei Stunden Gehzeit legen wir auf den schon
warmen Granitblöcken der Bocchetta di M. Nero die Rucksäcke ab. Zwei senkrechte
Plattentürme rahmen die Scharte ein. Weit im Südosten blinkt gleich einem silbernen
Horizont, in Luftlinie etwa 10 Kilometer entfernt, die zu uns geneigte, riesige Schnee-
schüsssel des Vedretta di Lares, sie hebt an ihrem äußersten Rand den südlichsten
Gletscherberg der Ostalpen, den Care Alto, in einen strahlend blauen Südland-
himmel.

*Die Tour vom Rifugio Segantini zur
Presanella berührt am Beginn des
Schlußanstieges das Steinhäus-
chen des Bivacco Orobica.
Von dort kann der Gipfelhang gut
eingesehen werden – Schwierigkeiten sind bei normalen Eisver-
hältnissen nicht mehr zu
befürchten.*

Unsere Presanella lockt mit einer Fels- und Firnkuppe aus Nordwesten; sie hält die
höchste Position über dem Val di Nardis, in das wir in Weiterverfolgung unserer
Route von der Bocchetta aus übertreten müssen. Dies gelingt ohne Schwierigkeiten.
Bequem queren wir zu einem Ableger des Nardis-Gletschers und steigen zuletzt steil
der Schneekuppe zu. Dieses kleine Gletscherplateau taufte Julius Payer, der am
17. September 1864 aus dem Val Nardis zur Presanella anstieg, »Monte Bianco« (ital.
Karte: Presanella Bassa, 3368 m). Dort werden wir von beidseitigen Felsabbrüchen,
die einen scharfen Grat ausbilden, gestoppt. Diese heikle, sehr schmale Verbindung
umgehen wir auf der von der Sonne verwöhnten Nardis-Seite. Über trockenen und

gut gestuften Fels klettern wir eine halbe Seillänge abwärts, bis ein Band den Wiederanstieg zum Bivacco Orobica einleitet.

Die kleine, feste Steinhütte (etwa 3450 m) ist bei unserer Ankunft im Juli noch über die Hälfte eingeschneit – fast in Griffweite darüber glänzt die firngeschmückte Presanella. Schritt für Schritt helfen uns die Steigeisen über das festgefrorene Eis des Gipfelhanges; wir halten erst am höchsten Punkt des Berges, an seinem einfachen hölzernen Kreuz.

Julius Payer kam auf dem gleichen Weg, während eines heftigen Höhensturms nachmittags 3.15 Uhr zum Gipfel. Lassen wir ihn erzählen: »Gleich beim Anlangen erregte ein Steinmann am westlichen Gipfelende meinen Verdacht; eilig hintretend, fand ich darin eine unversiegelte Wasserflasche mit zwei Visitenkarten: Mr. Melvill Beachcroft, Mr. J. D. Walker with Freshfield. Thursday, August 25., 1864. Zu meiner Betrübnis erfuhr ich also, daß die Spitze schon erstiegen war.« Payer hat die großartige und sehr ausgedehnte Sicht vom Gipfel beschrieben. Er bemerkt: »Ist die Aussicht vom Adamello der günstigeren Lage wegen umfassender, so besitzt die Presanella den Vorzug, daß man die herrliche Gruppe des ersteren nirgends besser über- und einsehen kann.«

Mit uns weilt niemand am Gipfel der Cima Presanella, die als Königin der Adamello-Presanella-Gruppe gelten darf: in dem Dreieck Presanella, 3556 m–Adamello, 3554 m – Care Alto, 3462 m ist sie der höchste Punkt! Die stille, trockene Luft schenkt uns eine Fernsicht ohnegleichen, Zeit und Raum scheinen mir grenzenlos zu sein. Ich kann nicht glauben, daß ich wenig später meine Erdenschwere wieder tragen soll, genau wie die zwei winzigen Menschen weit unten auf der Moräne des Presanella-Gletschers, die hinab zum sichtbaren Rifugio Denza wandern.

Die nächsten wichtigen Stationen bezeichnet die Karte mit Sella di Freshfield und Passo Cércen. Wir verlassen den Gipfel über einen ausgeaperten Felsabsatz nach Westen und folgen auf dem Hochfirn des Nardis-Gletschers einer Trasse, die in einem Bogen zum auffallenden Freshfield-Sattel zieht, uns aber vorher eine Abzweigung zu den schwach ausgeprägten Gipfelfelsen der Cima di Vermiglio anbietet. Der Presanella-Hauptkamm gliedert in seiner Westausdehnung die Cima di Vermiglio (3458 m) mit ein, fällt zur Firnsenke des Sella di Freshfield (3375 m) nur wenig ab und gestaltet mit der Gletscherhaube des M. Gabbiol (3465 m) nochmals eine bemerkenswerte Höhenkote, bevor er mit dem Passo d. Cércen (3022 m) ein weit offenes Tor zuläßt. Der Monte Gabbiol schaut verführerisch zu uns herüber, auch der Monte Cércen (3282 m) im Westen seines Passes verspricht einen lohnenden, unschwieri-

der Nardis-Seite queren! Ab Bivacco unschwieriger Eisanstieg zur Presanella; ab Gipfel Gletscherroute (meist Trasse) zum Sella di Freshfield, hier Abstecher zur Cima Vermiglio. Abstieg zum Passo di Cércen unschwierig, aber Spalten und Randkluft (= Normalanstieg Rifugio Denza-Presanella; ab Cércen-Paß 2 Std. zum Rifugio Denza). Vom Cércen-Paß weglos, steil, aber unschwierig über ein Ewig-Schnee-Feld hinab in das Val Cércen (Steinmänner, rechts halten!) bis zur Wegeteilung Bedole–Mandrone, große rote Schrift an einem markanten Felsklotz, ca. 2250 m. Ab hier markierter Steig, Wegeverlauf in Höhe ca. 2100–2300 m zur Einmündung in den Hauptweg Bedole–Rifugio Mandrone.

Hütten:
Rifugio Mandrone 2449 m, CAI-SAT Trient, 90 Betten und Matratzenlager, bewirtschaftet von Ende Juni bis Ende September.

Biwakschachteln:
Bivacco Orobica ca. 3450 m, 6 Schlafplätze, ständig geöffnete Notunterkunft.

Eine Schwierigkeit im Anstieg Segantini-Hütte – Presanella kann diese Felspassage kurz vor dem Bivacco Orobica bereiten, wenn Schnee und Eis sie erschweren. Die südseitige Lage aber begünstigt ein schnelles Ausapern, für einen geübten Bergsteiger bedeutet der nur mäßig schwierige Fels eine pikante Einlage.

gen Besuch, aber wir dürfen uns keinen Gipfel mehr zumuten. Vor uns liegt der weite, landschaftlich einmalige Übergang zum Rifugio Mandrone, den ich als einen der großartigsten Wege im Ostalpenraum in Erinnerung habe.

Sicher meistern wir den mächtigen, von zwei Spaltenzonen aufgerissenen Eishang hinab zum Cércen-Paß und betrachten dort das respektable Bergab nach Süden in das Val di Cércen. Für uns leitet jungfräulicher, weicher Firn den sehr steilen Abstieg ein. Bei einem einsamen, im Schnee liegenden großen Block läßt die Neigung nach, als günstige Route finden wir eine Geröll- und Firnrinne zu einer hohen, schmalen Felsrippe (etwa 2600 m), die das Hochtal teilt. Rechts der Rippe äsen zwei starke Gamsrudel, ihrem Fingerzeig vertrauen wir; kurz darauf bestätigt uns ein erster Steinmann die richtige Wegewahl. In engen Kehren beginnen Steigspuren hinab zu einem Bachbett. Von rechts drüben beruhigt uns der nächste Steinmann (etwa 2370 m), die weitere Richtung zu einem flachen, auffallenden Felsklotz inmitten von sattem Almgrün (etwa 2250 m) ist nicht mehr zu verfehlen. Eine große rote Schrift auf haushoher glatter Wandseite: »Bedole – Rif. Mandrone« beseitigt alle Zweifel. Ein Pfeil weist den Steig zum Mandron-Haus: er beginnt nach rechts, hangaufwärts.

Sehr ausgesetzt schneidet unser Pfad gleich zu Anfang in üppiger Vegetation prangendes Felsgelände. In seinem Verlauf bis zur Einmündung des Talzuganges von Bedole herauf zeigt er einen alpinen Zaubergarten, den wohl nur südliches Urgesteinsgebirge in solch reicher Fülle bewahren kann. Alle geologischen und klimatischen Vorteile sind auf der Seite dieses echten Naturlehrpfades: die Hangneigung nach Süden, der Windschutz von Nord und West durch den Presanella-Hauptkamm und die kaum versiegende, von hohen Schneefeldern gespeiste Feuchtigkeit, dem das geschlossene Urgestein kein Versickern in das Erdinnere erlaubt. Gesträuch, seltene Blumen, Lärchen und Zirben, das Krüppelholz und die Gräser sind die nahen, lebendigen Wunder, die Weite nach Süden hinweg über das Val di Genova zu den Gletschern und Gipfeln der Adamello-Gruppe bilden dazu den fast arktisch anmutenden Gegenpol.

Als wir nach Stunden auf dem Allerweltsweg Bedole–Rifugio Mandrone noch 200 Höhenmeter zu unserem Tagesziel ansteigen, lassen wir eine großartige Urlandschaft voller Einsamkeit zurück.

Im Zuge des Presanella-Hauptkammes erhebt sich die Cima Busazza östlich der Cima Presena. Vom Gipfel der Presena bewundern wir diesen Nachbarberg, weiter zurück grüßen die Cima Vermiglio und die Presanella.

Lago Scuro, 2661m -
Cima di Presena, 3068m

Aussichtsbalkon in das Reich des Adamello

Vierter Tag: Rifugio Mandrone 2449 m – Lago Scuro 2661 m – Passo di Presena 2999 m – Cima di Presena 3068 m – Passo d. Paradiso 2573 m – Passo del Tonale 1883 m.

Im Schlußanstieg zum Mandron-Haus zieht der weithin sichtbare, verlassene Steinwürfel einer Baulichkeit aus dem Ersten Weltkrieg den Blick auf sich – er verspricht das ersehnte Rifugio. Mit neuem Schwung gelangen wir zur vorletzten Station, zur Hüttenkapelle; jetzt erst stellt sich das Rifugio Mandrone vor: 200 m weiter verheißt es das Ende der Anstiegmühe. Wir sind glücklich, so nahe am Ziel zu sein, gehen aber nicht sofort auf das Haus zu – noch einmal wenden wir uns zurück.

Zu unserer Ankunftszeit am späten Nachmittag ist dieser Blick besonders reizvoll. Die Gletscherflanken der Cima Vermiglio und des Monte Gabbiol glänzen im vollen westlichen Licht, vom Sella di Freshfield und von der Gipfelkuppe des Gabbiol wallt das Eis herab zum Cércen-Paß. Von ihm steigt die Berglinie nach Westen zum Monte Cércen an, die Längsgrate, die gegen Bedole abfallen, staffeln konturenhaft diesen weiten, grandiosen Raum südlich des Presanella-Hauptkammes. Sie geben ihm die entlegenen Hochkare, an deren unterem Rand wir uns am Vegetationsreichtum unseres »Naturlehrpfades« im Übergang hierher zum Mandron-Haus erfreuten.

Unsere Presanella-Route: Rifugio Segantini–Presanella–Passo Cércen–Rifugio Mandrone, berührt auf der Mandron-Alpe den Bogen unserer großen Adamello-Tour. Wieder rasten wir im Angesicht des Mandrone- und des Lobbia-Gletschers, dürfen uns aber jetzt auf den Anstieg zur Cima di Presena und die überwältigenden Landschaftsbilder im Süden, im Reiche des Adamello, freuen. Sie vor allem geben dem Schluß unserer Presanella-Tage die besondere Note.

Der letzte Tag beginnt für uns mit einer Frische, die von den nahen Gletschern stammt, und mit Bergwind, der noch Nachtkühle aus Dreitausenderhöhen zu den Laghi di Mandrone fächelt. Die Sonne teilt unser Rifugio in ein Licht- und Schattenhaus; zur Schattenseite sehen wir zurück, als wir einen bezeichneten Steig betreten und von seinen Windungen geleitet hinauf zum Lago Scuro wandern. Nach einer Steilstufe zieht der schmale Pfad in einer Felsmulde eben weiter, richtet sich nach der Weisung »Passo Maroccaro« – verrät aber nichts von seinem Kleinod, dem Lago Scuro (2661 m); nur eine Minute entfernt ruht dieser zauberhafte See hinter glattem Granitgehügel. Ein vor Urzeiten in den Fels gesprengter, länglicher Trog nimmt die Wasser auf und läßt ihnen nach Süden nur bei Überfülle einen Abfluß. Eine dünne Eisschicht am Südrand blitzt in der Morgensonne, leicht verwundbar verharrt der Spiegel des Sees noch in den Fesseln des Nachtfrostes.

TOURISTISCHE ANGABEN

Vierter Tag:
Rifugio Mandrone 2449 m – Cima di Presena 3068 m – Passo del Tonale 1883 m.

Zeitangaben:
Rifugio Mandrone 2449 m – Passo Presena 2999 m – Cima Presena 3068 m: 2½ Stunden; Cima Presena – Passo Paradiso 2573 m (Seilbahnstation zum Passo del Tonale): 1½ Stunden. (Zu Fuß zum Passo del Tonale: 1½ Stunden.) Gesamtgehzeit: 4 Stunden.

Besondere Hinweise:
Der unschwierige, sehr lohnende Übergang vom Rifugio Mandrone zum Tonale-Paß rundet das Bild der Adamello-Presanella-Gruppe großartig ab!
Am Lago Scuro stehen zwei Pässe zum Übertritt auf das Vedretta Presena zur Wahl: die Hauptroute führt über den Passo Maroccaro (2975 m), unsere Route führt weglos nach Steinmännern, aber immer übersichtlich zum Passo Presena (2999 m). Paßanstiege steil, meist Firn; vom Presena-Paß in

Auf der Cima Presena, hoch über dem Passo Paradiso, den wir mit seiner Bergstation und den türkisenen Spiegeln der Laghi del Monticello im Norden unter uns sehen, klingt der letzte Tourentag im Reiche des Adamello und der Presanella aus.
Am Horizont im Norden des Tonale-Passes grüßen alte Bekannte – links das freistehende Corno di Tre Signori, der Westabschnitt der Südlichen Ortler-Gruppe mit dem Pizzo Tresero und der Punta San Matteo.

Die Gipfel, die den Lago Scuro umrahmen, zeigen festen, blockigen Tonalit, der im Norden an der Punta di Lago Scuro (3160 m) eine beherrschende Höhe auftürmt. Leider ehrte die Nachwelt den Erschließer der Adamello- und Presanella-Berge, Julius Payer, nur mit einer unbedeutenden benachbarten Graterhebung (Cima Payer, 3056 m), der stolze Gipfel der Punta, den Payer am 6. September 1868 als Erster betrat, wäre das würdige Denkmal für den verdienstvollen Mann gewesen!

Die Gletscherwelt des Adamello im Süden bestimmt das entferntere Landschaftspanorama unseres Bergsees. Wandern wir von ihm nach Norden zum Passo d. Maroccaro oder zum Passo di Presena, wird dieses Bild eine einmalige Steigerung erfahren. Diese beiden Pässe sind seit langem gebräuchliche Übergänge in das Val di Sole und zum Tonale-Paß. Die Hauptroute führt, zum Schluß steil und durch Eis erschwert, zum engen Maroccaro-Paß (2975 m), die Nebenroute benützt im östlichen Kammverlauf den breiten Firnsattel des Presena-Passes (2999 m). Ihn wählen wir, denn er öffnet unmittelbar den Zugang zur formschönen Spitze der Cima Presena. Das Metall des Gipfelkreuzes sendet Lichtsignale zu uns herab, sie streifen die Silhouetten zweier Gemsen, die in dem übersichtlichen, nach Süden fallenden Almgelände ihrer Morgenäsung nachgehen.

Weglos, hin und wieder von Steinmännern begrüßt, nehmen wir über rauhen, mugeligen Granit und eingestreute Raseninseln hinweg die Richtung zur Presena auf. Steinerne Brustwehren und halbverfallene Unterstände künden auch hier vom »Großen Krieg«, der oben an der Presena in einem seiner Brennpunkte tobte: der Presanella-Hauptkamm im Abschnitt Cércen-Paß–Monte Cércen–Cima Busazza–Cima Presena–Cima di Lago Scuro war eine von den Österreichern besetzte Hauptkampflinie.

Vor uns liegt das offene, noch mit Altschnee bedeckte Presenabecken, darüber ragt unsere Granitspitze. Ihrer harmonischen Gipfelgestalt kommt im Hauptkamm eine wichtige Position zu. In den Kriegsjahren 1915–1918 war ihr Besitz für die Italiener wie Österreicher gleich wertvoll. Die italienische Strategie plante den Durchbruch vom Tonale-Paß in das Val di Sole, Österreichs Soldaten standen in ihren Hochgebirgsstellungen dem entgegen. Wechselweise erstürmten Kaiserjäger und Alpini den Presena-Paß, um seine Cima einzunehmen. Das Gelingen unserer friedlichen Eroberung haben wir nur mit uns selbst auszufechten, Schritt für Schritt legen wir aus dem schneegefüllten Hochkar eine Spur gradlinig hinauf zum Sattel des Passes – und treten ein in die Welt unserer Zeit!

Heute präsentiert am nordseitigen Presena-Gletscher ein beliebter Sommer-Skizirkus Sport und Spiel; vom Passo Paradiso bis herauf in diese einstmals erbittert

20 Minuten unschwierig zum Gipfel der Cima Presena.
Abstieg durch den Sommer-Skizirkus des Presena-Gletschers zum Rifugio Presena (2750 m), Bergstation des Korbliftes zum Passo Paradiso. Vom Passo Paradiso (2573 m) Gondel zum Tonale-Paß (1883 m). Mit Linienbus auf der Tonale-Straße zur Abzweigung Stavel und in 20 Minuten zum Parkplatz an der Baita Velon; **oder** vom Passo Paradiso auf bezeichnetem Steig in das Val Presena und zur Baita Velon, ca. 3 Stunden.

Hütten:
Rifugio Presena 2750 m, privat, Sommerbewirtschaftung.

umkämpfte Stellung regiert die Skipiste. An den Paßfelsen klebt die Bergstation eines Lifts – doch wir sind früh dran, noch sind keine Presena-Anwärter eingetroffen. Heute schreiten wir als erste über den Presena-Paß und turnen mühelos über eine vom Krieg her befestigte westseitige Felsrampe und eine gut gelegte Steintreppe zum Gipfel.

Der Cima di Presena, 3068 m, möchte ich als Aussichtswarte drei Sterne zuerkennen. Nirgendwo könnten wir uns besser vom Adamello- und Presanella-Gebirge verabschieden! Ein Blick umfängt die gewaltigen, sich endlos dehnenden Gletscherebenen vom Lares-Kamm bis zum Adamello-Hauptkamm; der tiefgeschürfte Graben des Val di Genova trennt unsere Hochwarte vom Weiß dieser grandiosen südlichen Ostalpenwelt. In der Nähe interessiert der Zug des Presanella-Hauptkammes, der nach Osten über dem Einschnitt des Passo dei Segni (2885 m) die scharfe Gipfelschneide der Cima Busazza (3325 m) aufbaut; sie entzieht sich durch ihre sehr langen, meist schwierigen Anstiege dem Zugriff des Normalbergsteigers.

Neben dem metallbeschlagenen neuen Kreuz trägt das enge Plateau des Presena-Gipfels noch ein hohes, von den Wettergewalten arg gezeichnetes Holzkreuz. Es erinnert an vergangene Zeiten, als nur Bergsteiger zur Presena kamen und in Einsamkeit und Stille von ihr Umschau hielten. Ich lese noch die vom Club Alpino Italiano gestiftete Gedenktafel an den »Grande Guerra«, dann wenden wir uns bergab, denn am Paß formieren sich die ersten neben der Lifttrasse aufgestiegenen Fußgänger zum Gipfelsturm.

Unser Ziel, die Bergstation der Tonale-Seilbahn am Passo Paradiso (2573 m), leuchtet in hellem Weiß über die türkisfarbenen Spiegel der Laghi del Monticello zu uns herauf. Die Lifte zeigen auf dem Vedretta Presena die Abstiegstrasse, inmitten von buntem, lebhaftem Skivolk klingt unser letzter Presanella-Tag aus.

Die Brenta

und Madonna di Campiglio

Mit diesem Bild verweilen wir im Herzen der Brenta, am Rifugio Brentei mit seinen steinernen Gedenkkapelle. Links oben die Kerbe der Bocca di Brenta, rechts flankiert von der Brenta Bassa.

Die Brenta-Gruppe braucht heutzutage kein Alpenreisender zu suchen: Der Ort Madonna di Campiglio (1522 m) und sein Gebirge tragen klingende, weit bekannte Namen! Die Bezeichnung »Madonna di Campiglio« geht auf eine Hospiz-Gründung im 12. Jahrhundert zurück. An einem verlassenen und unwohnlichen Ort (so die Überlieferung) im obersten Talverlauf, dort, wo sich die Brenta und die Presanella-Gruppe am nächsten kommen, wurde ein Hospiz zum Schutze der Wanderer, die über den Passo Carlo Magno reisten, erbaut. Eine Marien-Wallfahrt bürgerte sich ein, Jahrhunderte hindurch erfüllte das Hospiz seine Schutzaufgabe, bis die touristische Entdeckung der Brenta in der zweiten Hälfte des 19. Jahrhunderts die Umwandlung in ein »Stabilimento alpino« erforderte. Im Jahre 1872 umgebaut, 1877 abgebrannt und danach größer wieder errichtet, war das Hospiz die Urzelle des heutigen, fast mondänen Fremdenortes.

Die Brenta bildet im Raum der Südlichen Kalkalpen den westlichen Vorposten gegen den Granit der Adamello-Presanella-Gruppe, das tiefe Tal der Etsch setzt eine deutliche Grenze gegen die Dolomiten. Die geschlossene, nach Nord-Süd ausgerichtete Hauptkette erlaubt, unterstützt von markanten Paßeinschnitten, eine klare, alpingeographische Aufgliederung. Der Nordkamm verläuft vom Passo Groste (2442 m) bis zum Monte Peller (2319 m) und erreicht seine höchsten Ausbildungen in der Pietra Grande (2936 m) und der Cima Sassara (2892 m). Der zentrale Mittelkamm, das Kernstück der Brenta, erstreckt sich zwischen dem Passo Groste und der Bocca di Brenta (2552 m), wobei er als touristisch bedeutsamster Abschnitt die Unterteilung in den Vallesinella-Stock, das Massiv der Cima Brenta und den Sfulmini-Stock erfährt; höchster Gipfel ist hier die Cima Brenta, 3150 m. Südlich der Bocca di Brenta bildet die Cima Tosa nochmals einen massiven Kern aus, mit der Höhe von 3173 m dominiert ihr Gletscherhaupt über alle Brenta-Gipfel.

Prachtvolle, aus Hauptdolomit gestaltete Gipfelformen, kleine, meist in Nordwestbuchten eingelagerte Gletscher, sieben gut geführte Hütten, verbunden durch die großartige Wegekette des »Sentiero delle Bocchette«, haben die Brenta zu einem Wanderer- und Bergsteiger-Treffpunkt gemacht, der – man darf es nicht verschweigen – vor allem im August und bis in den September hinein fast zuviel Besuch erhält. Bei überlegter Toureneinteilung und, wenn es die Schneelage zuläßt, schon Mitte Juli und wieder zum Hüttenschluß im September (erstes Wochenende nach dem 20.) wird man die beste Möglichkeit finden, den in diesem Buch aufgezeigten »Hohen Routen« nachzugehen.

Cima Groste, 2897 m
Cima Falkner, 2998 m

Auf dem Sentiero Benini vom Passo Groste zur Bocca di Tuckett

»Gruppo di Brenta«, 1 : 50 000;
Freytag/Berndt Wanderkarte Nr. 50
Brenta-Adamello-Presanella,
1 : 100 000. Großer Führer durch die
Brenta-Gruppe von Horst Wels;
Kleiner Führer der Brenta-Gruppe
von Norbert Gatti (für die vorge-
schlagenen Routen gut ausrei-
chend). Klettersteige Dolomiten –
Brenta von Sepp Schnürer.

Ausrüstung:
Normale Bergausrüstung, zusätzlich Klettergürtel, Reepschnüre,
Klettersteigkarabiner und Steinschlaghelm, für Cima Tosa Seil
erforderlich; kurzer Pickel und
Leichtsteigeisen oft vorteilhaft.

Talorte:
Madonna di Campiglio 1522 m im
Valle di Campiglio, Malè 738 m im
Val di Sole.

Schutzhütten:
Rifugio Tuckett 2272 m
Rifugio Alimonta 2600 m
Rifugio Pedrotti-Tosa 2491 m
Rifugio Agostini 2410 m
Rifugio 12 Apostoli 2489 m
Rifugio Brentei 2120 m
Rifugio Graffer 2262 m
Rifugio Peller 2060 m.

Biwakschachteln:
Bivacco Bonvecchio ca. 2770 m an
der Cima Sassara.

Erster Tag: Passo Groste 2442 m – Cima Groste 2897 m – Cima Falkner 2998 m – Bocca di Tuckett 2648 m – Rifugio Tuckett 2272 m.

In der Nordauffahrt aus dem Val di Sole von Dimaro zum Passo Carlo Magno (1702 m) sieht der Anreisende zuerst den einsamen und schwer zugänglich erschei- nenden Nordzug der Brenta-Gruppe. Am Campo Carlo Magno bleibt der Wald zu- rück, das Bergbild gewinnt südöstliche Weite, es zeigt die gestreckte Felsrampe des Groste-Passes und zu seiner Rechten mit der mehrstufig aufgebauten Cima Groste den Berg, der als Groste-Massiv die Zentrale Brenta-Gruppe gegen Norden ab- schließt. Die Seilbahn vom Campo Carlo Magno zum Passo Groste überwindet in zwei Sektionen neben einer erheblichen Strecke einen Höhenunterschied von 700 m – für Bergsteiger und Wanderer ein sehr gutes Angebot, mit der Auffahrt mehrere Tourentage in der Brenta zu beginnen.

Auch wir schweben an einem herrlich klaren Morgen mit der ersten Gondel zur Höhe des Groste-Passes (2442 m). Der italienische Alpenclub eröffnete am Paß im Jahre 1892 das Rifugio Stoppani – das Haus fiel 1940 dem Feuer zum Opfer; nur der Bergstation blieb der Name »Stoppani« (ital. Abt und Wissenschaftler) zur Erinne- rung.

Die weite, fast ebene Steinwüste des Passo Groste setzt den Nordzug der Brenta deutlich gegen die Zentrale Gruppe ab. Wegemarkierungen weisen bevorzugte Wan- derrichtungen: die sehr beliebte und leichte Trasse des »Giro del Brenta« hinüber zum Rifugio Tuckett und den »Sentiero Benini«, der als Klettersteig die Ostflanke des Vallesinella-Stockes bis zur Bocca di Tuckett quert und aus seinem hohen Wegever- lauf heraus den unschwierigen Anstieg zur Cima Groste und zur Cima Falkner er- möglicht. Die Besteigung der genannten Gipfel war auch vor Eröffnung des Sentiero Benini (Sommer 1972) nicht schwierig; aber erst der neue Sentiero rückt diesen nördlichen Abschnitt der Zentralen Brenta in das rechte Licht und bereitet einen guten und schnellen Zugang zu den Gipfeln.

Der Bergsteiger profitiert von diesem runden Angebot; wir sind froh gestimmt und voller Erwartung, als wir uns am Fuße der Cima Groste vom Schwarm der Kletter- steiggeher lösen und der Markierung »Cima Groste« folgen, die nach rechts über eine helle Felsstufe den Anstieg zeigt. Wenig später schauen wir von einer hohen schmalen Rampe hinab zum Sentiero und hinüber zur Bergstation der Groste-Bahn, die in der Morgensonne als leuchtender Würfel unter den waagrechten gelbgrauen Räthschichten der Pietra Grande steht, und hinein in eine über alles Erwarten geöff- nete östliche Bergwelt. Rote Tupfen geben verläßlich die Route an, aus der Rampe

*Dieser »Steingarten« auf dem Weg
von der Bergstation am Groste-Paß
zum Rifugio Tuckett ist eine
Betrachtung wert. Aus ihm wächst
der schroffe Dolomitfels der Cima
Falkner.*

183

steigen wir hinauf zu einem Kamin, der mit Drahtseilen gesichert ein Stockwerk höher den unschwierigen Ausstieg am schrägen, plattigen Gipfelplateau zuläßt.

Die Kletterstelle im Kamin macht die Cima Groste, 2897 m, auch bergsteigerisch interessant, aber die Gipfeltour wird vor allem durch ihre Aussicht wertvoll. Nahe der Dreitausendermarke haben wir eine ungehinderte Sicht gegen Osten, hinweg über bewaldete Mittelgebirgshöhen zu den am Vormittag dunkel gezeichneten Dolomiten, im Westen zu den vom Sonnenlicht angestrahlten Gletschern der Adamello-Presanella-Gruppe und zu den Ortlerbergen. Diesen Blick kosten wir aus, wer weiß, ob uns nicht die sehr »zuverlässigen« weißen Brenta-Wolken die Gipfelschau von der Cima Falkner verderben.

Die Cima Groste gestattet nach Süden, zur nahen Bocca dei Camosci (2770 m), eine Überschreitung; dieser Abstieg aber ist steil, weglos und sehr steinschlaggefährdet. Sicherer und ungefährlicher ist die Rückkehr auf der Anstiegsroute zum Sentiero und die kurzweilige Wanderung um den Gipfelaufbau herum zur Bocca, die auch den Klettersteiggehern einen Westausblick gönnt.

Den höchsten und schönsten Gipfel im Vallesinella-Stock stellt mit 2998 m die Cima Falkner. Zur Zeit der alpinen Erschließung war sie bei den Einheimischen unter der Bezeichnung »Rocca di Vallesinella« bekannt. Der römische Edle Baron Alberto de Falkner erwarb sich um die Erschließung und Namensgebung der Brenta-Gruppe große Verdienste; ihm zu Ehren bekam die Rocca den offiziellen Namen »Cima Falkner«. In Nähe der Sentiero-Wegetafel zweigt gut erkennbar mit einer breiten Geröll- und Blockrinne der nur mäßig schwierige, unbezeichnete Südanstieg ab, der etwa 150 Höhenmeter zum Gipfel überwindet. Der Blick von der Cima Falkner gilt der näheren Umgebung, der Cima Sella (2911 m, auch »Dente di Sella« genannt) und vor allem dem Gipfelziel des nächsten Tages, der Cima Brenta, die mit ihrem Fels- und Eismassiv die Zentrale Brenta beherrscht.

Die reizvollen Felsbänder des Sentiero Benini, die nie ernstliche Schwierigkeiten aufweisen und zudem gut mit Drahtseilen gesichert sind, laufen an der Bocca di Tuckett (2648 m) aus. Eine mäßig geneigte Gletschertrasse und ein Steiglein übernehmen das Bergab zum sichtbaren Rifugio Tuckett (2272 m).

TOURISTISCHE ANGABEN

Erster Tag:
Passo Groste 2442 m – Cima Groste 2897 m – Cima Falkner 2998 m – Rifugio Tuckett 2272 m.

Zeitangaben:
Passo Groste 2442 m – Cima Groste 2897 m: 2 Stunden; Abstieg auf Anstiegsweg – Sentiero Benini – Abzweigung Cima Falkner: 1½ Stunden; Cima Falkner 2998 m, An- und Abstieg: 1 Stunde; Sentiero Benini – Bocca di Tuckett 2648 m – Rifugio Tuckett 2272 m: 1½ Stunden.
Gesamtgehzeit: 6 Stunden ab Groste-Paß.

Besondere Hinweise:
Die Gipfelanstiege zur Cima Groste und zur Cima Falkner werten das Wandererlebnis des Sentiero Benini bergsteigerisch noch auf. (Für geübte Bergsteiger unschwierig.) Am Sentiero Benini (Weg Nr. 305) bei ca. 2600 m markierte Abzweigung zur Cima Groste, unschwierig, eine Kletterstelle gesichert; Überschreitung nicht ratsam, Steinschlaggefahr, Abstieg wie Anstieg und weiter auf dem Sentiero Benini zur Cima Falkner; Gipfelanstieg nicht markiert, Block- und Schotterrinne. Abstieg wie Anstieg. An der Felsterrasse vor der Cima Sella und vor dem Abstieg zur Bocca di Tuckett markierter Direktabstieg unter Umgehung des Gletschers zum Rifugio Tuckett möglich.

Hütten:
Rifugio Tuckett 2272 m, CAI – SAT Trient, 120 Betten und Matratzenlager, bewirtschaftet von Ende Juni bis Ende September.

Nach dem Abstecher zur Cima Groste fädelt unsere Route in den Sentiero Benini ein, der mit herrlichen Ausblicken nach Osten auf fast waagrechten Felsbändern zum Gipfelaufbau der Cima Falkner führt.

184

Cima Brenta, 3150 m - Bocchette Alte

Der zweithöchste Brenta-Gipfel und ein »Super-Steig«

Zweiter Tag: Rifugio Tuckett 2272 m – Bocca di Tuckett 2648 m – Sentiero Bocchette Alte – Cima Brenta 3150 m – Sentiero Bocchette Alte – Rifugio Alimonta 2600 m.

Eine »Sektionen-Rivalität« im hochalpinen Hüttenbau kann man sich heute kaum noch vorstellen. Zu Beginn unseres Jahrhunderts aber war dies möglich: Im Jahre 1905 erbaute die Trientiner Alpinistenvereinigung SAT unter der Bocca di Tuckett eine Schutzhütte und widmete das Rifugio »Quintino Sella« dem bedeutenden italienischen Geologen und Staatsmann. Ein Jahr später stellte die Sektion Berlin des Deutschen und Österreichischen Alpenvereins kaum 20 Schritt entfernt die Tuckett-Hütte dazu! Spricht man heute vom Rifugio Tuckett, sind beide Hütten gemeint – an Quintino Sella erinnert eine Marmortafel und, viel auffälliger, die »Cima Sella«, der wuchtige Felszahn zur Linken der Bocca di Tuckett.

Spätestens am Rifugio Tuckett (2272 m) beginnt die Verführung, die in dem Wort »Brenta« steckt, zu wirken. Schwarzer und gelbroter Fels baut im Hüttenumkreis die beliebten »Klettergärten« des Castelletto Inferiore (2595 m) und der Punta Massari (2880 m) auf, im Anstieg zur Bocca di Tuckett kommt der firngeschmückte Kammzug der Cima Mandron (3020 m) zur Geltung, aber alle Aufmerksamkeit beansprucht schließlich die Cima Brenta, die sich mit einem kräftigen Gletscherarm im »Vedretta di Brenta inferiore« abstützt.

Der Gebirgszug zwischen der Bocca di Tuckett (2648 m) und der Bocca di Brenta (2552 m) ist das Herz der Brenta-Gruppe. Zwischen diesen auffallenden Paßeinschnitten läuft die Haupttouristik: im Osten auf dem Sentiero Orsi, im Westen auf dem Sentiero SOSAT und über und im Kammbereich mit der großartigen Wegekombination Bocchette Alte – Via delle Bocchette! Kühner als der »Sentiero Bocchette Alte« kann kaum ein Klettersteig sein – Bergsteigern schenkt er als Dreingabe den Gipfel der Cima Brenta! Im ersten Wegteil von der Bocca di Tuckett bis zum Garbari-Band (dieser Abschnitt heißt »Sentiero Enrico Pedrotti) benützt der Bocchette Alte die Normalroute zur Cima Brenta und führt auf der großen Geröllterrasse unter dem ostseitigen Gipfelaufbau nahe an den Schlußanstieg heran.

Die Cima Brenta paßt ausgezeichnet in unser Konzept; nach dem interessanten, einstündigen Anstieg über gut gestuften, gesicherten Fels verweilen wir bei einem Steinmann (etwa 2900 m), der die Abzweigung zum Gipfel anzeigt. Von Rucksacklasten befreit, klettern wir leichtfüßig in der nur mäßig schwierigen Felsrinne (nicht bezeichnet!) höher, wie es das Gelände erlaubt, und nach links zu einem schmalen Felssattel, der einen Übergang (oft vereist!) zur nahen Gipfelregion vermittelt. Das

TOURISTISCHE ANGABEN

Zweiter Tag:
Rifugio Tuckett 2272 m – Cima Brenta 3150 m – Rifugio Alimonta 2600 m.

Zeitangaben:
Rifugio Tuckett 2272 m – Bocca di Tuckett 2648 m: 1 Stunde; Bocca di Tuckett – Sentiero Bocchette Alte – Abzweigung Cima Brenta ca. 2900 m: 1 Stunde; Cima Brenta (Abstieg wie Anstieg) 3150 m: 1½ Stunden; Sentiero Bocchette Alte – Bocca Bassa di Masodi 2790 m: 3 Stunden; Abstieg »Mamma Oliva« – Rifugio Alimonta 2600 m: 1 Stunde; **oder** Sentiero Quintavalle – Rifugio Alimonta: 1½ Stunden.
Gesamtgehzeit: 7½–8 Stunden je nach Routenwahl.

Besondere Hinweise:
Der Sentiero Bocchette Alte ist mit Abstand der schwierigste und anspruchsvollste Brenta-Klettersteig und in Verbindung mit der Gipfeltour zur Cima Brenta das besondere Erlebnis für Bergsteiger. Der Klettersteig ist markiert, mit Drahtseilen und Leitern gut gesichert. Abzweigung zur Cima Brenta mit Steinmann schwach bezeichnet, nicht markiert, mäßig schwierig, im Schlußanstieg ggf. Steigeisen nötig! Im Weiterweg auf dem Sentiero, durchschnittliche Höhe ca.

In Verfolgung unserer »Hohen Route« dürfen wir am zweithöchsten Brenta-Gipfel, der Cima Brenta, nicht vorbeigehen. Aus der Bocca di Tuckett baut dieser Berg eine riesige Steintreppe auf, deren Absätze auch die Ferrata Bocchette Alte nützt und hinüber zum Rifugio Alimonta eine extreme Wandertrasse legt.

186

2900 m, gut auf Markierungen achten; die Variante »Mamma Oliva« ist ein günstiger und sehr eindrucksvoller Direktabstieg zum Rifugio Alimonta (oder ggf. zum Rifugio Brentei).
Sicheres Wetter, gute Ausrüstung, Bergerfahrung, Ausdauer und absolute Schwindelfreiheit unerläßlich.

Hütten:
Rifugio Alimonta 2600 m, privat, 62 Betten und Matratzenlager, bewirtschaftet von Ende Juni bis Ende September.

Kreuz am Felsgipfel der Cima Brenta, 3150 m, ist in Sicht, nur wenig später bewundern wir eine Bergwelt, die unbeschreiblich auf jeden einwirkt, der von diesem zweithöchsten Brenta-Gipfel Umschau hält. Die Erstersteiger, die Engländer Freshfield und Tuckett mit ihrem Führer Devouassoud, kamen im August 1871 von Westen über die vorgelagerten, etwas niedrigeren Firnhöhen zum Felsplateau des Hauptgipfels. Sie glaubten damals, die »Cima Tosa« erobert zu haben. Erst nach 1875 benannten die Herren Falkner und Apollonio endgültig den beherrschenden Mittelgipfel im Zentralen Kammzug nahe der Bocca di Tuckett mit »Cima Brenta« und den gleichfalls vergletscherten höchsten Gipfel südwestlich der Bocca di Brenta mit »Cima Tosa«.

Zurück am Klettersteig, nehmen uns die Anforderungen und die erregende Szenerie des »Bocchette Alte« voll in Anspruch. Das Teilstück des Weges – benannt mit Sentiero Fratelli Garbari – benützt das Felsband »Cengia Alta«, führt uns nach Süden zu einer steilen Leiter, die mit vielen Sprossen in eine Firnrinne reicht; im schmalen, eisigen Übergang zum nächsten Fels sind wir froh um die feste Sicherung eines Drahtseiles. Immer wieder bleiben wir auf dieser hohen, extremen Wanderroute stehen und rätseln, welche Felskante, welchen Absatz der Sentiero wohl ansteuern wird. Gehen und Schauen zugleich ist nicht erlaubt, erst am nahen, geräumigen Plateau des »Spalla di Brenta« (3020 m), der höchsten Stelle des Sentiero, gönnen wir uns eine ausgiebige Schaurast.

Von dieser hohen Felsschulter im Südmassiv der Cima Brenta führen Drahtseile und kleine Leitern hinunter zur »Bocchette Alta di Massodi« (2950 m), die »Leiter der Freundschaft« erklimmt die Aussichtsplattform des »Spalloni di Massodi« (2998 m). Durch einen Felsen-Irrgarten helfen Drahtseile und Markierungen steil abwärts zum Eisjoch der »Bocca Bassa di Massodi« (2790 m). Eine Wegeteilung an der schmalen Bocca läßt die Wahl: entweder nochmals über Leitern hinauf zur Nordschulter der Cima Molveno (2890 m) und auf dem Teilstück »Sentiero Umberto Quintavalle« Abstieg zum Vedretta dei Sfulmini und zur Alimonta-Hütte, oder von der Scharte in Benützung der extrem steilen Variante »Mamma Oliva« hinab zum kleinen Firn des Vedretta di Brentei mit Anschluß an die Alimonta- oder Brentei-Hütte. Wir nützen das kürzere und interessantere Wegeangebot der »Mamma Oliva« und verabschieden uns am Fuße der »Scala degli Dei« – der »Götterleiter« – tief beeindruckt und hellauf begeistert vom »Sentiero Bocchette Alte«!

Schmale, hochgelegene Felsrinnen nach Osten begünstigen immer die Bildung von Eis; auf dem Bocchette Alte muß diese Eispassage – durch ein fixes Drahtseil gesichert – gemeistert werden.

189

Via delle Bocchette

Der Traumweg der Brenta

Dritter Tag: Rifugio Alimonta 2600 m – Bocca dei Armi 2749 m – Via delle Bocchette – Bocca di Brenta 2552 m – Rifugio Pedrotti-Tosa 2491 m.

Das Rifugio Alimonta (2600 m) wurde erst 1968 auf dem flachen, geschlossenen Karrenfeld unter der Bocca dei Armi erbaut. Diese Hütte mit ihrer günstigen Position fungiert als Nahtstelle zwischen dem Sentiero Bocchette Alte, dem Sentiero SOSAT, der den Westbogen von der Tuckett- über die Brentei-Hütte schließt, und der berühmten »Via delle Bocchette«, dem Mekka aller Brenta-Freunde.

Allgemein nur kurz als »Bocchette-Weg« angesprochen, quert dieser letztgenannte Wegeabschnitt den Stock der »Sfulmini« im Südteil der Zentralen Brenta. Auf diese Verbindung zwischen der Bocca dei Armi (2749 m) und der Bocca di Brenta (2552 m) legte sich im deutschen Sprachgebrauch die Anrede »Bocchette-Weg« fest. Mit »Sentiero delle Bocchette« wurde aber die gesamte durchlaufende Höhenwegkette vom Rifugio 12 Apostoli bis zum Passo Groste benannt!

Der damalige Hüttenwart der Tosa-Häuser Arturo Castelli, SAT-Sekretär Giovanni Strobele, Giorgio Graffer und Bruno Detassis hatten in den dreißiger Jahren die Idee, alle Scharten und Pässe (Bocca = ital. Bezeichnung für Scharte) durch eine Wegeanlage über die für die Brenta so charakteristischen horizontalen Felsbänder miteinander zu verbinden, damit gleichzeitig eine interessante Route von Hütte zu Hütte zu schaffen und den Kletterführen in den Wänden, Türmen und Pfeilern einen schnellen Zugang zu ermöglichen. Diese Anregung fand begeisterte Förderer und Gönner. Mit der Eröffnung des »Sentiero Benini« im Jahre 1972 war das Werk vollendet: Bruno Detassis spricht vom »schönsten Höhenweg der Welt«!

Wir haben uns den frühen Vormittag für die »Via delle Bocchette« ausgesucht und sehen im Rifugio Alimonta dafür den geeigneten Ausgangsort. An einem schönen Morgen leuchtet die Sonne den bis zur Bocchetta del Campanile Basso (Guglia-Scharte) ostseitigen Wegverlauf in einem schrägen Winkel aus und mischt die herrliche Farbenpalette des senkrechten Dolomitgesteins mit den tiefen Schatten der winkeligen Felskulissen zu zauberhaften Bildern. Höhepunkte vermag ich kaum zu nennen, da der Bocchette-Weg ein einziger Höhepunkt ist! Aber vielleicht vertiefen die große Schlucht und die kühne Felsgestalt der »Guglia« das Erlebnis dieses Weges, der an der Bocca di Brenta, nahe dem Rifugio Pedrotti-Tosa, ausläuft.

TOURISTISCHE ANGABEN

Dritter Tag:
Rifugio Alimonta 2600 m – Via delle Bocchette – Rifugio Pedrotti-Tosa 2491 m.

Zeitangaben:
Rifugio Alimonta 2600 m – Bocca dei Armi 2749 m: ½ Stunde; Bocca dei Armi – Via delle Bocchette – Bocca di Brenta 2552 m: 2 Stunden; Bocca di Brenta – Rifugio Pedrotti-Tosa 2491 m: 15 Minuten. Gesamtgehzeit: 2½–3 Stunden.

Besondere Hinweise:
Das Herzstück des Sentiero delle Bocchette, der Abschnitt »Via delle Bocchette« vom Rifugio Alimonta zur Bocca di Brenta, ist ein Magnet ersten Ranges und dementsprechend viel begangen. Günstigster Ausgangsort Rifugio Alimonta (siehe auch Text).
Der Steig ist mit Leitern und Drahtseilen gut gesichert, aber ausgesetzt, und erfordert einen geübten, trittsicheren Bergwanderer. Tip: Bei frühzeitiger Beendigung der Tour ist noch gut der Anstieg zur Cima Tosa mit Übergang zur weniger frequentierten Agostini-Hütte möglich (siehe vierter Tag).

Hütten:
Rifugio Pedrotti-Tosa 2491 m, CAI – SAT Trient, 120 Betten und Matratzenlager, bewirtschaftet von Ende Juni bis Ende September.

Die »Via delle Bocchette« erschließt den schönsten Abschnitt der Zentralen Brenta. Von der Bocca dei Armi bis zum vielbewunderten Felsturm der »Guglia di Brenta« (Bild) verläuft der Sentiero auf der Ostseite des Massivs, nach der Guglia-Scharte zieht der »Bocchette-Weg« in der Westflanke der Cima Brenta Alta zur Bocca di Brenta.

Cima Tosa, 3173 m

Das Gletscherhaupt der Brenta

Vierter Tag: Rifugio Pedrotti-Tosa 2491 m – Cima Tosa 3173 m –
Sella di Tosa 2860 m – Sentiero Brentari – Rifugio Agostini 2410 m.

»Die Bocca di Brenta klafft als Bresche im Felswall zwischen Molveno und Madonna di Campiglio, sie ist der ausgesprochenste Paß, den es geben kann. Dieses Tor kannten und benützten die Leute Judikariens bereits vor Jahrhunderten und schließlich wurde der Name von der vielgenannten Scharte auf den ganzen Gebirgszug übertragen.« (Aus »König Ortler« von Fischer/Klier.)

Es ist deshalb nur natürlich, daß die fremden Bergreisenden zuerst die Bocca di Brenta aufsuchten. Das Datum 22. Juli 1864 füllt das erste Blatt in der alpinen Brenta-Erschließung: der englische Gelehrte und Alpenforscher John Ball überschritt von Molveno nach Pinzolo als erster Tourist die Bocca di Brenta. Nur wenige Tage später kam der Bozener Albert Wachtler, und am 4. September des gleichen Jahres betrat der junge Leutnant Julius Payer den Paß auf seinem Weg nach Pinzolo. John Ball, der seinen exclusiven Londoner »Alpin-Club« dieses »picturesque district« angeregt schilderte, reiste im nächsten Sommer wiederum nach Molveno, um mit seinem Begleiter Forster und dem Einheimischen Bonifacio Nicolussi die Cima Tosa zu besteigen. Die Tour gelang am 9. August 1865 auf dem noch heute üblichen Normalweg und wird in dem Werk »Die Erschließung der Ostalpen« als Erstbesteigung der Cima Tosa gewertet.

Das Tosa-Massiv, eindeutig durch die Bocca di Brenta und dem »Val Brenta alta« vom Zentralkamm getrennt, bestimmt das süd-westliche Ansehen der Brenta-Gruppe. Ob man die Brenta-Kette von Osten oder von Westen aus betrachtet, immer wird das Tosa-Massiv als besonders eindrucksvoll und mächtig auffallen. Das schwere Gletscherhaupt der Cima Tosa, 3173 m, überragt alle Brenta-Gipfel und versammelt in seiner nächsten Nachbarschaft so bedeutende Höhen wie den Crozzon di Brenta (3135 m) und die Cima d'Ambiez (3102 m). Seit ihrer Erstbesteigung vor nun schon über 100 Jahren hat die Cima Tosa nichts von ihrer Anziehungskraft eingebüßt, sie steht auf dem Wunschzettel der Bergsteiger, die hinauf zu den »Tosa-Häusern« kommen, dort übernachten oder auch nur kurz einkehren und sogleich zum Berg weitergehen.

Zu den letzteren gehören wir, nachdem uns der Vormittag das Erlebnis der »Via delle Bocchette« schenkte; zwei Innsbrucker Bergsteiger, die von der Alimonta-Hütte mit herüberkamen, schließen sich gerne bei uns an. So ziehen wir zu viert auf dem markierten Steiglein, unter der Brenta Bassa und Cima Margherita vorbei, hinauf in den Kessel des Tosa-Gletschers bis unter die fast senkrechte Felsstufe, die einem zu

TOURISTISCHE ANGABEN

Vierter Tag:
Rifugio Pedrotti-Tosa 2491 m – Cima Tosa 3173 m – Rifugio Agostini 2410 m.

Zeitangaben:
Rifugio Pedrotti-Tosa 2491 m – Sentiero Brentari – Abzweigung Cima Tosa ca. 2800 m: 1 Stunde; Cima Tosa 3173 m (Abstieg wie Anstieg): 2 Stunden; Sentiero Brentari – Sella di Tosa 2860 m – Rifugio Agostini 2410 m: 2 Stunden.
Gesamtgehzeit: 5 Stunden.

Besondere Hinweise:
Die Cima Tosa ist für Normalbergsteiger, die den Schwierigkeitsgrad II und die Abseiltechnik beherrschen, eine Brenta-Idealtour, Seil notwendig!
Die Kletterstelle im Kamin (Abseilhaken) ist durch die Schneeschmelze darüber fast immer naß und frühmorgens evtl. vereist. Der trockene, fast senkrechte Fels rechts des Kamins ist klettertechnisch schwieriger! Schlußanstieg unschwierig, mit Steinmännern markiert, evtl. Eisausrüstung notwendig. Der Sentiero Brentari (Weg Nr. 304) im Übergang zum Rifugio Agostini ist mit Drahtseilen und kurzen Leitern gesichert, steiler Abstieg in den Ambiez-Gletscher, markierter Zugang zum sichtbaren Rifugio Agostini.

Hütten:
Rifugio Silvio Agostini 2410 m, privat, 50 Betten und Matratzenlager, bewirtschaftet von Ende Juni bis Ende September.

Ein später Nachmittag schenkte uns eine Sternstunde auf der Cima Tosa. Aus dem rundum unendlich weiten, klaren Horizont bringen sich im Westen die Adamellogebirge in Erinnerung – im Bild der Care Alto mit dem Vedretta di Lares.

leichten Gipfelsieg im Wege steht. Dort begegnet uns ein reger »Gegenverkehr«, der mit Hilfe lautstarker Abseilmanöver den Abstieg durch den Wandabbruch zu bewältigen sucht. Zur Linken, wo die Abstürze am niedrigsten sind, zeigt ein schwarzer, meist nasser Kamin (etwa 2900 m) die leichteste Route. Ein Felsvorbau bringt uns in seine Nähe, und im ersten Versuch (Schwierigkeitsgrad II) scheinen die Anstiegsschwierigkeiten für einen Normalbergsteiger – auch ohne Seil – im Rahmen zu liegen. Aber der Abstieg? Wir beobachten einige Seilschaften und sind unschlüssig – wir haben kein Seil dabei.

»Ich leih' euch mein Seil!« – Dieses ungewöhnliche Angebot macht uns ein unbekannter Südtiroler, mit der Bitte, es in der Pedrotti-Hütte wieder abzuliefern. Einer unserer neuen Bergfreunde nimmt es in Empfang, wir durchsteigen nun rasch den Kamin und gelangen in die schrofige Felsentreppe darüber; Steinmänner weisen zum Firnfeld des Gipfels – wir stehen allein auf der Cima Tosa!

Der schon weit von seinem Zenit abgerückte Tag bewahrte für uns noch eine Klarheit, die auch am Morgen nicht schöner sein kann. Diese leider nur kurzen Minuten sehen wir als Krönung unserer Brenta-Tage – wir gehen auf dem scharf modellierten Firngrat auf und ab, fotografieren, schauen in die Runde – und können uns nur schwer zum Abstieg entschließen. Doch die Innsbrucker wollen noch ins Tal, und wir zur Agostini-Hütte.

Mit Hilfe des Seiles überwinden wir gefahrlos die Felsstufe hinab zum Gletscher; dort trennen uns die Wege. Etwas müde von dem langen Tag stapfen wir auf einer Trassenspur hinauf zum markanten Felsrücken der Sella di Tosa (2860 m), fädeln in die Drahtseilsicherungen des Sentiero Brentari ein, beginnen das Bergab zum Eisjoch der Bocca di Tosa (2800 m).

Ein neues Landschaftsbild wirkt auf uns ein: der Felsenfinger der Punta dell Ideale, aber vor allem die fast fugenlos aufragende Ostwand der Cima d'Ambiez. Aus dem Ambiez-Kessel steigen noch zwei Leute zur Bocca d'Ambiez (2871 m) an; wir schauen hinunter zum Rifugio Agostini (2410 m), unserem Tagesziel, das bereits im Abendschatten liegt.

Nach der Tour zur Cima Tosa führt uns der Sentiero Brentari hinab zu dem vom hohen Fels des Ambiez-Kessels umgebenen Rifugio Agostini. Die Agostini-Hütte erschließt mit der benachbarten 12-Apostel-Hütte den südwestlichen Bergraum der Brenta.

Rifugio Agostini, 2410 m - Rifugio 12 Apostoli, 2489 m - Rifugio Brentei, 2120 m

Ferrata Castiglioni – Sentiero dell Ideale: die große Brenta-Südwestschleife

Fünfter Tag: Rifugio Agostini 2410 m – Ferrata Castiglioni – Rifugio 12 Apostoli 2489 m – Sentiero dell Ideale – Bocca d. Camosci 2770 m – Rifugio Brentei 2120 m.

Trotz seiner etwas abseitigen Lage im Grunde des Ambiez-Kessels wird das Rifugio Agostini (2410 m) gerne aufgesucht, denn es bietet neben der dolomitischen Schönheit des Ambiez-Raumes die »Ferrata Ettore Castiglioni«! Dieser bei Brenta-Freunden als »Leiternsteig« bestens bekannte Eisenweg überwindet ab Einstieg auf sehr langen, fast senkrechten Leiternreihen bis zum Ausstieg an der »Bocchetta dei Due Denti« (2859 m) eine Höhendifferenz von 300 m! Jenseits ist das Bergab zur sichtbaren 12-Apostel-Hütte fast bequem zu nennen und lockert die Beinmuskeln wieder auf.

Das Rifugio 12 Apostoli (2489 m) muß am südwestlichen Rand der Brenta-Gruppe mit einer Abseitsstellung zufrieden sein; wohl deshalb zeigt es sich außen und innen noch so, wie es die SAT-Gemeinschaft im Jahre 1907 am Rande einer Karwüste erstellte, ein einfacher, quadratischer Steinwürfel. Diese Hütte bietet jedoch als Einmaligkeit in der Brenta eine Felsenkapelle, geschlagen in die gegenüberliegende graue Dolomitwand der 12-Apostel-Spitze. Ein hohes Felsenkreuz macht auf diese Gedenkstätte für verunglückte Bergsteiger aufmerksam – nur schwer lösen wir uns aus ihrer feierlichen Stille.

Am Rifugio 12 Apostoli beginnt der »Sentiero dell Ideale« seine Route, die mit den Stationen Bocca dei Camosci – Bocca d'Ambiez – Sella di Tosa, die erste Verbindung zu den »Tosa-Häusern« herstellte. Mit dem Bau der Agostini-Hütte im Jahre 1937 und der Anlage des Castiglioni-Steiges büßte diese Route ihre frühere Bedeutung ein. Heute nimmt die Touristik den Sentiero dell Ideale vor allem für den 1¹/₂-stündigen Anstieg von der Apostoli-Hütte zur Bocca dei Camosci (2770 m) in Anspruch und zieht, ganz von Brenta-Zauber umschlossen, hinab zur Brentei-Hütte. Die Bocca dei Camosci ist die Schwelle, an der die westliche Weite zu dem Gebirge des Adamello und der Presanella, vermittelt vom Rifugio 12 Apostoli, zurückbleibt. Hoher Brenta-Fels, aufgestellt von der Cima Tosa und vom Crozzon di Brenta, begleitet den Fluß des Vedretta dei Camosci. Am Gletscherauslauf löst sich nach rechts ein Steig, er umrundet die Crozzon-Kante und verbindet uns über den Einschnitt des »Val Brenta alta« hinweg mit dem 1932 erbauten, großräumigen Rifugio Brentei (2120 m). Der einstündige Anstieg zur Bocca di Brenta schließt am Rifugio Pedrotti-Tosa (2491 m) den Kreis durch die südwestliche Brenta.

TOURISTISCHE ANGABEN

Fünfter Tag:
Rifugio Agostini 2410 m – Rifugio 12 Apostoli 2489 m – Rifugio Brentei 2120 m.

Zeitangaben:
Rifugio Agostini 2410 m – Ferrata Castiglioni – Bocchetta dei Due Denti 2859 m: 1½ Stunden; Bocchetta dei Due Denti – Rifugio 12 Apostoli 2489 m: 1 Stunde; Rifugio 12 Apostoli – Bocca dei Camosci 2770 m: 1 Stunde; Bocca dei Camosci – Rifugio Brentei 2120 m: 2 Stunden.
Gesamtgehzeit: 5½ Stunden.

Besondere Hinweise:
In diesem südlichen Bergraum der Brenta ist die Ferrata Castiglioni seit langem als »Leiternsteig« ein Begriff. Mit ihren senkrechten Leiternreihen ist die Ferrata technisch nicht schwierig, aber sehr anstrengend, absolute Schwindelfreiheit und Trittsicherheit notwendig! Der Sentiero dell'Ideale von der 12-Apostoli-Hütte ist bis zur Bocca dei Camosci eine unschwierige, markierte Wanderroute. Abstieg auf dem Vedretta dei Camosci teilweise steil, bei wenig Schneeauflage Steigeisen und Pickel notwendig. Nach rechts zum Fuß der Crozzon-Nordkante halten, markierter Steig (Sentiero Danielle Martinazzi) zum Rifugio Brentei.
Tip: Wenn im Rifugio Brentei noch Schlafplätze frei sind, nicht mehr zum meist überfüllten Rifugio Pedrotti-Tosa (1 Std.) ansteigen!

Hütten:
Rifugio 12 Apostoli 2489 m, CAI – SAT Trient, 48 Betten und Matratzenlager, bewirtschaftet von Ende Juni bis Ende September.
Rifugio Brentei 2120 m, CAI-Sektion Monza, 100 Betten und Matratzenlager, bewirtschaftet von Ende Juni bis Ende September.

Auf den senkrechten Leitern der Ferrata Castiglioni.

Rifugio Pedrotti-Tosa, 2491m - Sentiero Osvaldo Orsi

Unter den Ostabstürzen der Zentralkette

TOURISTISCHE ANGABEN

Sechster Tag:
Rifugio Pedrotti-Tosa 2491 m –
Orsi-Weg – Rifugio Tuckett 2272 m.

Zeitangaben:
Rifugio Pedrotti-Tosa 2491 m –
Sentiero Orsi – Bocca di Tuckett
2648 m: 3½ Stunden; Bocca di
Tuckett – Rifugio Tuckett 2272 m:
1 Stunde.
Gesamtgehzeit: 4½ Stunden.

Besondere Hinweise:
Der Sentiero Orsi verbindet auf der
Ostseite des Brenta-Massivs in
einer hervorragenden, aber langen
Wandertrasse die Hütten Pedrotti-
Tosa und Tuckett.
Der Steig ist gut markiert und an
den wenigen schwierigen Stellen
mit Drahtseilen gesichert; Anstieg
zur Bocca di Tuckett steiler Firn.
Will man die Durchquerung der
Nördlichen Brenta dieser Tour an-
schließen, empfiehlt sich vom Rifugio Tuckett noch der Übergang
zum Rifugio Graffer (»Giro del
Brenta«, 1½ Std.); dort gute Über-
nachtungsmöglichkeit, Bergstation Groste-Seilbahn keine Über-
nachtungsmöglichkeit, nur Re-
staurant.

Hütten:
Rifugio Giorgio Graffer 2262 m,
CAI – SAT Trient, 52 Betten und
Matratzenlager, bewirtschaftet von
Ende Juni bis Ende September.

Das Rifugio Pedrotti-Tosa östlich knapp unter der Bocca di Brenta besitzt eine landschaftlich bevorzugte Lage. Dazu kommt das breitgefächerte Tourenangebot der Hütte und ihre günstige Position an einem Knotenpunkt der Brenta-Wege.

Sechster Tag: Rifugio Pedrotti-Tosa 2491 m – Orsi-Weg – Bocca di Tuckett 2648 m – Rifugio Tuckett 2272 m.

Die damals noch junge, aber von vielen Idealisten getragene Trientiner Alpinistenvereinigung SAT erbaute im Jahre 1881 auf einem Absatz des rechten Talhanges, etwa 100 m unter der Bocca di Brenta in Richtung Molveno, das »Rifugio della Tosa«; nach wenigen Jahren schon genügte es den Ansprüchen nicht mehr und mußte 1892 erweitert werden. Den besten Platz für ein Schutzhaus aber bot der obere Rand eines Felsplateaus, das von Südosten nahe an den Brenta-Paß heranreicht. Die Sektion Bremen des Deutschen und Österreichischen Alpenvereins bewerkstelligte dort in den Jahren 1912–1914 den Bau einer Konkurrenzhütte – den Streit schlichtete 1914 der Oberste Gerichtshof zu Wien (!) und sprach dieses neue und größere Haus den Trientinern zu. Die damaligen Ereignisse an der Bocca di Brenta laufen parallel zu denen an der Bocca di Tuckett: Beide Pässe haben durch konkurrierende Aktivitäten von Sektionen des Club Alpino Italiano und des Deutschen und Österreichischen Alpenvereins zwei Schutzhäuser erhalten! Die Haupthütte an der Bocca di Brenta blieb das von der Sektion Bremen erbaute Haus; inzwischen vergrößert und gut ausgestattet, trägt es den offiziellen Namen »Rifugio Tomaso Pedrotti e Tosa m. 2491«, allgemein von deutschen Bergsteigern mit »Tosa-Hütte« angesprochen. Der starke Zulauf kommt meist über die Bocca di Brenta und findet das aus grauem Stein erbaute Rifugio in der weiten Lücke zwischen der hochragenden Gratschneide des »Croz del Rifugio« und dem Ostfuß der Brenta Bassa. Auch die Tosa-Hütte besitzt eine Bergkapelle; ihr sehr geschätzter Vorzug aber ist die unter den Brenta-Hütten einmalig freie Lage nach Osten – ein Sonnenaufgang über der Dolomiten-Kette weckt die Hoffnung auf einen erfolgreichen Tag! Diesen Tag sehen wir in der Vollendung unserer großen Brenta-Schleife auf dem Orsi-Weg.

Durch die einzigartige Gliederkette des Sentiero delle Bocchette wird der Orsi-Weg etwas zurückgedrängt; setzen wir diesen Weg an den Schluß mehrerer Tourentage, wird sich das Brenta-Bild erst zu einem vollen Eindruck runden! Die hohen Konkurrenten »Via delle Bocchette« und »Bocchette Alte« zeigen den Fels der Zentralen Brenta in vielen erregend schönen Einzelbildern, der Sentiero Orsi durchläuft die ostseitigen Karausbuchtungen und gibt den Blick auf die Zentralkette im gesamten frei.

Nach einem kurzen Abstieg, vorbei an der spitzgiebeligen alten Tosa-Hütte, zweigt der Orsi-Weg nach links vom Talweg nach Molveno ab. Der Sonnenaufgang versprach gutes Wetter, aber ein dünner Schleier überzieht den Himmel und mildert die Farbenspiele am Dolomitgestein der Gipfelkette, die sich über uns in prächtigen

Formen aufbaut. Wir haben die Brenta Alta umrundet, sind im ersten Karkessel, der »Busa d. Sfulmini«, vom Weg wenig aufwärts in das Massodi-Kar gestiegen und bewunderten die »Guglia di Brenta« (Campanile Basso), ihren Nachbarn, den Campanile Alto und die Spitzen der Sfulmini. Aus dieser Sicht zeigt die Guglia die Schlankheit und Ebenmäßigkeit eines klassischen Obelisken – ein Bild, das zu den berühmtesten der Alpen zählt!

Den Nimbus der Guglia, ein unbezwingbarer Felsturm zu sein, wagten als Erste die Trientiner Garbari, Pooli und Taverno zu brechen. Wenn sie auch am 12. August 1897 den Gipfel nicht erreichen konnten und der Sieg am 18. August 1899 den Innsbrukkern Ampferer und Berger gehörte, mit dem Versuch der Italiener begann für einen Berg eine Geschichtsschreibung, die im Reigen der prominenten Namen einmalig zu nennen ist. Alle berühmten Kletterer der jeweiligen Epoche erprobten an der Guglia ihr Können; nur stellvertretend für alle »Großen« seitdem bis in die Gegenwart möchte ich Paul Preuß nennen, der am 28. Juli 1911 in freier Kletterei im Auf- und Abstieg (!) die äußerst glatte Ostwand der Guglia bezwang.

Das gleichmäßige Licht stellt heute die Guglia nüchtern und aller Schattengeheimnisse ledig vor uns in den Raum, aber ich entsinne mich einer Stunde, da zogen Brenta-Wolken ihre Schleier um sie, die Sonne spielte mit ihnen an den Kanten und Wänden, gab manchmal nur die Spitze frei – ein Eiland aus Stein – eine Insel der Glücklichen!

Der Orsi-Weg zieht weiter in das nächste »Busa«, das der mächtige Sperriegel des »Naso di Massodi« vom Val Perse trennt. »Sega alta« – das »hohe Band« heißt die schmale Felsleiste, die nach der Gedenktafel für Osvaldo Orsi (etwa 2500 m) unter jähen Felswänden entlangführt und den Sentiero zu einem oft von Eis erschwerten, aber durch ein Drahtseil gesicherten kurzen Bergab zwingt. Die östlichen Ausläufer des Vallesinella-Stockes sind in Sicht, unvermittelt zeigt sich im Hochkar der an einem großen Block angeschriebene Ausweg links hinauf zur Bocca di Tuckett (2648 m). Geröll, Eis und Firn gestalten den 100-Meter-Anstieg noch mühsam – mit dem Sentiero Orsi haben wir unsere große Runde in der Zentralen Brenta geschlossen.

Der Sentiero Osvaldo Orsi kann am Rifugio Pedrotti-Tosa begonnen werden. Der Orsi-Weg erschließt die Ostabstürze der Zentralen Brenta; in enger Felsberührung (Bild) bietet er eine aussichtsreiche Wandertrasse zwischen den Hütten Pedrotti und Tuckett.

Nördliche Brenta

Auf dem »Sentiero Claudio Costanzi« vom Rifugio Graffer zum Rifugio Peller

TOURISTISCHE ANGABEN

Siebter Tag:
Rifugio Graffer 2262 m – Cima
Sassara 2892 m – Rifugio Peller
2060 m.

Zeitangaben:
Rifugio Graffer 2262 m – Passo di
Val Gelada 2687 m: 2½ Stunden;
Passo Gelada – Sasso Alto 2804 m
– Cima Sassara 2892 m – Bivacco
Bonvecchio ca. 2770 m: 2 Stunden;
Bivacco – Passo Pra Castron
2503 m: 2½ Stunden; Passo Pra
Castron – Rifugio Peller 2060 m:
3 Stunden.
Gesamtgehzeit: 10 Stunden.

Besondere Hinweise:
Die Überschreitung des Brenta-
Nordzuges ist für leistungsfähige,
erfahrene Bergsteiger eine reizvolle Aufgabe, darf aber nicht unterschätzt werden! Am besten bewältigt man diese sehr ausgedehnte,
einsame Tour in Nordrichtung zum
Rifugio Peller. Die oft nur in Trittspuren erkennbare Route – im
schwierigsten Abschnitt zwischen
dem Passo di Val Gelada und dem
Passo Pra Castron vom Sentiero
Costanzi erschlossen – ist durchgehend markiert (Markierungen
nie verlassen!) und nördlich der Cima Sassara (knappe Wegehalbzeit)
vom Bivacco Bonvecchio unterstützt; an wenigen Stellen Leiter-
und Drahtseilsicherungen.
Die Tour überschreitet bis zum
Passo Pra Castron acht Zweitausender! Man sollte sie nicht vor

Siebter Tag: Rifugio Graffer 2262 m – Passo Gelada 2687 m – Sasso Alto 2804 m – Cima Sassara 2892 m – Passo Pra Castron 2503 m – Rifugio Peller 2060 m.

Der Bergraum der Nördlichen Brenta steht in starkem Gegensatz zur Zentralen Brenta; die geologischen Zeitabläufe und die Gesteinsschichtung formten ein ande-res Gebirge. Im Süden schuf der feste Hauptdolomit die herrlichen Wandfluchten, Türme und Pfeiler, im Norden wölbt splittriger Kalk eine Reihe von Bergkuppen auf, die wohl hoch, aber – von ihren Formen her eher bescheiden zu nennen sind. Der Tourismus nimmt die ursprüngliche Gebirgswelt des Nordkammes nur wenig zur Kenntnis, obwohl eine durchgehend markierte Route, der »Sentiero Claudio Co-stanzi«, die Gipfelkette zwischen dem Rifugio Graffer (2262 m) und dem Rifugio Pel-ler (2060 m), am Nordauslauf der Kette, erschließt; das »Bivacco Bonvecchio«, gibt diesem alpin sehr anspruchsvollen Höhenweg den notwendigen Zwischenstütz-punkt.

Die Gesamtüberschreitung der Nördlichen Brenta ist ein Unternehmen, das den lei-stungsfähigen, erfahrenen Bergsteiger anspricht. Die Aussichten, in einem Tou-rentag den etwa 20 Kilometer langen Kammzug zu durchmessen, sind am besten, wenn die Tour nicht vom Rifugio Peller, sondern vom Rifugio Graffer aus in Süd-Nord-Richtung unternommen wird: der lange Hüttenanstieg von Malè (738 m) zum Rifugio Peller entfällt, der anstrengendste Abschnitt zwischen dem Passo di Val Ge-lada (2687 m) und dem Passo Pra Castron (2503 m) liegt in den ersten zwei Wegedrit-teln, zudem wirkt der landschaftliche Reiz des Sentiero ungleich größer!

An der Markierung Nummer 336 und »Sasso Alto«, auf einen Stein geschrieben, beginnt kurz hinter dem Rifugio Graffer um 7 Uhr früh unsere Tour. Auf einem Steig wandern wir westlich an der »Pietra Grande« vorbei in den steinigen Hochkessel des Val Gelada bis unter die »Bocca di Tre Sassi« (2613 m). Wenig später schauen wir von der Bocca erstmals in ostseitige, schon sonnige Hochkare, nehmen uns Zeit, zwei große Gemsrudel zu beobachten und die Tiere zu zählen (etwa 30 Stück!), die ihrer Morgenäsung nachgehen. Die Uhr zeigt »ore 9« – unten im Hochkessel prophezeite uns die Schrift auf einem Stein noch sieben Stunden bis zum Rifugio Peller! Eine Tafel an der Scharte verkündet den »Sentiero Claudio Costanzi«, die Wegenummer 336 bleibt ihm treu. Unser nächstes Ziel ist der Passo di Val Gelada (2687 m); hier beginnt mit dem Anstieg zum Sasso Alto (2804 m) die direkte Kammüberschreitung über acht Gipfelhöhen!

Die Nördliche Brenta liegt abseits der allgemeinen, äußerst lebhaften Brenta-Touristik. Ihr Kammzug be-wahrt eindrucksvolle Landschafts-bilder – im Bild Tiefblick vom Sas-so Alto zum Campo Carlo Magno, darüber die Cima Presanella.

Wir mühen uns über eine steile Schuttreise hinauf zu einem Gratrücken (etwa 2730 m), der einen Einblick in das ostseitige, wilde Val Gelada di Tuenno erlaubt und uns, 1600 m tiefer, den blauen Spiegel des Lago di Tovel inmitten tiefgrüner Wälder zeigt. Den Südgrat des Sasso Alto erleichtern eine Eisenleiter und Drahtseile, ein Steinmann hält die Höhenkote (2804 m) fest, aber das Gipfelkreuz der Cima Sassara verlockt uns sofort wieder zum Abstieg; erst von ihr aus wollen wir die großartige Aussicht bewundern.

Um 11 Uhr italienischer Sommerzeit rasten wir auf der Cima Sassara, 2897 m – erst seit 1977 ragt das aus Bandeisen kunstvoll geschmiedete hohe Kreuz in seiner Einsamkeit. Der Ausblick übertrifft an Weite jede Sicht von einer anderen Gipfelhöhe der Brenta: Wir bestaunen die Alpenkette von der Bernina bis zum Großglockner! Fast bis zur Mittagszeit dehnen wir die Rast aus, wenn auch der rote Stock des »Sasso Rosso« (2645 m) noch eine erhebliche Wegestrecke zum Passo Pra Castron anzeigt. Die Cima Sassara bietet eine reizvolle Überschreitung an; wenig später stehen wir vor der stabilen Holzhütte des Bivacco Bonvecchio (etwa 2770 m, in den Karten als Bivacco d. Centenario bezeichnet). Im Biwak haben nach der Eintragung im Hüttenbuch von gestern auf heute vier Österreicher übernachtet, die wir zu unserer Überraschung im Weiterweg vor uns sehen und am Ende der Gipfelkette, bei ihrer Rast am Passo Pra Castron (2503 m), Zeit 15 Uhr, einholen.

Wir sind uns einig, daß der rote Markierungsfaden des Sentiero Costanzi eine Höhenroute erschließt, die zu den schönsten, aber auch einsamsten in den Ostalpen zählt. Bis zum Schluß spannend und in der Trassenführung immer wieder überraschend, überschreitet dieser »Weg« aber der Cima Sassara noch die Gipfel Cima Paradiso (2835 m), Cima Rocca (2827 m), Cima d. Livezze (2774 m), Cima d. Vento (2761 m), Cima d. Tuenno (2672 m) und den M. Benon mit 2683 Meter. Manchmal leicht und im Schlenderschritt, dann wieder mit großer Sorgfalt und Trittsicherheit auf grasigem Schrofengelände, oft in steilem Auf und Ab und sehr ausgesetzt, mit ständig wechselnden Bildern, genießen wir das großartige Wegerlebnis dieser »Hohen Route« im Kammzug der Nördlichen Brenta.

Am Einschnitt des Passo della Nana (2195 m) zeigt ein Wegweiser immer noch »ore 1.30« zum Rifugio Peller an. Diese Zeit brauchen wir über die weiten Grashänge, zuletzt vorbei an Almen, bis wir rechtschaffen müde die Beine unter den Tisch der Peller-Hütte strecken – und ich für uns beide einen doppelten Grappa bestellen kann!

dem Spätsommer und nur bei sicherem Wetter unternehmen. In den vielen schattseitigen, abschüssigen Winkeln können Eis und Schnee sehr gefährlich werden. Nur für sehr ausdauernde, trittsichere Bergsteiger!

Hütten:
Rifugio Peller 2060 m, siehe Seite 207.

Biwakschachteln:
Bivacco Bonvecchio ca. 2770 m, 6 Schlafplätze, ständig geöffnete Notunterkunft.

In ihrem Südabschnitt zwischen dem Passo di Pra Castron und dem Passo di Val Gelada postiert die Nördliche Brenta-Kette 8 Zweitausender, die im Zuge dieser Tour zu überschreiten sind.
Nach Norden werden die Höhen immer niedriger, zum grünen Rükken des Monte Peller aber, am Auslauf des Kammes (Bild), ist die Entfernung noch erheblich!

204

Monte Peller, 2319 m

Abschied von der Brenta

*Nur wenig unter dem beherrschen-
den Gipfel der Cima Sassara, bietet
im Abstieg nach Norden das Bivacco Boncecchio den einzigen Stützpunkt auf der Kammüberschreitung der Nördlichen Brenta. Nach
dieser Biwakhütte (im Bild) warten
noch 6 Gipfel auf ihre Überschreitung, als nächster die Cima
Paradiso (Bild).*

Achter Tag: Rifugio Peller 2060 m – Monte Peller 2319 m – Rifugio Peller –
Malé 738 m.

Auf das Rifugio Peller und seinen Hausberg, den Monte Peller, war ich schon neugierig, als die Tour über die Nördliche Brenta-Kette wohl geplant war, aber noch nicht
zur Ausführung anstand. Noch im Herbst sind wir die neue Forststraße von Cles aus
so weit wie möglich hinaufgefahren und über den Lago Verde (1641 m) zur schon
geschlossenen Hütte gepilgert. Die Sektion Cles des Italienischen Alpenclubs wußte,
warum sie den Platz am Osthang des Monte Peller nicht verwaist lassen wollte; seit
1966 steht der Hüttenneubau, ein freundliches großes Haus. Er war notwendig, denn
der Erstbau aus dem Anfang dieses Jahrhunderts brannte 1943 aus, und die Ersatz-
hütte zu Beginn der Sechziger Jahre wurde wiederum vom Feuer zerstört.

Das Rifugio auf einer grünen Geländekuppe, die der Bergwald nur noch mit ein paar
lockeren Lärchengruppen erreicht, hat im Rücken den Monte Peller. Damit besitzt es
eine Lage, die von West über Nord bis Ost eine nicht geahnte Weite bietet. Wie groß
muß diese Weite 250 m höher, vom Monte Peller, sein! Das Steiglein, das hinter der
Hütte beginnt, brachte mich damals, an einem Oktobertag mit klarer Luft, kaum
schnell genug zu seinem von einer Grasnarbe bedeckten Gipfelplateau mit der be-
scheidenen Höhe von 2319 m. Wie soll ich die Rundschau beschreiben! Das Panorama umfaßt im Westen die Adamello-Presanella-Gruppe, zeigt das Ortlergebirge
und die Zentralalpenkette und schließt über die Dolomiten, die vom Peitlerkofel bis
zur Pala zu bestimmen waren, im Osten den Kreis. Im Süden verdecken die hohen
Felsberge des Nordzuges, die sich vom Monte Peller aus erst in beträchtlicher Entfernung erheben, die Sicht zur Zentralen Brenta. Diese große Distanz ließ mich damals
erkennen, daß die Begehung des Nordzuges vom Rifugio Graffer aus erfolgen sollte.

Die hervorragende und seltene Aussicht vom Monte Peller erklärt ein Blick auf eine
großräumige Karte. Der auslaufende Brenta-Nordzug stößt mit seinen letzten Höhen
in die Beuge des Torrente Noce vom Val di Sole in das Val di Non. Diese offenen Täler
heben die herrliche, reich mit Obstgärten gesegnete Landschaft des Sulzberg- und
des Nonsbergtales (alte deutsche Namensgebung für das Val di Sole und das Val di
Non) nur bis zu Mittelgebirgshöhen an und gewähren dadurch die ungehinderte
Fernsicht. Am Monte Peller verabschieden wir uns von der Brenta – die Umschau von
seinem Gipfel möchte ich noch einmal erleben!

207

Ein Schlußwort

soll alle meine »Hohe Routen-Bücher« begleiten.

Das Dolomitenbuch schließt mit der Frage: »Wieviele Tage am Berg werden wohl vergehen müssen, bevor ich meinen Lesern wieder zu einem neuen Buch ein Schluß-wort schreiben kann?«

Ich habe die Bergtage nicht gezählt, die Tage der Bergsommer 1977 und 1978, die wir durch die Gunst der Jahreszeit bis in letzte, goldene Spätherbsttage nutzen durften.

Unsere »Hohen Routen« dieser dritten Dokumentation legte ich mit Bedacht in die Ortler-Gruppe, in das Adamello-Presanella-Gebirge und in die Brenta, denn »Die Gebirge westlich der Etsch« konzentrieren hervorragende, hohe und zum Teil noch wenig bekannte Gipfelziele der Ostalpen.

Meine Freude über die glückliche Vollendung dieser dritten Arbeit möchte ich nicht verbergen. Im Verein mit dem ersten Buch

»Hohe Route Ostalpen«
Über 50 Dreitausender des Zentralalpenkammes –

und dem Nachfolger

»Hohe Routen Dolomiten«
Auf Normalwegen und Klettersteigen zu den höchsten Gipfeln –

ist das Werk

»Hohe Routen Ortler, Adamello, Brenta«
Zu 68 Dreitausendern westlich der Etsch –

der vorläufige Abschluß meiner Reihe der »Hohe Routen«-Bücher.

Diese nun vorliegenden drei Bände sehe ich als ein Gesamtwerk, in dem ein Band den anderen ergänzt – es beinhaltet für den Normalbergsteiger die lohnendsten und schönsten Hochtouren in den Dreitausender-Regionen der Ostalpen!

Allen meinen Lesern Glück und Freude auf »Hohen Routen«.

Das Rifugio Peller ist die letzte Hütte unserer langen Bergfahrt; dort verabschieden wir uns von der Brenta.

Anhang

Hohe Routen Ortler, Adamello, Brenta – die Gebirge westlich der Etsch

Thema und Inhalt dieses Buches sind die Gebirge westlich der Etsch. Darunter verstehe ich die Ortler-Gruppe, die Adamello-Presanella-Gruppe und die Brenta. Der tiefe Einschnitt der Etsch im Osten und der Lauf des Adda Tales im Westen von Bormio in das Veltlin weist diesen Gebirgsgruppen – die außer der Brenta noch den Zentralalpen angehören – deutlich den Raum zwischen den Dolomiten im Osten und den Engadiner Alpen im Westen zu. Auf »Hohen Routen« führe ich den Leser im Zuge von 44 Tourentagen zu 68 Dreitausendergipfeln, zu 11 Zweitausendern und 34 Hütten.

Die Anforderung eines Tourentages ist auf die Leistungsfähigkeit eines geübten, in Fels und Eis erfahrenen Normalbergsteigers abgestimmt. Die angegebenen Gehzeiten sind Mittelwerte, die nach unseren Erfahrungen bei normalen sommerlichen Verhältnissen gut eingehalten werden können.

Die »Ortler-Alpen« nehmen in dem aufgezeigten Raum die größte Fläche ein, werden aber durch stark ausgeprägte Hauptkämme und tiefe Taleinschnitte gut aufgegliedert. Von dieser naturgegebenen Ordnung geleitet, stelle ich die Ortler-Gruppe tourengerecht in folgender Einteilung vor: Laaser Gruppe, Sulden und der Ortler, Trafoi und das Stilfser Joch, Ortler-Hauptkette, Marteller Hauptkamm und Südliche Ortler-Gruppe.

Südlich der Ortler-Gruppe, getrennt durch den Tonale-Paß und den Verlauf des Val di Sole zur Etsch, erhebt sich das Tonalit-Gebirge des Adamello. Unsere »Hohen Routen« beginnen im Haupttal der Gruppe, im Val di Genova, führen hinauf zu den weitläufigen Gletscherebenen, berühren fünf Hütten und erreichen die Gipfel von zwölf Dreitausendern. Im Norden des Val di Genova ragt der Granitstock der Presanella. Mit der Überschreitung dieses hervorragenden Südalpengipfels, unter Einbeziehung von zwei Hütten, klingt das Kapitel »Adamello-Presanella-Gruppe« aus.

Die Brenta-Gruppe, vom Gestein her eng mit den Dolomiten verwandt, erhebt sich in starkem geologischem Gegensatz zur benachbarten Adamello-Presanella-Gruppe. Die waagrechte Felsschichtung der Brenta begünstigte die Ausbildung horizontaler Bänder, die heute durch die große Attraktion des »Sentiero delle Bocchette« genützt werden. Das letzte Buchkapitel stellt diesen berühmten »Höhenweg« mit seinen vielen Abschnitten in Verbindung mit sieben Hütten, die Gipfeltouren zu Cima Tosa und Cima Brenta und die Gesamtüberschreitung des Nördlichen Brenta-Zuges, hinweg über acht Zweitausender bis zum Rifugio Peller, vor.

Hütten und Wege

Das Tourengebiet dieses Buches erstreckt sich zum Teil im traditionell südtirolerischen Raum, greift aber auch über die Sprachengrenze nach Süden in Gebiete, die seit jeher italienisch besiedelt sind. Der frühere Deutsche und Österreichische Alpenverein (DuOeAV) war in Südtirol und den angrenzenden italienisch sprechenden Landesteilen mit Hütten- und Wegebauten so weit tätig, als diese Gebiete innerhalb der Grenzen der damaligen Österreichischen Donaumonarchie lagen. In diesen italienisch sprechenden Landesteilen traf der Alpenverein auf die Aktivitäten des 1869 gegründeten Club Alpino Italiano (CAI) und der unabhängigen Trientiner Alpinistenvereinigung »Societa Alpinisti Tridentini« (SAT). Sehr viele der Hütten, die unsere »Hohen Routen« berühren, gehören, soweit sie nicht in Südtirol liegen, dieser im frühen Hüttenbau ungemein rührigen Vereinigung. Der Südtiroler Alpenverein (AVS), im Nachkriegsjahr 1921 erstmals gegründet und seit 1972 von Italien voll anerkannt, wagt seit Beginn der sechziger Jahre Neubauten, um eigenen Hüttenbesitz zu erreichen. Ich sah es als nützlich und wissenswert an, in jedem Falle, soweit möglich, auf die Ursprünge der Hütten (Rifugi) zurückzugehen und in einem kurzen Abriß ihre Entwicklung über die Jahrzehnte hinweg festzuhalten.

Allgemeiner Hüttenöffnungstermin im italienischen Alpenraum (auch in Südtirol) ist das Kalenderdatum von Peter und Paul (29. Juni). Nur bei sehr hochgelegenen Hütten oder noch ungünstiger Schneelage wird dieser Termin überschritten. Die Hüttenbewirtschaftung ist durchwegs ordentlich, man bemüht sich sehr, deutsch zu sprechen, eine Verständigung ist meist gut möglich. Zum Wochenende sind die Hütten immer stärker belegt; der stärkste Andrang durch die Italiener selbst fällt in den Monat August, das ist die Hauptreisezeit der italienischen Bevölkerung. Um in den Genuß der Ermäßigung für Übernachtung und Verpflegung zu kommen, ist die sofortige Vorlage des gültigen Alpenvereinsausweises notwendig!
Als Hüttenschluß gilt fast überall die Regel: der Sonntag nach dem 20. September.

Die Hauptwege sind markiert und mit einer Nummer versehen, die in den gängigen Karten erscheint. Die Gipfelanstiege sind nur teilweise markiert, unsere »Hohen Routen« benützen die in den vorliegenden deutschsprachigen Gebietsführern angegebenen Normalanstiege.

Ausrüstung, Karten und Führer

Von wenigen Ausnahmen abgesehen, führen die »Hohen Routen« in vergletscherte Gebirgsgruppen mit teilweise mächtiger Eisdecke und zu Gipfelzielen, die weit über 3000 m hinausreichen. Die Brenta bildet insofern eine Ausnahme, als das Eis dort eine untergeordnete Bedeutung hat. Bei den Gletschergebirgen der Ortler- und Adamello-Presanella-Gruppe ist in jedem Falle eine Hochtourenausrüstung notwendig, die alle technisch wichtigen Dinge wie Seil, Pickel und Steigeisen enthalten muß. Wichtigste Ausrüstung in der Brenta: Klettergürtel mit zwei Reepschnüren (je etwa 2–3 Meter Länge), zwei Klettersteigkarabiner und Steinschlaghelm.
Die »Hohe Routen«-Buchreihe richtet sich wie bereits erwähnt an Normalbergsteiger, die über die nötigen Kenntnisse und Erfahrungen in Eis und Fels verfügen und – das darf vorausgesetzt werden – auch die Bestandteile einer vollständigen Ausrüstung kennen.
Für meine Unternehmungen habe ich die deutschsprachigen Führerwerke der jeweiligen Gruppe benützt; im Hinblick auf die Adamello-Presanella-Gruppe möchte ich aber besonders darauf hinweisen, daß 1979 erstmals ein Gesamtführer durch die Adamello-Presanella-Baitone-Gruppe erschienen ist.
Das gängige Kartenmaterial beschränkt sich auf die Freytag/Berndt-Wanderkarten 1:100000, die Kompaß-Karte 1:50000 und auf Karten des Touring Club Italiano 1:50000. Der letzteren Karte wurden alle italienischen Bezeichnungen und die Höhenangaben entnommen.

Fotografie

Bei meinen ersten beiden »Hohe Routen«-Büchern habe ich Probleme der Bergfotografie aufgezeigt, bin aber insbesondere auf die fotografische Notwendigkeit für das einzelne Werk eingegangen. Seitdem wurde die Bergfotografie nicht einfacher, die Aufgaben sind eher gewichtiger geworden durch den Anspruch an aktuellem Bildmaterial mit »Aktion«, d. h., Bergsteiger, die sich im Gebirge »bewegen«! Ein roter Rucksack, auffällig im Vordergrund plaziert, oder Bergsteiger, »versunken in Landschaftsbetrachtung« erfüllen nach meiner Ansicht nur ausnahmsweise die Anforderung einer zeitgemäßen, das heißt sowohl optisch ansprechenden als auch informativen Bildgestaltung. Ich sehe die »Aktion« als das primäre Element der Bergfotografie und versuche, wo immer möglich, diesem Anspruch, vor allem in der Farbfotografie, gerecht zu werden.
Die Linhof-Kamera 220, Format 56 × 72 mm, war wieder auf allen Wegen dabei. Der Möglichkeit ihrer schnellen und sicheren Handhabung verdanke ich manches Aktionsbild.

Die Cima Presena, die wir im Anstieg vom Rifugio Mandrone zum Passo di Presena betrachten, war im »Großen Krieg« 1915/18 ein ständiger Brennpunkt im Kampfabschnitt der Adamello-Front. Der Presena-Paß (links) war für die Alpini sowie für die österreichischen Gebirgssoldaten der Schlüssel zur Cima.

Natur- und Umweltschutz

Der Club Alpino Italiano, der Südtiroler Alpenverein, die Provinz- und Gemeindeparlamente der italienischen Alpenregion, Vereine und Privatpersonen bemühen sich im eigenen Interesse immer stärker um den Naturschutz. Die Bergwelt bedarf des Schutzes und der Einsicht aller Menschen, die in ihr fortwährend leben oder kurzzeitig dort Freude und Erholung suchen. Alle meine Leser möchte ich wiederum aufrufen, immer aktiv Natur- und Umweltschutz zu betreiben: Laßt keine Abfälle zurück, auch wenn es manchmal unbequem ist! Das Schild des Deutschen und des Österreichischen Alpenvereins »Haltet die Berge sauber!« gilt auch für die Alpen südlich des Brenners!

Julius Payer – sein Wirken in der Ortler- und Adamello-Gruppe

Julius Payer, am 1. September 1841 in Schönau bei Teplitz geboren, widmete sich der militärischen Laufbahn. Nur wenig älter als 10 Jahre trat er in ein k. u. k. Kadetteninstitut ein und besuchte nach dessen Absolvierung die Militärakademie in Wiener-Neustadt. Im Alter von 17 Jahren wurde er als Unterleutnant 2. Klasse einem Infantrieregiment zugeteilt. Von seinem Garnisonsort Verona aus unternahm Payer 1862 erste Bergfahrten zum Monte Lessini und zum Monte Baldo, kam 1863 in die Hohen Tauern und bestieg den Großglockner und den Großvenediger. Am Monte Lessini und am Monte Baldo mag in Payer im Anblick der glänzenden Adamello- und Presanella-Gletscher die Begeisterung für dieses noch wenig erforschte Gebirge erwacht sein. 1864 war Payer in Venedig stationiert und nützte seinen Urlaub mit 120 hart ersparten Gulden zu einer ersten Erkundungsreise zum Monte Adamello. Die Fahrt begann am 4. September mit der Überschreitung der Bocca di Brenta von Molveno nach Pinzolo. Payer war auf die Unterstützung von Einheimischen angewiesen, engagierte in Pinzolo drei »Führer«, zog hinein in das Val Genova und stieg von dort auf die Berge und Gletscher. Trotz Unfähigkeit seiner Begleiter erreichte er in knapp drei Wochen neben anderen Gipfeln den Monte Adamello und die Cima Presanella. Als begabter Zeichner skizzierte er Landschaftsbeobachtungen und nahm aus eigenem Antrieb kartographische Messungen vor, die als Grundlage einer neuen, genaueren Gebietskarte dienen sollten.

Die Begegnung mit dem späteren Kriegsminister General v. Kuhn in Trient war die große Wende im Leben von Julius Payer. Im Auftrage des Kriegsministers reiste er im Sommer 1865 in das Suldental, nach St. Gertraud, fand in Johann Pinggera, einem Suldener Einwohner deutscher Abstammung, seinen Leibführer und begann mit der Besteigung der Suldenspitze seine erste Erkundungsfahrt im Ortler-Gebirge. In der Zeit vom 23. August bis 10. September waren sechs Gipfel, darunter Ortler, Königspitze und Cevedale, das touristische Ergebnis dieses ersten Aufenthalts. Zwischen dem 9. September und dem 9. Oktober 1866 unternahm Payer seine zweite Ortlerfahrt, die vor allem der Ortler-Hauptkette gewidmet war und Payer und seinen Führer Pinggera auf 13 Hochgipfeln sah. Die dritte Ortlerreise vom 26. August bis 24. September 1867 galt den Südlichen Ortler-Alpen. Vermessungstechnisch war diese Aufgabe wegen fehlender, richtiger Gipfelbezeichnungen und völliger Unklarheit in der alten Karte besonders schwierig. 18 Gipfelbesteigungen, fast nur Erstersteigungen, waren die Ausbeute dieser Fahrt. Den Abschluß seiner Arbeiten in der Ortler-Gruppe bildete die Aufnahme des östlichen Abschnittes, der Marteller Alpen. Während dieser Reise, vom 2. Juli bis 10. August 1868, betrat Payer mit Johann Pinggera 16 Gipfel. Vom letzten Gipfel, der Zufrittspitze, betrachtete er nach vierjähriger, mühevoller und entbehrungsreicher Arbeit zufrieden und stolz sein nunmehr vollendetes Tourenprogramm in der Ortler-Gruppe. Der Rest dieses Bergsommers 1868 galt den Abschlußarbeiten in der Adamello-Presanella-Gruppe. Mit der Besteigung von 20 Gipfeln beendete Payer auch diese Aufgabe.

Als Bergsteiger übertraf Julius Payer alle vorangegangenen ostalpinen Bahnbrecher, nur Paul Grohmann konnte mit seinen Erfolgen in den Dolomiten an die Seite Payers treten. Auch neben den britischen »alpine pioneers«, die zu seiner Zeit mit glänzenden Ergebnissen, aber unter ganz anderen Voraussetzungen (Führer!) die Alpen durchstreiften, konnte er bestehen. An sein alpines Wirken erinnert in der Adamello-Gruppe die Cima Payer (3056 m) und in der Ortler-Gruppe neben der Payer-Hütte auch die Payerspitze (3466 m) im Kristallkamm.

Das Lebensschiff von Julius Payer nahm von den Alpen Abschied und begann eine Fahrt in die nördlichen Eismeere. Die zweite deutsche Nordpolfahrt der Jahre 1869/ 70 sah ihn als Teilnehmer, und eine österreichische Polar-Expedition im Jahre 1871 als Führer. Höhepunkt dieses Lebensabschnittes als Polarforscher war die zweijährige österreichisch-ungarische Nordpol-Expedition mit der »Tegetthoff« in den Jahren 1872–1874. Mehrfach hochdekoriert, wurde Julius Payer im Alter von 35 Jahren in den Adelsstand erhoben. Der dritte Lebensabschnitt gewährte Julius von Payer die Erfüllung als Künstler. Sein Bild »Nie zurück« – es entstand 1892 – darf als sein Hauptwerk angesehen werden. Große Ehrungen, aber auch Kränkungen, familiäres Unglück und zum Schluß fast völlige Blindheit begleiten die Lebensjahrzehnte bis zu seinem Tode im Jahre 1915.

»Payers Name aber wird unvergessen bleiben. Durch seine Werke in Alpinismus, Wissenschaft und Kunst wird er der Nachwelt getreulich bewahrt.« (Aus »Julius Payers Bergfahrten« von Wilhelm Lehner)

Die Kriegsfront 1915/18 in der Ortler-Gruppe und in der Adamello-Presanella-Gruppe

Die Hauptkämme und zugleich Grenzkämme der Ortler-Gruppe gegen Italien waren vom Stilfser Joch bis zum Tonale-Paß der westliche Abschnitt in der 450 Kilometer langen österreichisch-italienischen Gebirgsfront. Zu Beginn der Kampfhandlungen im Mai 1915 besetzten österreichische Truppen das Stilfser Joch, eroberten den Monte Scorluzzo und waren im Besitz dieser beherrschenden Höhe jedem Angriff der Italiener bis zum Kriegsende gewachsen. Die Ortler-Hauptkette von der Hohen Schneide über den Kristallkamm zur Trafoier Eiswand und zu Ortler und Königspitze waren eine Front aus Eis und Fels, die höchste der Kriegsgeschichte! Der Suldenferner-Kamm brachte den Frontverlauf über das Langenferner Joch zum Cevedale mit Anschluß zum Hauptkamm der Südlichen Ortler-Gruppe. Kriegsstellungen der Österreicher waren auf dem Monte Vioz, der Punta Cadini, auf dem Monte Giumella und auf der Punta San Matteo; die Kammabzweigung nach Süden, zum Monte Mantello, reichte die Front zum Tonale-Paß weiter. An diesem Paß begann die Adamellofront mit Schwerpunkt an der Cima Presena, übersprang das Val Genova zum östlichen Lareskamm und endete am Care-Alto-Südgrat.

Register

Bergsteigen mit Sepp Schnürer

Hohe Route Ostalpen

Über 50 Dreitausender des Zentralalpenkammes

Das 1. »Hohe Routen-Buch« von Sepp Schnürer führt in Ost-West-Richtung vom östlichsten Dreitausender des vergletscherten Zentralalpenkammes, dem Großen Hafner in der Ankogel-Gruppe, durch die Goldberg- und Glockner-Gruppe, über Granatspitz- und Venediger-Gruppe, Zillertaler, Stubaier und Ötztaler Alpen bis zum westlichsten Dreitausender, dem Großen Seehorn in der Silvretta. Jeder erfahrene Bergsteiger kann Sepp Schnürer auf diesem Weg folgen.

214 Seiten, 54 Farbfotos, 27 Schwarzweißfotos, 1 farbige Übersichtskarte der Ostalpen

Hohe Routen Dolomiten

Auf Normalwegen und Klettersteigen zu 24 Dreitausendern und 42 Zweitausendern

Für den Normalbergsteiger, den Klettersteigfreund und den geübten Wanderer erschließt Sepp Schnürer in seinem 2. »Hohe Routen-Buch« das Kalkgebirge der Dolomiten. Er führt den Leser in die Geisler- und Puez-Gruppe, zu Langkofel, Sella und Schlern, Rosengarten, Latemar und Marmolata, in die Pala-Gruppe, zu den Pragser Dolomiten, in die Kreuzkofel-Fanis-Gruppe, zu den Sextener, Ampezzaner und Zoldiner Dolomiten und in die Schiara.

223 Seiten, 54 Farbfotos, 2 Schwarzweißfotos, 1 Übersichtskarte der Dolomiten

BLV Kombi-Bergsteigerbuch

Klettersteige Dolomiten – Brenta

In diesem Buch stellt Sepp Schnürer aktuell in Wort und Bild 55 Klettersteige in den Westlichen und Östlichen Dolomiten sowie in der Brenta-Gruppe vor. Neben den präzisen Beschreibungs- und Informationstexten beinhaltet das Buch auch allgemein Wissenswertes über die Klettersteige und die jeweilige Gebirgsgruppe. Das Begleitheft im Taschenbuchformat zum Mitnehmen bietet eine Kurzfassung der Routenbeschreibungen sowie eine Wiederholung aller Kartenskizzen im Buch.

158 Seiten + 70 Seiten Begleitheft, 105 Farbfotos, 40 Tourenskizzen

 **BLV Verlagsgesellschaft München**

Die neue Art zu wandern BLV Kombi·Wanderbücher

Alle Touren im Begleitheft zum Mitnehmen

Konrad Fleischmann

Das neue Alpen-Wanderbuch

Zwischen Arlberg und Salzkammergut

Die 50 Bergwanderungen liegen im Alpenbereich zwischen Arlberg und Salzkammergut. Sie sind nach Schwierigkeit gegliedert: von kurzen, leichten Bergwanderungen zum Eingehen über längere für Fortgeschrittene bis zu ein- und mehrtägigen Bergtouren für Geübte.

159 Seiten + 63 Seiten Begleitheft, 55 Farbfotos, 62 Schwarzweißfotos, 50 Kartenskizzen.

Marianne Heilmannseder

Das Alm-Wanderbuch

Oberbayern, Allgäu, Nordtirol

Mitten hinein in die schönsten Bergwandergebiete Oberbayerns, des Allgäus und Nordtirols führt uns der neue Band der erfolgreichen Kombi-Wanderbücher vom BLV. Der Hauptteil umfaßt 50 Almwanderungen. Erweitert wird das Tourenangebot dieser 50 Hauptwanderungen durch jeweils ein bis mehrere Varianten. Auch viele Gipfel sind dabei – soweit sich diese für Bergwanderer eignen.

161 Seiten + 73 Seiten Begleitheft, 59 Farbfotos, 71 Schwarzweißfotos, 50 Tourenskizzen

---

Konrad Fleischmann

Das Franken-Wanderbuch

Zwischen Main und Donau

Der Tourenbereich liegt rund um Nürnberg und verteilt sich auf folgende fünf Wandergebiete: 1. Von Würzburg nach Schweinfurt quer durch den Steigerwald nach Fürth. 2. Bamberg, Erlangen und die Fränkische Schweiz. 3. Vom Fichtelgebirge nach Bayreuth und durch die Hersbrucker Schweiz nach Amberg. 4. Über die Fränkische Alb und Laaberjura von Nürnberg nach Regensburg. 5. Rezat und Altmühl entlang von Ansbach bis vor die Tore von Ingolstadt.

159 Seiten + 99 Seiten Begleitheft, 59 Farbfotos, 61 Schwarzweißfotos, 80 Kartenskizzen

---

Thomas Klein

Wanderbuch für Spessart, Odenwald, Taunus und Vogelsberg

Ein neues BLV Kombi-Wanderbuch für Wander- und Landschaftsfreunde der klassischen Wandergebiete Spessart, Odenwald, Taunus und Vogelsberg. Das Buch beinhaltet insgesamt 120 Halb- bzw. Ganztagestouren, die sich auf 50 Orte in den angegebenen Gebieten verteilen.

159 Seiten + 72 Seiten Begleitheft, 53 Farbfotos, 53 Schwarzweißfotos, 50 Tourenskizzen

---

Konrad Fleischmann

Das Eifel-Wanderbuch

Dieses BLV Kombi-Wanderbuch stellt 50 Wanderungen um bekannte Orte der Eifel vor. Außer der Wegbeschreibung werden im Hauptbuch zu jedem Ort Kurzangaben über Sehenswürdigkeiten, Veranstaltungen und andere Freizeitmöglichkeiten gegeben.

159 Seiten + 96 Seiten Begleitheft, 57 Farbfotos, 66 Schwarzweißfotos, 50 Tourenskizzen

---

Konrad Fleischmann

Wanderbuch Bayerischer Wald – Oberpfälzer Wald

Der Bayerische- und Oberpfälzer Wald bieten auch heute noch Ruhe, Erholung und ursprüngliche Natur abseits der großen Zentren. »Der Wald« ist wie geschaffen zum Wandern!
Man hat die Wahl zwischen gemütlichen Familienausflügen oder strammen Mehrtages- bzw. Bergtouren: Der große Arber ist immerhin 1456 m hoch. In Aufmachung und Konzeption gleicht der neue Band allen übrigen Titeln der erfolgreichen Reihe der BLV Kombi-Wanderbücher. Das Buch ist bestens – meist mit Farbfotos – illustriert und bringt 100 Wandervorschläge von 50 Erholungsorten zwischen Waldsassen und Passau aus.

160 Seiten + 96 Seiten Begleitheft, 58 Farbfotos, 55 Schwarzweißfotos, 64 Karten

---

 **BLV Verlagsgesellschaft München**